Rainer Bohn

Probleme der Wortschatzarbeit

Fernstudieneinheit 22

Fernstudienprojekt
zur Fort- und Weiterbildung
im Bereich Germanistik
und Deutsch als Fremdsprache

Teilbereich Deutsch als Fremdsprache

Kassel · München · Tübingen

Langenscheidt

Berlin · München · Wien · Zürich
London · Madrid · New York · Warschau

Fernstudienprojekt des DIFF, der Universität Kassel und des GI
allgemeiner Herausgeber: Prof. Dr. Gerhard Neuner

Herausgeber dieser Fernstudieneinheit:
Uwe Lehners, Goethe-Institut, München

Redaktion: Herrad Meese

Das Fernstudienangebot „Deutsch als Fremdsprache und Germanistik" ist ein gemeinsames Projekt der Universität Kassel und des Goethe-Instituts, München (GI), bis 2005 auch des Deutschen Instituts für Fernstudien an der Universität Tübingen (DIFF) unter Beteiligung des Deutschen Akademischen Austauschdienstes (DAAD) und der Zentralstelle für das Auslandsschulwesen (ZfA).

Das Projekt wurde vom Bundesminister für Bildung und Wissenschaft (BMBW), dem Auswärtigen Amt (AA) und der Europäischen Kommission (LINGUA/SOKRATES) gefördert.

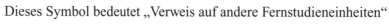

Dieses Symbol bedeutet „Verweis auf andere Fernstudieneinheiten"

*   Mit diesem Zeichen versehene Begriffe werden im Glossar erklärt

In der neuen Rechtschreibung auf der Grundlage des überarbeiteten Regelwerks. Ausnahmen bilden Texte und Realien, bei denen historische, künstlerische, philologische oder lizenzrechtliche Gründe einer Änderung entgegenstehen.

Verlagsredaktion: Manuela Beisswenger, Mechthild Gerdes

Titelgrafik: Uli Olschewski
Satz und Gestaltung (DTP): Uli Olschewski, Yen-lin Hung
Druck: Heenemann, Berlin

Printed in Germany
ISBN: 978-3-468-49652-3

Inhalt

Einleitung 5

1	**Der Wortschatz als Lernproblem**	6
1.1	Meinungen und Erfahrungen	6
1.2	Zum Umfang und zur Dynamik des Wortschatzes	9
1.3	Zur Auswahl des Wortschatzes für Lernzwecke	16
1.4	Zur Gliederung des Wortschatzes	19
1.5	Wortkomponenten und Lernschwierigkeiten	26
1.6	Lernziele	32
1.7	Zusammenfassung	35

2	**Wortschatzpräsentation und Bedeutungsvermittlung**	37
2.1	Wortschatzpräsentation in Lehrwerken	37
2.1.1	Texte	44
2.1.2	Bilder	45
2.1.3	Vorentlastung	47
2.1.4	Wortlisten/Glossare	49
2.1.5	Wortbildungsregeln	51
2.1.6	Regeln zum Umgang mit Wörterbüchern	56
2.2	Verfahren der Bedeutungsvermittlung	58
2.2.1	Nicht sprachliche Erklärungsverfahren	59
2.2.2	Sprachliche Erklärungsverfahren	63
	● Einsprachige Verfahren	63
	● Zweisprachige Verfahren	69
2.2.3	Didaktische Konsequenzen	70
2.3	Verständniskontrolle	73
2.4	Zusammenfassung	77

3	**Wortschatz lernen und üben**	78
3.1	Wörter lernen und behalten	78
3.1.1	Gehirngerechtes Lernen	80
3.1.2	Vernetztes Lernen – assoziativ und geordnet	82
3.1.3	Mehrkanaliges und ganzheitliches Lernen	87
3.2	Autonomes Wortschatzlernen und Lernstrategien	94
3.2.1	Lernerautonomie – warum und wozu?	94
3.2.2	Strategien für das Wortschatzlernen	96
	● Lernstrategien – Beispiel: Mnemotechniken	98
	● Lehrstrategien	102
	● Arbeit mit dem Wörterbuch	109
3.3	Wortschatz üben	115
3.3.1	Übungsformen – die Qual der Wahl?	115

3.3.2   Übungsgrundsätze 118

● Verstehensorientiertes Üben 118

● Mitteilungsorientiertes Üben 124

● Üben – motivierend und differenzierend 137

● Üben – spielerisch 141

● Üben – thematisch und situativ 142

● Üben – computerunterstützt 144

3.3.3   Wiederholen – aber wie? 146

3.4   Zusammenfassung 148

4   **Lösungsschlüssel** 149

5   **Glossar** 175

6   **Literaturhinweise** 180

6.1   Zitierte Literatur 180

6.2   Weiterführende Literatur: Themenhefte von Zeitschriften ... 182

6.3   Weiterführende Übungsmaterialien 182

6.3.1   Sprachlernspiele/Musik 182

6.3.2   Computerprogramme 183

6.3.3   Tipps für Lernende 183

7   **Quellenangaben** 184

Anhang 188

Angaben zum Autor 189

Fernstudienprogramme des Goethe-Instituts 189

Weiterbildender Fernstudienkurs
Fremdsprachlicher Deutschunterricht in Theorie und Praxis 190

Einleitung

In dieser Fernstudieneinheit geht es um das Verstehen, Einprägen, Üben und „Beherrschen" von Wörtern und Wortbedeutungen im Unterricht Deutsch als Fremdsprache. Wörter lernen gehört im Sprachunterricht zur täglichen Arbeit der Schüler – und Lehrerinnen und Lehrer können ihnen bei dieser Arbeit helfen. Dazu möchte diese Studieneinheit Anregungen geben.

Die vielfältigen und sehr komplexen Probleme des Wortschatzlernens werden – insbesondere angeregt von Aussagen der Lernpsychologie – gegenwärtig von Lehrbuchautoren, Methodikern, Lehrern (und Schülern?) wieder verstärkt diskutiert, und viele dieser Diskussionen sind für die Praxis des Unterrichts sehr interessant.

Innerhalb des Fernstudienprojekts sind bereits zwei Studieneinheiten erschienen, die sich mit der Vermittlung von Wortschatz unter einem jeweils besonderen Aspekt beschäftigen:

In der Fernstudieneinheit *Wortschatzarbeit und Bedeutungsvermittlung* geht es um die Erarbeitung der kulturspezifischen Bedeutung von Wörtern, in der Fernstudieneinheit *Routinen und Rituale in der Alltagskommunikation* darum, wie man in bestimmten Situationen lexikalische Mittel und Strukturen mündlich oder schriftlich gebraucht.

Die vorliegende Studieneinheit möchte deutlich machen, dass die Wortschatzarbeit nicht von den übrigen Lernbereichen isoliert werden kann. Der Wortschatzerwerb ist notwendigerweise immer mit der Entwicklung der sprachlichen Fertigkeiten *Lesen, Hörverstehen, Sprechen* und *Schreiben* verbunden und ohne grammatische, phonetische und orthografische Kenntnisse nicht „funktionstüchtig". Deshalb wird mehrfach auf Fernstudieneinheiten verwiesen, die diese Beziehungen ausführlich beschreiben und diskutieren.

Alle Kapitel sind mehr oder weniger stark eine Mischung von Informationen, Erklärungen, Beispielen, Reflexionen und didaktisch-methodischen Aufgaben.

In **Kapitel 1** geht es um die Schwierigkeiten des Wortschatzlernens im Unterricht, um mögliche Ursachen dafür und um die Lernziele.

Kapitel 2 untersucht, wie in Lehrmaterialien und im Unterricht Wortschatz präsentiert und semantisiert* wird (Semantisierungs-/ Erklärungsverfahren). Die gewählten Beispiele stammen vorwiegend aus Lehrwerken für die Grundstufe. Es sind aber keine „Musterbeispiele" – es sind auch solche Beispiele aufgenommen, die den Leser und die Leserin aufgrund eigener Erfahrungen zu einer kritischen Auseinandersetzung anregen sollen.

Kapitel 3 beschäftigt sich mit traditionellen und neueren Lernwegen, behandelt Lernstrategien/Lerntechniken und Übungsformen. Mit Blick auf die Praxis ist es mit Absicht der umfangreichste Teil der Studieneinheit. Da hier jedoch nicht alle Fragen gleichermaßen ausführlich besprochen werden können, stehen im Mittelpunkt vor allem verschiedene Möglichkeiten, wie Wortschatz autonom und lernerbezogen geübt werden kann.

Für die meisten Aufgaben, die in dieser Studieneinheit bearbeitet werden sollen, sind im **Lösungsschlüssel** Lösungsvorschläge angegeben. Bei einigen Aufgaben ist dies nicht der Fall, weil hier nur sehr subjektive Antworten erwartet werden können.

Die unterschiedlichen Akzentuierungen in den drei Hauptkapiteln – Analyse der Lernprobleme, Präsentation und Erklärung von Wortschatz sowie das Üben – werden anhand zahlreicher Beispiele aus Lehrmaterialien erläutert. Um aus dieser Vielfalt Nutzen für den eigenen Unterricht ziehen zu können, bieten wir Ihnen an, sich vom **Anhang** (S. 188) eine Kopie zu machen, auf der Sie während des Durcharbeitens dieser Fernstudieneinheit alle die Beispiele notieren, die für Sie besonders anregend und interessant sind, sodass Sie Ihre eigene Liste von Übungen zusammenstellen können.

1   Der Wortschatz als Lernproblem

Jeder Lehrende kann bei seinen Schülern bestimmte Defizite im Wortschatz beobachten – das ist eher normal als außergewöhnlich. In Kapitel 1 geht es um die möglichen Gründe für solche Defizite. Diese Darstellung bedingt auch die Verwendung einer Reihe von Fachtermini. Sie finden diese zwar im Glossar, aber wir möchten Ihnen auch die Möglichkeit geben, bei der Lektüre von Kapitel 1 mit diesen Termini und Bezeichnungen zu arbeiten. Deshalb finden Sie am Ende von Kapitel 1 (auf Seite 36) ein Arbeitsblatt, das Sie je nach Bedarf während oder nach der Lektüre ausfüllen und vervollständigen können.

1.1   Meinungen und Erfahrungen

Die Wortschatzarbeit zählt seit jeher zu den grundlegenden Zielen und Aufgaben schulischen Fremdsprachenlernens – auch wenn man die Wortschatzarbeit in der Geschichte des Fremdsprachenunterrichts einmal mehr, einmal weniger betont hat und dabei auch unterschiedliche Wege eingeschlagen wurden.

Darüber können Sie sich in der Fernstudieneinheit *Methoden des fremdsprachlichen Deutschunterrichts* näher informieren.

Die meisten neueren Veröffentlichungen zur Wortschatzarbeit beginnen mit dem Hinweis, dass dieser Bereich im Fremdsprachenunterricht zu lange vernachlässigt worden sei. Das ist leider auch immer noch so, obwohl man es nur schwer verstehen kann. Denn es ist allgemein bekannt, wie wichtig der verfügbare Wortschatz für jeden ist, der eine Sprache lernt.

Die Situation in der gegenwärtigen Unterrichtspraxis ist sehr unterschiedlich:

– Einerseits wird die Wortschatzarbeit unterschätzt – einige Lehrer überlassen die Schüler ihrem Schicksal und fordern nur, dass die Wörter bis zur nächsten Stunde gelernt werden müssen.

– Andererseits gibt es ein lernerorientiertes Konzept – da machen die Lehrer ihren Schülern deutlich, warum welche Wörter zu lernen sind und wie dieser Lernprozess effektiv gestaltet werden kann.

So unterschiedlich die Unterrichtspraxis ist, so unterschiedlich wird demzufolge die Bedeutung der Wortschatzarbeit beurteilt.

Auch wenn in jüngster Zeit eine zunehmende Zahl von Publikationen eine Trendwende anzeigt und den Nutzen eines lernerorientierten Lernweges betont, sind die Meinungen darüber, in welchem Maße Wortschatzlernen überhaupt notwendig und möglich ist, noch sehr widersprüchlich. Bevor wir Ihnen einige Äußerungen zum Wortschatzlernen wiedergeben, möchten wir Sie um Ihre Meinung bitten.

Aufgabe 1

> *1. Welche Erfahrungen haben Sie mit der Wortschatzarbeit gemacht? Welche Hauptschwierigkeiten sehen Sie hierbei?*
>
> _____
>
> _____
>
> _____
>
> _____
>
> *2. Tauschen Sie sich mit Ihren Kolleginnen und Kollegen aus, wenn Sie dazu die Möglichkeit haben.*

Lesen Sie die folgenden vier Äußerungen zum Wortschatzlernen: Decken sich Ihre Erfahrungen mit einer dieser Äußerungen?

"Ich schlafe nicht! Ich lerne Englisch!"

Und genauso leicht können Sie mit LINGUAPHONE

● **Englisch**   ● **Französisch**   ● **Italienisch**   ● **Spanisch**

oder eine andere von 27 Sprachen lernen. Denn mit einer Sprache mehr - sind Sie wer!

Schon nach 30 Minuten können Sie mit Linguaphone beginnen, zum Beispiel Englisch in einfachen Sätzen zu sprechen.

Vergessen Sie das Vokabelnpauken und Grammatikbüffeln! Diesen herkömmlichen Lernstreß gibt es bei Linguaphone nicht. Denn Linguaphone nutzt modernste Sprachlabortechnik und die neuesten wissenschaftlichen Erkenntnisse über das Sprachenlernen.

Sie lernen Englisch wie in England, Französisch wie in Frankreich: Durch entspanntes Hören eignen Sie sich die richtige Aussprache, den richtigen Tonfall an. Denn Ihre Lehrer auf den Kassetten sind "Muttersprachler".

nach: ADAC Motorwelt (1994), 12

Schüler lernen über 60 Vokabeln in der Stunde

Nachdem der Verfasser in fünf Untersuchungen festgestellt hat, daß Erwachsene (Studenten) in Anfängerkursen Französisch mit dem Verfahren des „suggestopädischen* Körperlernens" [Lernen in entspannter Atmosphäre] im Durchschnitt die Bedeutung von 272 Wörtern in drei Stunden und 502 in fünfeinhalb Stunden lernen konnten, sollte dasselbe Verfahren in der Schule erprobt werden. In den Untersuchungen wurden verschiedene Verfahren statistisch überprüft. Als eindeutig wirkungsvoll hat sich dabei die Erhöhung der Anzahl der zu lernenden Vokabeln, nämlich von ca. 300 auf ca. 500 in derselben Lernzeit (bei Verwendung des suggestopädischen Körperlernens), herausgestellt.

Schiffler (1991), 84

Eine Portion von 35 Vokabeln auf einen Sitz lernen zu wollen, hieße, den Mund zu voll zu nehmen.

Kleinschroth (1992), 55

Die These lautet: Der deutsche Wortschatz ist nicht lernbar. Es ist dies keine Besonderheit des deutschen Wortschatzes. Kein Wortschatz ist lernbar. Und da die Sprache in erster Linie Wortschatz ist, ist auch keine Sprache erlernbar, jedenfalls nicht als Fremdsprache.

Hausmann (1993), 471

Viele Lehrer fragen sich immer wieder, woran es eigentlich liegt, dass viele ihrer Schülerinnen und Schüler mehr oder weniger große Wortschatzdefizite haben. Es ist eine Frage, von der wir wissen, dass sie auch hier weder vollständig noch allgemeingültig beantwortet werden kann.

1. *Woran liegt es Ihrer Meinung nach, dass Fremdsprachenlernende mehr oder weniger große Defizite im Wortschatz haben?*

   a) *Streichen Sie in der folgenden Übersicht Ihnen unwichtig erscheinende Faktoren und/oder fügen Sie fehlende hinzu.*

   b) *Kreuzen Sie nun bei den von Ihnen gewählten Faktoren eine Punktzahl an:*
   1 = beeinflusst das Wortschatzlernen kaum, 5 = beeinflusst es sehr stark.

Faktoren, *die den Wortschatzerwerb beeinflussen*	*Punkte*				
	1	*2*	*3*	*4*	*5*
keine Einbettung der Wortschatzarbeit in einen Kontext					
gleichförmige Übungen					
fehlende/falsche Wiederholung					
ungenügende Wortschatzaufbereitung in Lehrwerken					
Umfang des Wortschatzes					
Mehrdeutigkeit (= Polysemie*) von Wörtern					
Regeln der Wortbildung					
objektive Lernhemmnisse (Gruppenstärke, Lernumgebung, zu wenig Zeit usw.)					
subjektive Lernhemmnisse (Desinteresse, Angst usw.)					
ineffektive Lerntechniken					
fehlende Anwendungsmöglichkeiten (z. B. im Zielsprachenland)					
zu wenig methodische Hilfen für Lehrer					

2. *Vergleichen Sie Ihre Ergebnisse unter folgenden Gesichtspunkten mit denen Ihrer Kollegen – wenn Sie die Möglichkeit dazu haben:*

   – *Wo gibt es auffällige Gemeinsamkeiten, wo große Unterschiede?*

   – *Welche Argumente können Sie für Ihre Entscheidungen anführen?*

Im Fremdsprachenunterricht gilt das Wortschatzlernen allgemein als ein großes, wenn nicht sogar als das größte Lernproblem. Als Grund dafür werden angegeben:

– subjektive Faktoren, also solche, die bei den Lernenden liegen,

– objektive Faktoren, die sich auf bestimmte objektive Merkmale des Wortschatzes beziehen, etwa auf seinen Umfang, seine Dynamik – mit der Konsequenz, dass Wortschatzlernen nie abgeschlossen ist – und auf seine Struktur, d. h. die verschiedenen Merkmale von Wörtern. Das soll in den folgenden Kapiteln etwas genauer besprochen werden.

1.2 Zum Umfang und zur Dynamik des Wortschatzes

Was den Umfang der deutschen Gegenwartssprache betrifft, so schwanken die (geschätzten) Zahlen erheblich – für die Standardsprache zwischen 300.000 und 500.000 Wörtern. Nimmt man die Fachsprachen hinzu, so dürfte der Umfang ein Mehrfaches betragen. Jährlich kommen etwa 4.000 neue Wörter bzw. Wortbedeutungen hinzu. Allein die Medizin verfügt über eine halbe Million Fachwörter: 80.000 Namen für Medikamente, 10.000 für Körperteile und Organe und 60.000 für Krankheitsbezeichnungen (vgl. *PZ* 1986, 7). Es gibt/gab etwa 6 Millionen Lebewesen auf der Erde – in der Chemie sind mehrere Millionen organische Verbindungen bekannt, die alle bezeichnet worden sind.

Es ist klar, dass von dieser Wortmenge auch ein Muttersprachler nur einen geringen Teil beherrscht – das hängt nicht zuletzt von Ausbildung, Beruf und Interessen ab.

Darüber hinaus ist sowohl für Muttersprachler wie für diejenigen, die eine Fremdsprache lernen, zu unterscheiden zwischen dem,

- was jemand versteht (= Verstehenswortschatz*/passiver oder rezeptiver Wortschatz*)

- und dem, was jemand auch anwenden, äußern kann (= Mitteilungswortschatz*/ aktiver oder produktiver Wortschatz*) (siehe dazu Kapitel 1.4).

Hinweis

Während der rezeptive Anteil eines Muttersprachlers etwa 100.000 Wörter umfasst, macht der aktive nur etwa 12.000 Wörter aus. Die individuelle Verfügbarkeit schwankt dabei noch einmal zwischen 2.000 und 20.000 Wörtern. Wie differenziert dieser Durchschnittswert ist, machen folgende Beispiele deutlich:
Der aktive Wortschatz wird bei deutschen Schriftstellern so angegeben: bei Hermann Hesse mit 15.000, bei Theodor Storm mit 22.000 und bei Johann Wolfgang Goethe mit 80.000 (vgl. *Die Zeit* vom 4. 11. 1988, 73).

Auch in einsprachigen Bedeutungswörterbüchern für das Deutsche ist die Zahl der Einträge unterschiedlich. So sind im *DUDEN Deutsches Universalwörterbuch* (Drosdowski u. a., Hrsg., 1989) ca. 120.000 Stichwörter aufgenommen, im *Deutschen Wörterbuch* von Wahrig (1997) ca. 250.000 und in *Langenscheidts Großwörterbuch Deutsch als Fremdsprache* (Götz u. a., Hrsg., 1998) ca. 66.000. Bekanntlich sagt aber die Wortzahl allein wenig über die Brauchbarkeit eines Nachschlagewerkes aus, andere Kriterien müssen hinzutreten, vor allem der (potenzielle) Benutzerkreis wie die Zielgruppe der Deutschlernenden beim zuletzt genannten Titel.

Wie wir wissen – und das ist zugleich eine bekannte Lernschwierigkeit – sind Wörter häufig mehrdeutig (polysemantisch/polysem*). Dabei sind zu unterscheiden:

mehrdeutige (= polysemantische) Wörter

➤ Wörter, die die gleiche Wortform, aber verschiedene Bedeutungen haben, die gleichberechtigt nebeneinander existieren, wie zum Beispiel:

das Schloss (das Schloss einer Tür; das Schloss/der Palast eines Königs)
die Bank (die Bank, in der man Geld holt; die Bank, auf der man sitzt).

Welche der Bedeutungen gemeint ist, wird durch den Kontext festgelegt – durch die Thematik und den Satz, in dem das Wort benutzt wird: *Ich muss noch zur Bank* kann nur bedeuten, dass jemand Geld abheben möchte – und oft durch grammatische Einschränkungen.

➤ Wörter, die die gleiche Wortform, aber verschiedene Bedeutungen haben, die von der Grundbedeutung abgeleitet sind, zum Beispiel:

die Birne (Obst oder Glühbirne, die die gleiche Form wie eine Birne hat).

Ein isolierter Satz wie *Kaufst du heute eine Birne?* lässt beide Möglichkeiten offen, erst der weitere Kontext macht die Bedeutung eindeutig, etwa
Die Birne hat 75 Watt. Aber: *Die Birne war sehr saftig.*

Komposita

➤ Wörter, die mit dem gleichen Grundwort zusammengesetzt sind (Komposita*), Verschiedenes bezeichnen oder auf eine gemeinsame Grundbedeutung zurückgehen, wie zum Beispiel:

die Welle:

die Antriebswelle	Teil einer Maschine
die Schallwelle	eine sich fortpflanzende Bewegung
die Riesenwelle	eine Turnübung
die Meereswelle	eine Bewegung der Wasseroberfläche

In allen Komposita ist die Grundbedeutung *wellenförmige Bewegung* enthalten.

Es zeigt sich schon hier, dass es wichtig ist, neue Wörter im Kontext einzuführen. Stärkere Lernprobleme tauchen bei einem höheren Sprachniveau der Lernenden auf, wenn Wörter auf der übertragenen Ebene gebraucht werden: *Der hat wohl eine weiche Birne* (= Er ist wohl dumm).

Aufgabe 4

> *Informieren Sie sich in einem Wörterbuch (z. B. Wahrig „Deutsches Wörterbuch" oder „Langenscheidts Großwörterbuch DAF") über die Bedeutungen von „Anzeige", „Apparat" und „Zug".*

Lernende müssen sich also mit einer bestimmten Zahl von Wortformen häufig ein Mehrfaches an Wortbedeutungen aneignen.

Aufgabe 5

> *Was bedeutet „Gang" in den folgenden Wortgruppen? Benutzen Sie ein Wörterbuch und notieren Sie bitte.*
>
> *1. im Gang warten*   _____
>
> *2. ein schleppender Gang*   _____
>
> *3. ein unterirdischer Gang*   _____
>
> *4. einen Gang auftragen*   _____
>
> *5. in vollem Gang sein*   _____
>
> *6. einen Gang einlegen*   _____

Wörterbücher können also offensichtlich helfen, wenn es um das Auffinden von ursprünglichen und abgeleiteten Bedeutungen geht. Wenn man aber näher darüber nachdenkt, kommt man darauf, dass Wörterbücher – selbst sehr umfangreiche – ihre Grenzen haben (müssen). Das möchten wir an einem Beispiel erläutern.

Aufgabe 6

> *1. Was fällt Ihnen zu dem Begriff „Wohnung" ein? Notieren Sie Ihre Assoziationen.*

> *2. Vergleichen Sie Ihr Assoziogramm mit den beiden folgenden Assoziogrammen A und B auf Seite 11: Wo gibt es Übereinstimmungen, wo Abweichungen im Vergleich zu den vorgestellten Beispielen?*

A: Im Rahmen eines Seminars (1994) mit russischen Deutschlehrerin-
nen und -lehrern, die alle aus derselben Großstadt stammten, sollte
das Wort „Wohnung" durch ein Assoziogramm dargestellt werden.
Die häufigsten Nennungen waren:

B: Englische Studenten, die ebenfalls aus einer Großstadt kamen, gaben
mehrheitlich folgende Merkmale an:

In einem deutschen Wörterbuch wird *Wohnung* so definiert:

> „... zur Führung des individuellen Lebens einer Person, eines Ehepaares oder einer
> Familie in der Regel auf Dauer dienende, in sich abgeschlossene Einheit von einem
> oder mehreren Wohnräumen in einem Wohnhaus, wozu andere Räume wie Küche, Bad,
> Toilette/Keller und Boden gehören." (Kempcke u. a., Hrsg., 1984, 1350)

Sie sehen, dass sich diese Definition nur mit wenigen Elementen der Assoziogramme
deckt. Sie ist sehr allgemein formuliert, weil sie möglichst für alle Wohnungen
zutreffend sein soll, das heißt, sie gibt nur die Hauptbedeutung (= die denotative*
Bedeutung) von *Wohnung* an.

Hauptbedeutung
(= denotative Bedeutung)

Die Assoziogramme zeigen auch, dass Wörter neben der Hauptbedeutung meistens
noch Nebenbedeutungen (= konnotative* Bedeutung) haben (können), in unserem
Beispiel: *Zentralheizung, Neubau, (ein) Garten (gehört dazu).*

Nebenbedeutung
(= konnotative
Bedeutung)

Dazu kommt noch eine subjektiv zweckgebundene (= intentionale*) Nebenbedeutung,
in unserem Beispiel: *zunehmend teurer* oder *sich zurückziehen können.*

zweckbestimmte (=
intentionale Bedeutung)

Bei den meisten Wörtern spielt – was häufig nicht bedacht wird – auch eine kulturspezifische Bedeutung eine große Rolle, d. h., was in der jeweiligen Kultur üblich ist,
in unserem Beispiel etwa, ob man sich zurückziehen kann oder ob mehrere Generationen zusammenleben.

kulturspezifische
Bedeutung

Was es mit dieser letzten, unter landeskundlichem Blickwinkel wichtigen Komponente
auf sich hat und wie mit ihr im Unterricht umzugehen ist, ist in der Fernstudieneinheit
Wortschatzarbeit und Bedeutungsvermittlung genauer und anschaulich erklärt.

⟹

1. Überlegen Sie nun abschließend, ob sich aus dem Vergleich der
Assoziogramme und der Wörterbuchdefinition Schlussfolgerungen für
Bedeutungserklärungen im Unterricht ergeben können.

– Wenn ja, welche?

Aufgabe 7

2. Vergleichen Sie Ihre Argumente mit dem folgenden Textauszug. (Vor dieser Passage wurde in dem Text gesagt, dass sprachliches Verstehen immer auch den Erfahrungskontext des jeweiligen Kulturkreises voraussetzt.)

> Wenn wir uns dagegen über kulturelle Grenzen hinweg verständigen wollen und eine Sprache, die nicht unsere Muttersprache ist, benutzen, können wir diese Kontexte nicht mehr als selbstverständlich voraussetzen. Wir müssen uns vielmehr Gemeinsamkeiten und Unterschiede in der Wortbedeutung bewußt machen, sie bewußt ansprechen und im Unterricht allmählich entwickeln, sonst entstehen fortwährend Mißverständnisse, die zu Verstehensblockaden und zu gravierenden Kommunikationsstörungen führen können.
>
> Neuner (1990 a), 6

Was die Schüler erkennen sollen ist also, dass in Wörtern einer anderen Sprache auch andere Bedeutungen stecken können. Dass Bedeutungen zwischen zwei oder mehreren Sprachen nicht deckungsgleich sind, ist eher normal als außergewöhnlich. Die Unterschiede ergeben sich aus den historischen, sozialen, kulturellen und funktionalen Bedingungen, unter denen Menschen miteinander kommunizieren.

Ein weiteres Beispiel dafür ist, wie in einzelnen Sprachen (und Lebensräumen) der Tagesverlauf differenziert wird. Die nachfolgende Skizze auf Arbeitsblatt 1 (Seite 13) – sie ist das Ergebnis einer Befragung von Muttersprachlern – macht deutlich, dass neben grundsätzlichen Übereinstimmungen Unterschiede in der Benennung und vor allem in der zeitlichen Einteilung eines Tagesablaufs bestehen. Das Ganze würde sicher noch anschaulicher werden, wenn man auch fragte, was in den verschiedenen Ländern *sehr früh, früh, mitten am Tag, spät, sehr spät* bedeutet, was *pünktlich* und *unpünktlich* ist, wann gewöhnlich Arbeit und Schule beginnen oder enden u. a. m.

Zugleich muss man sich natürlich bewusst sein, dass es auch innerhalb einer Sprachgemeinschaft unterschiedliche zeitliche Vorstellungen von Tagesabläufen gibt.

Aufgabe 8

> *Bitte bearbeiten Sie nun Aufgabe 8/Arbeitsblatt 1 auf Seite 13.*

Reflexion

Sie haben sicherlich die Problematik eines solchen Vergleichs bemerkt. Sie besteht darin, dass den (deutschen) Bezeichnungen Definitionen zugrunde liegen, die nicht ohne Weiteres auf andere Sprachen/Regionen übertragbar sind. So definiert das *DUDEN Universalwörterbuch* (1989) den Morgen als die *Tageszeit um das Hellwerden nach der Nacht* (S. 1037), den Vormittag als *Zeit zwischen Morgen und Mittag* (S. 1694) und den Abend als *Tageszeit um die Dämmerung*, das *Dunkelwerden vor Beginn der Nacht* (S. 53). Die Skizze in Arbeitsblatt 1 verdeutlicht, dass andere Sprachgemeinschaften einer solchen Festlegung nicht folgen. Andererseits sind die Definitionen sehr vage.

Man kann also die Bedeutung eines Wortes nicht nur über Definitionen erklären – einerseits, weil sich nicht alles exakt definieren lässt, andererseits, weil es selbst innerhalb einer Sprechergemeinschaft, einer Kultur, unterschiedliche Vorstellungen über die Bedeutung von Wörtern gibt und noch mehr zwischen verschiedenen Kulturen.

Ein möglicher Weg, Bedeutungserklärungen einsichtiger zu machen, ist die Prototypensemantik*.

Die Vorstellung hinter den Wörtern: Protoypensemantik

> „Sie geht davon aus, daß wir im alltäglichen Leben nicht nach Merkmalen, exakt abgrenzend, klassifizieren. Wir haben von den Gegenständen etc. unserer Umgebung meist einen ,guten‘, ,klassischen‘ Repräsentanten: den Prototyp [...]. Dieses Ordnen (gleichsam auf einen Blick) geht viel schneller als das nach Merkmalen und genügt auch in der Regel für die Erfordernisse des Alltags.“
>
> Latzel (1993), 187

Arbeitsblatt 1

Tagesverlauf

1. *Decken sich die Einteilungen in der folgenden Skizze mit Ihren Vorstellungen? Wenn Ihre Sprache dort nicht vertreten ist: Wie sähe die in Ihrem Land übliche Tageseinteilung aus?*

2. *Wo liegen die Unterschiede zwischen Ihrem Land und Deutschland?*

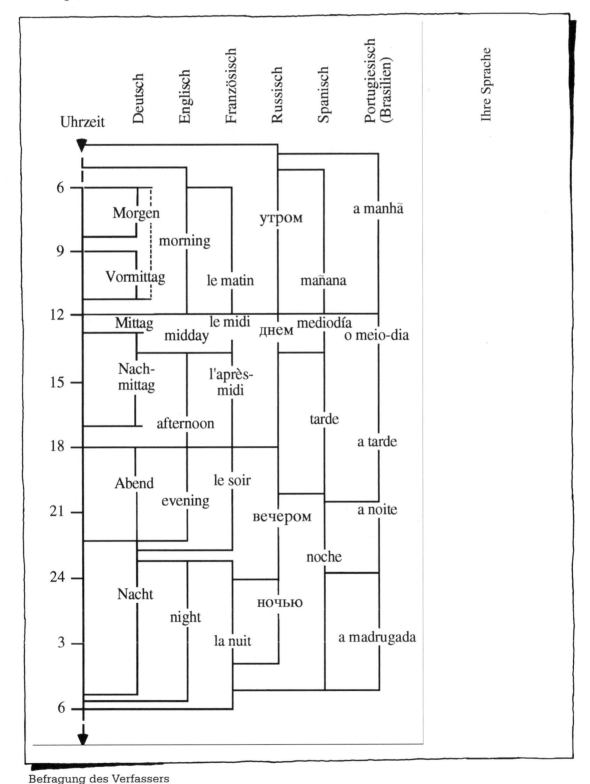

Befragung des Verfassers

*Vergleichen Sie die verschiedenen Darstellungen zu „Baum" und „Stuhl".
Was ist für Sie der jeweils typische Repräsentant – warum?*

Scherling, in: Dahlhaus (1994), 57

*Lassen Sie Ihre Schüler Prototypen zeichnen, z. B. von „Stuhl, Baum, Tasse,
Kirche" etc. und diskutieren Sie in der Gruppe darüber – wenn erforderlich
auch in der Muttersprache.*

Hinter einzelnen Begriffen verbergen sich also sehr konkrete Vorstellungen – und die
sind individuell und kulturspezifisch geprägt.

In der Theorie des Fremdsprachenunterrichts spielt der Ansatz der Prototypensemantik
noch kaum eine Rolle. Im Teilkapitel 1.3 der Fernstudieneinheit *Wortschatzarbeit und
Bedeutungsvermittlung* wird daher die Bedeutsamkeit dieses Ansatzes für das Fremdsprachenlernen genauer dargestellt.

Es ist also wichtig, den Schülern bewusst zu machen, dass sich mit Wörtern sehr
verschiedene Vorstellungen verbinden – wie Sie an den Beispielen gesehen haben.
Wichtig wird diese Tatsache, wenn es um mehr als nur konkrete Bezeichnungen wie
Baum oder *Stuhl* geht – nämlich dann, wenn mit Wörtern Verhaltensweisen verbunden
sind wie etwa bei einer Einladung, bei einer Bestellung im Café oder bei Redewendungen mit Aufforderungscharakter *Komm doch mal vorbei!* usw.

Zahlreiche Beispiele dafür finden Sie in der Fernstudieneinheit *Routinen und Rituale
in der Alltagskommunikation.*

Nun müssen unterschiedliche Assoziationen nicht automatisch die sprachliche Verständigung stören oder gar verhindern, denn

> „[man sollte] dreierlei nicht vergessen:
>
> 1. Die interkulturelle Semantik macht die ‚normale' Semantik nicht überflüssig, wie so manch einer glaubt. Ein Wald ist überall eine Erdfläche, in der Bäume, die keine Obstbäume sind, in einem bestimmten, nicht zu weiten Abstand wurzeln und wachsen. Dies muß ich erst erfaßt haben, ehe ich über den soziokulturellen ‚regionalen' Stellenwert dieses Etwas sprechen kann.
> 2. Wollte man die Bedeutung eines jeden Inhaltswortes auch in ihrem soziokulturellen Stellenwert erfassen und im Unterricht darlegen, so brauchte man Unmengen von Zeit. Man kann sich sinnvollerweise hier nur mit einzelnen wichtigen Schlüsselbereichen befassen.
> 3. Es besteht bei der interkulturellen Betrachtungsweise die Gefahr, von einer Sprachgemeinschaft zur anderen zu stark zu pauschalieren und zu sagen: Das ist für Deutschland, das ist für Frankreich etc. typisch. Der deutsche Sprachraum ist soziokulturell alles andere als homogen."
>
> Latzel (1993), 185

Ein bestimmter Anteil der Bedeutung eines Wortes ist in verschiedenen Sprachen jedoch immer gleich. Man spricht von Bedeutungsüberlappung, die vorhanden ist und vorhanden sein muss.

Aufgabe 11

Kreuzen Sie bei den folgenden Wörtern die Bedeutungsmerkmale an, die invariant* sind, also jene, die im Allgemeinen „weltweit" die Hauptbedeutung eines Wortes ausmachen.

Buch

- [ ] *informativ*
- [ ] *Wissensspeicher*
- [ ] *gedruckt*
- [ ] *aus Papier*

- [ ] *mit Bildern*
- [ ] *ein Titel*
- [ ] *für Leser*
- [ ] *in Leder*

Drama

- [ ] *dialogisch*
- [ ] *hochsprachlich*
- [ ] *Zuschauer*
- [ ] *turbulent*

- [ ] *tragisches Ende*
- [ ] *Schauspieler*
- [ ] *Theaterstück*
- [ ] *drei Akte*

Arbeit

- [ ] *tagsüber*
- [ ] *Vergnügen*
- [ ] *aktiv*
- [ ] *körperliche und geistige Kraft notwendig*

- [ ] *zielgerichtet*
- [ ] *wird bezahlt*
- [ ] *der Mensch macht sie*

Aufgabe 12

Geben Sie bitte für „Schule" die invarianten Merkmale an.

Reflexion

Im Zusammenhang damit steht eine andere Besonderheit des Wortschatzes. Kenntnisse zur Konjugation der Verben, zur Deklination der Substantive und Adjektive (Morphologie*), zu Satzstellungsregeln (Syntax*), zur Rechtschreibung (Orthografie*) und auch zur Phonetik* werden mithilfe einer endlichen Menge von Regeln vermittelt, die zudem über einen längeren Zeitraum hinweg relativ stabil bleiben. Der Wortschatz einer Sprache hingegen verändert sich ständig. Diese Offenheit gegenüber Veränderungen – alles, was sich in der menschlichen Gesellschaft entwickelt und entsteht, braucht einen „Namen" – macht das Lexikon zum dynamischsten und umfangreichsten Bereich der Sprache.

Die Konsequenz daraus ist: Wortschatzlernen endet nicht mit dem Schulabschluss, es ist im Allgemeinen lebenslanges Lernen, denn die Zahl der neu hinzukommenden Wörter ist deutlich größer als die der im gleichen Zeitraum aus dem Sprachgebrauch ausscheidenden.

1.3 Zur Auswahl des Wortschatzes für Lernzwecke

Es muss sicher nicht begründet werden, warum der Wortschatz einer Sprache für Lernzwecke zu begrenzen ist. Eine solche Reduzierung orientiert sich an didaktischen und sprachpsychologischen Überlegungen – dem Lernenden einer Fremdsprache fehlen häufig die situativen Zugriffs- und Erprobungsmöglichkeiten des Muttersprachenlernenden –, und trotz dieser Beschränkung muss das Lexikon funktionstüchtig bleiben, d. h. sprachliche Verständigung ermöglichen.

Die Frage, die für uns in diesem Zusammenhang interessant ist, lautet: Wie viele und welche Wörter müssen und können gelernt werden, um diesem Anliegen gerecht zu werden? Hier dazu eine erste Anwort:

<table>
<tr><td>

Aufgabe 13

</td><td>

1. Lesen Sie folgende Aussage zur Anzahl der zu lernenden Wörter.

Mit den ersten 1.000 Wörtern unserer Sprache können wir mehr als 80 Prozent des Wortschatzes aller Normaltexte erfassen, mit den zweiten 1.000 Wörtern weitere 8 bis 10 Prozent, mit den dritten nochmals 4 Prozent, mit den vierten noch 2 Prozent und mit den fünften ebenfalls 2 Prozent. Die ersten 4.000 Wörter machen somit durchschnittlich 95 Prozent des Wortschatzes aller Normaltexte und Alltagsgespräche aus, die zweiten 4.000 Wörter etwa 2 bis 3 Prozent, alle übrigen nicht mehr als 1 bis 2 Prozent.

Oehler (1966), 7

2. Beeindruckt Sie diese Aussage? Wenn ja, was besonders?
3. Welche Fragen bleiben unbeantwortet, welche stellen sich?

</td></tr>
</table>

Von Sprachlerninstitutionen für Deutsch als Fremdsprache wird die Faustregel vertreten, dass man für die Alltagskommunikation mindestens 8000 Wörter verstehen und 2000 aktiv beherrschen müsse.

Das Problem, wie viele und welche Wörter im Unterricht zu lernen sind, beschäftigt Linguisten und Didaktiker schon jahrzehntelang. Das Resultat sind mehr als 30 sogenannte „Lernwortschatzlisten" (Grundwortschatzsammlungen) für Deutsch als Fremdsprache. Die Kriterien, nach denen der allgemeinsprachliche Wortschatz gefiltert wurde, berücksichtigen – wenn auch ungleichgewichtig – statistische, pragmatische und lernpsychologische Faktoren. Die Diskussion war und ist verständlicherweise schwierig. Seit Ende der 1970er-Jahre gilt für den Anfängerunterricht im deutschsprachigen Raum der mehrfach überarbeitete „Zertifikatswortschatz" (*Das Zertifikat Deutsch als Fremdsprache* 1991) als allgemein verbindliche Bezugsgröße, insbesondere auch für die Erarbeitung von Grundstufenlehrwerken.

In den meisten Lehrwerken für Deutsch als Fremdsprache wird der Grundwortschatz den Lernenden in Form von Wörterverzeichnissen oder Registern noch einmal zusammenfassend angeboten. Über den Zweck solcher Listen und über die Art, wie sie zusammengestellt sind, gehen die Meinungen bei Lehrern und Schülern auseinander (siehe dazu auch Kapitel 2.1.4).

Hinweis

<table>
<tr><td>

Aufgabe 14

</td><td>

1. Schauen Sie sich den folgenden Ausschnitt aus einem solchen Wörterverzeichnis eines Lehrbuchs an und versuchen Sie herauszufinden, was dieses Verzeichnis im Einzelnen angibt. (Die Benutzerhinweise fehlen hier mit Absicht.)

</td></tr>
<tr><td>

Beispiel 1

</td><td>

H

h = Stunde, die, -n 21/1.2
Haar, das, -e 24/2.4
h**a**ben (1), geh**a**bt 2/7.3
h**a**ben (2), geh**a**bt 4/3.2
H**a**fen, der, "- 5/6.1
Hähnchen, das, - 12/3.1
h**a**lb..., *, * 01/7
Hälfte, die, -n 22/1.2
h**a**llo 2/7.1
H**a**ls, der, "-e 03/5.2
h**a**lt 19/4.6
h**a**lten, geh**a**lten 14/6.1
H**a**mburger, der, - 2/3

H**i**lfe, die, -n 17/3.1
H**i**mmel, der, - 24/2.4
*H**i**mmelsrichtung,* die, -en 01/1
h**i**nkommen, h**i**ngekommen 22/6.6
h**i**nten 10/1.1
h**i**nter 10/1.2
*hin**u**nter* 18/4.3
*hin**u**ntergehen,* hinuntergangen 18/4.3
H**i**nweis, der, -e 02/7
h**i**nwollen, -/h**i**ngewollt 16/3.2
H**i**rn, das, -e 12/3.1
historisch 15/5

*Ins**e**kt,* das, -en 21/5.1
Insel, die, -n 21/5.1
intell**i**gent 21/3.4
*Interc**i**ty-Expreß,* der, -Expres-se 21/2.1
interess**a**nt 18/3.2
Inter**e**sse, das, -n 22/2.2
interess**ie**ren 5/6.1
interkulturell 11/3
international 2/1
Interview, das, -s 9/3.3
Inton**a**tion, die, -en 1/2.2
*invest**ie**ren* 2/2.1
*Investit**i**on,* die, -en 2/2.1
*Isol**a**tion,* die, -en 2/2.1

Funk/Koenig (1996), 201

</td></tr>
</table>

2. Kreuzen Sie jetzt bitte in der Tabelle an, welche Punkte unberücksichtigt bleiben (müssen).

☐ *die Lernbedingungen*

☐ *der produktive Wortschatz*

☐ *die didaktische Reihenfolge (der Lernweg)*

☐ *Lernschwierigkeiten bei einzelnen Wörtern*

☐ *die Stelle, wo das Wort erstmals vorkommt*

☐ *Hilfen/Hinweise für das Lernen*

☐ *grammatische Merkmale der Wörter*

☐ *das Lernpensum*

☐ *Eigennamen (Personen, Städte etc.)*

☐ *Zusammensetzungen und Ableitungen*

Die Auswahl des Lernwortschatzes im Grundstufenbereich – das zeigen die Lehrwerke – erfolgt nach statistischen, pragmatischen und lernpsychologischen Kriterien. Sie sind den Lehrern kaum und den Schülern nicht bekannt. Die Möglichkeit, aktiven Einfluss auf seine Zusammenstellung zu nehmen, haben beide nicht.

Aufgabe 15

Stellen Sie sich vor, Sie hätten die Aufgabe, für eine Lernergruppe den Wortschatz auszuwählen.

1. Lesen Sie zunächst die folgenden Kriterien durch:

a) Themenbezogenheit
Gemeint sind die lexikalischen Mittel, die notwendig sind, um sich über ein bestimmtes Thema informieren oder äußern zu können, z. B. über „Schule", „Sport", „Wohnen".

b) Ästhetik
Der Wohlklang der Wörter; Wörter, die für jemanden eine angenehme Lautform oder eine interessante Schriftform haben.

c) Produktivität
Wörter, die eine relativ große Wortfamilie* bilden können, indem sie viele Ableitungen und Zusammensetzungen zulassen, z. B. „sprechen" (Sprechfunk, Sprecher, Sprechprobe, Muttersprache, Umgangssprache, sprachbegabt, sprachlos, nachsprechen, versprechen, aussprechen, zweisprachig, Sprichwort, Sprachdiplom, Sprachunterricht, Spruch usw.).

d) Hochsprache
Wörter, die der Norm dieser Stilebene entsprechen, also nicht umgangssprachlich oder dialektal geprägt sind, z. B. „trinken", nicht: „süffeln", „saufen".

e) Internationalismen*
Wörter, die in mehreren Sprachen in gleicher oder ähnlicher Form (Aussprache/Schreibung) vorkommen und auch die gleiche Bedeutung haben, z. B. „Musik" – musique – music – musika – müzik – muzika.

f) Häufigkeit
Wörter, die in einer Sprache überdurchschnittlich oft gebraucht werden. Für einzelne Wörter ist das schwer zu ermitteln, aber bekanntlich dominieren in deutschsprachigen Texten Wortarten* wie Artikel, Präpositionen, Partikeln und andere „stabile" Wörter. Der Artikel „die" ist übrigens das am häufigsten gebrauchte Wort.

g) Aktualität
Wörter und Wortkombinationen, die im gegenwärtigen Sprachgebrauch in bestimmten Situationen bevorzugt werden, z. B. bei der Verabschiedung „Tschüss, Tschau, Mach's gut!" und weniger „Auf ein baldiges Wiedersehen" oder „Leben Sie wohl!"

2. Notieren Sie nun, welche der Kriterien Ihnen für die Auswahl des Wortschatzes wichtig wären.

_____

_____

3. Welche Kriterien finden Sie wenig sinnvoll und hilfreich?

_____

4. Welche Kriterien fehlen Ihrer Meinung nach?

_____

_____

_____

In jüngster Zeit werden weiter reichende Kriterien für die Auswahl des Lernwortschatzes diskutiert. Dabei ist von Bedeutung, dass die bisher weitgehend sprachsystemorientierten Kriterien durch lernerorientierte ergänzt werden. Einen diesbezüglich konsequenten Vorschlag entwickelt Gerhard Neuner (1991, 79), wenn er empfiehlt, die *Lernbarkeit*, die *Brauchbarkeit* und die *Verstehbarkeit* als Auswahlkriterien einzubeziehen.

Lernbarkeit

Für Lehrer und Schüler dürfte der Gesichtspunkt der *Lernbarkeit* von besonderem Interesse sein, weil hier auf die oft gestellte Frage eingegangen wird, was schwer zu lernende und was leicht zu lernende Wörter sind. Neuner sagt: Leicht zu lernen sind

- „Wörter, zu denen es in der Erfahrung der Lernenden klare Situations- und Handlungsbezüge gibt,
- Wörter, die inhaltlich und formal gut in Kontexte eingebettet sind,
- Wörter, deren Inhalt die Lernenden emotional bzw. affektiv anspricht,
- Wörter, die visuell dargestellt werden können (von denen man sich ‚ein Bild machen‘ kann)."

Neuner (1991), 79

Bekannt ist auch, dass Wörter leichter zu lernen sind, wenn sie sich in der Ausgangs- und Zielsprache inhaltlich **und** formal ähnlich sind – dazu zählen natürlich nicht die Wörter, die formal gleich oder ähnlich sind, aber eine andere Bedeutung haben (= falsche Freunde*) wie zum Beispiel engl. *become*, das auf Deutsch nicht *bekommen* bedeutet, sondern *werden*.

Brauchbarkeit

Die *Brauchbarkeit* berücksichtigt die sprachlich-pragmatischen Bedürfnisse der Lernenden. Die Frage ist: Zu welchem Zweck lernt jemand eine fremde Sprache, welche Themen, Kommunikationssituationen, Fertigkeiten, Rollen und demzufolge welche sprachlichen Mittel stehen im Vordergrund? Es ist offensichtlich, dass diese für einen Deutschlehrer andere sind als für einen Ökonomiestudenten oder einen Touristen.

Ausgehend von der *Kontaktschwelle Deutsch als Fremdsprache* (Baldegger u. a. 1980) stellt Gerhard Neuner mehr als ein Dutzend

„Bereiche universeller menschlicher Daseinserfahrungen, die für interkulturelle Verständigung grundlegend sind und im fremdsprachlichen Bereich einen ‚harten Kern‘, sozusagen ein interkulturelles Denotat darstellen"

zusammen, zum Beispiel die Bereiche *persönliche Identität, Arbeit, Versorgung, Erziehung, Normen und Wertorientierungen* usw. (vgl. Neuner 1991, 80). Diese Bereiche spielen eine wesentliche Rolle bei der Auswahl des Wortschatzes für Lernzwecke.

Verstehbarkeit

Mit *Verstehbarkeit* ist gemeint, dass bei der Bestimmung des Lernwortschatzes „auch die Berücksichtigung der spezifischen Kontaktbereiche der jeweiligen Lernergruppe hinsichtlich der Zielsprache und -kultur" (Neuner 1991,80) wichtig ist. Neben den Fragen der Sprachsystematik – ob es zum Beispiel verwandtschaftliche Beziehungen zwischen einzelnen Sprachen (Deutsch/Englisch, Deutsch/Ungarisch usw.) gibt oder nicht – spielen also auch Fragen nach den kulturellen Beziehungen eine Rolle – ob es zum Beispiel enge oder lockere Kontakte, Affinitäten oder eher Distanzen zwischen den einzelnen Kulturen gibt und welche Bereiche die Lernenden jeweils interessieren.

Die Schwierigkeit liegt wie so oft in der praktischen Anwendung der Kriterien im Unterricht.

Reflexion

So wäre es ideal und eine entscheidende Lernhilfe, den Lernwortschatz nach Gruppen einteilen zu können, etwa in *leicht*, *mittelschwer* und *schwer* zu lernende Wörter. Wir wissen, dass das kaum möglich ist. Zum einen machen die subjektiven Voraussetzungen der Lernenden (Vorwissen, Lerntyp, Interessen usw.) eine scharfe Abgrenzung nicht möglich; zum anderen – und das ist ebenso wichtig – harmonisieren *Brauchbarkeit*, *Verstehbarkeit* und *Lernbarkeit* nicht miteinander. Deutlich wird die Problematik, wenn man an die unterschiedlichen Ausbildungsstufen denkt. Bei Erwachsenen auf der Oberstufe zum Beispiel dürfte der pragmatische Aspekt der *Brauchbarkeit* allgemein so stark dominieren, dass *Verstehbarkeit* und *Lernbarkeit* nebensächlich werden: Viele Lernende wollen lernen, auch wenn der Lernstoff schwer zu verstehen und einzuprägen ist.

1.4 Zur Gliederung des Wortschatzes

Wörter werden allgemein definiert als die kleinsten selbstständigen Träger einer Bedeutung und als das entscheidende Baumaterial einer Sprache, ohne das es keine sprachliche Verständigung gibt. In der Regel begegnen sie uns aber nicht als einzelne Bausteine, sondern in Form von Texten. Es mag banal klingen, aber dieser Umstand begründet ausreichend die didaktische Forderung, wonach Wortschatzarbeit und Textarbeit möglichst eng miteinander zu verbinden sind.

Wörter in Texten und Sätzen

Anhand des folgenden Textes (Beispiel 2) möchten wir zeigen, was uns hilft, Wörter in Texten und Sätzen zu verstehen.

Beispiel 2

Ruth Baumer und Günther Holzhey machen Theater.
Sie projizieren alte Bilder an die Wand und erzählen dazu Geschichten, oft mit Musik und Geräuschen.
Die Bilder sind alte Originale, direkt auf Glas gemalt. Das sind Kostbarkeiten, oft bis zu 200 Jahre alt. Ruth kauft sie auf Kunstauktionen in London, Paris, Wien.
„Laterna Magica" heißt „Zauberlaterne". Schon im 17. Jahrhundert haben die Menschen diesen Projektionsapparat konstruiert.

Müller u. a. (1996), 94

Es ist offensichtlich, dass neben Verständnishilfen, die im Einzelwort stecken (z. B. *Theater* als ein Internationalismus oder *Kostbarkeit* als ein Substantiv, das zu *kostbar* gebildet wird) die Umgebung/der Kontext das Verstehen von Wörtern erleichtern. So steht *projizieren* in engem Zusammenhang mit *Bilder an die Wand*, *Geschichten* mit *erzählen* oder *Originale* mit *alt* und *kostbar*.

Schon im Grundstufenunterricht lernen die Schüler – zuerst über das Lesen und häufig noch unbewusst –, dass Wörter nach bestimmten Regeln zu Sätzen und dass Sätze nach bestimmten Regeln zu Texten zusammengefügt sind. Das Bewusstmachen und Üben der Satz- und Textverknüpfungsmittel ist ein wichtiges Lernziel des gesamten Fremdsprachenunterrichts, nicht nur der Wortschatzarbeit.

Der Satz *Schon im 17. Jahrhundert haben die Menschen diesen Projektionsapparat konstruiert* kann nicht allein stehen, das Pronomen *diesen* verweist auf etwas bereits Genanntes. Kars/Häussermann (1988, 238f.) sprechen von *d*-Wörtern wie *da, damals, dort, denn, dann, danach, dazu* u. a., mit denen häufig Sätze und Texte verknüpft werden.

Ein weiteres Mittel der Textverknüpfung* sind Personalpronomen und Possessivartikel. Sie benennen etwas, was in der Regel in einem Text oder Satz zuvor erwähnt wurde (*Ruth B. und Günther H. machen Theater. Sie projizieren alte Bilder ...*). Häufig stehen sie als Stellvertreter für etwas, was mit anderen Worten gesagt werden kann oder soll (*Laterna Magica heißt Zauberlaterne. Schon im 17. Jahrhundert haben die Menschen diesen Projektionsapparat konstruiert.*). Diese Verweise nennt man Referenzmittel*. Das Wissen um diese Zusammenhänge erleichtert den Lernenden das Verstehen von Wörtern und Texten sehr.

Markieren Sie im folgenden Text die Referenzmittel zu „Hodscha", „Frau" und „Ring".

Nasreddin sucht seinen Ring

(Nach einer türkischen Erzählung)

Der Hodscha verläßt sein Haus und sucht etwas auf der Straße. Seine Frau sieht das und fragt ihn: „Was suchst du, Hodscha?" Er antwortet: „Mein Ring ist weg. Ich habe meinen Ring verloren. Ich suche ihn schon seit einer Stunde!"

Sie fragt weiter: „Wo hast du ihn denn verloren?"

Der Hodscha antwortet: „Drinnen im Haus."

„Ja aber, warum suchst du ihn dann draußen auf der Straße?"

„Drinnen im Haus ist es dunkel, und draußen auf der Straße ist es hell."

Neuner u. a. (1986), 115

Verknüpfungen von Wörtern werden schließlich auch durch grammatische Mittel hergestellt. Die Wortfolge *Bild sein alt Original direkt malen auf Glas* wird erst dadurch zu dem sinnvollen Satz *Die Bilder sind alte Originale, direkt auf Glas gemalt*, dass man sie grammatisch markiert, d. h. dekliniert, konjugiert und strukturiert.

Gliederung des Wortschatzes

Kein anderes Teilsystem unserer Sprache ist so stark strukturiert und gegliedert wie der Wortschatz. Nach linguistischen Gesichtspunkten kann man den Wortschatz z.B. klassifizieren nach:

➤ **Wortarten**
  a) nach dem Inhalt der Wörter (= Inhaltswörter*):
     Substantive, Verben, Adjektive (*Haus, wohnen, hell*).
     Inhaltswörter sind der offene, dynamische und umfangreichere Teil des Wortschatzes.
  b) nach den Funktionen der Wörter (= Funktionswörter*):
     Artikel, Präpositionen, Konjunktionen usw. (*das, vor, weil*).
     Sie sind der geschlossene, stabile und kleinere Teil des Wortschatzes.

➤ **dem Umfang**
  Einzelwörter und Wortgruppen (*Buch, jmdm. Dank sagen*)

- **der Wortbildung***

  Vom Stammwort*, z. B. *Eis*, gibt es

  a) Ableitungen (*eisig*)

  b) Zusammensetzungen (Komposita) (*Schokoladeneis*), dabei ist *Eis* das Grund-wort*, das den Artikel des Kompositums bestimmt, und *Schokolade* das Bestimmungswort*: *das Schokoladeneis*

  c) Bildung mit Vorsilben (= Präfix*) (*enteisen*).

- **paradigmatischen Beziehungen***

  a) bedeutungsgleiche oder -ähnliche Wörter (= Synonyme*): *sprechen – reden*

  b) Wörter mit gegenteiliger Bedeutung (= Antonyme*): *billig – teuer*

  c) unter- oder nebengeordnete Wörter (= Hyponyme*): *Eltern: Vater, Mutter; Obst: Äpfel*

- **der Herkunft**

  Fremdwörter wie *Etui*, Internationalismen wie *Komitee* und Lehnwörter wie *Mauer* und *Fenster*

- **Wortfamilien**

  Wörter, die sich etymologisch auf eine gemeinsame Wurzel zurückführen lassen, z. B. *geben, Gabe, Gift, angeben, Aufgabe* usw.

- **Wortfeldern***

  Wörter, die zu einem Sachgebiet gehören, z. B. *Wasser, Fluss, Quelle, fließen, strömen, rinnen, Strom, Bach, Mündung, Ufer, feucht, nass* usw.

- **stilistischen Varianten*/Registern**

  Wörter gleicher Stilebenen, z. B. *verstehen, begreifen, erfassen* im Unterschied zu *kapieren, mitkriegen, schnallen*

- **sozialen Varianten**

  Hochsprache, Umgangssprache, Gruppensprachen

- **regionalen Varianten**

  z. B. *Heidelbeere, Blaubeere, Moosbeere*

- **der Existenzweise**

  gesprochen und/oder geschrieben.

Betrachtet man den Wortschatz genauer, so wird deutlich, dass es nicht korrekt ist, nur von *Wörtern* zu sprechen, wenn damit auch Wortgruppen, idiomatische Wendungen (*ein Brett vor dem Kopf haben*) und Sätze (z. B. Sprichwörter) gemeint sind. Mit der Bezeichnung *lexikalische Einheit* (vgl. Löschmann 1993, 28) wird ein Oberbegriff angeboten, der hilft, dass man dieser Schwierigkeit entgeht.

Bei der folgenden Aufgabe geht es um die Zuordnung von lexikalischen Einheiten zu dem Sachgebiet *Essen/Trinken*. Sinnvoller wäre es, diese Übung an einem Text zu machen. Es gibt aber wohl keine Textsorte* – von einem Roman einmal abgesehen – die eine solche Vielschichtigkeit und Häufung zu einem Thema vertragen könnte. Es wäre ein unnatürlicher Text. Die Übung ist für Sie auf der Metaebene gedacht. Sie werden dabei bemerken, dass ein Wort mitunter mehrfach zugeordnet werden kann. Das liegt in der Natur von Wörtern.

Aufgabe 17

> *Ordnen Sie die nachfolgenden lexikalischen Einheiten aus dem Sachgebiet „Essen/Trinken" den Gliederungspunkten auf Seite 22 zu.*
>
>> *Äpfel – Käse – Steak – Tomaten – Die Liebe geht durch den Magen – einen heben – würzig – dinieren – Hamburger – Rotkohl – Obst – speisen – Milchprodukte – essen – Aprikosen – fade – sich vollhauen – fett – Kirschen – Baguette – Sahne – Gemüse – Schrippen – Pizza – Viele Köche verderben den Brei – fressen – jmdm. die Suppe versalzen – einen kippen – jmdm. eine Extrawurst braten – Gurken – Joghurt – Brötchen – Pommes frites – Bohnen – Pflaumen – mager – Butter – Semmel*

– *Idiomatische Wendungen:*

jmdm. die Suppe versalzen

_____

_____

– *Sprichwörter:*

_____

_____

– *Hyponyme:*

Obst		
	Käse	Rotkohl

– *Synonyme:*

stilistische: essen _____ _____ _____

_____ _____ _____ _____

regionale: Brötchen _____ _____ _____

– *Antonyme:* würzig _____ fett _____

– *Fremdwörter/Internationalismen:*

Steak _____ _____ _____

– *Umgangssprache/Soziolekt:*

einen kippen _____ _____ _____

Aufgabe 18

> *Welche dieser Gesichtspunkte sollten im Unterricht unmittelbar berücksichtigt werden (metasprachliches Wissen)? Warum? Wo liegen die Grenzen? Gehen Sie von Ihren Unterrichtserfahrungen aus.*

Wie schon mehrfach erwähnt, stellt sich die aktuelle Bedeutung von Wörtern erst her, wenn sie kombiniert, also in Sätzen und Texten auftreten. Unübliche Kombinationen führen dabei häufig zu unerwarteten Wirkungen.

Dafür ein Beispiel aus einem Lehrbuch.

Aufgabe 19

> *Was meinen Sie zu dem folgenden Text? Welcher Lerneffekt wird beabsichtigt?*
>
> *Soll man Schülern solch einen Text anbieten?*

Ein schwieriger Gast

○ Haben Sie Käse?
□ Ja.
○ Dann bitte ein Glas Käse.
□ Ein Glas Käse?
○ Ja.
□ Sie meinen: ein Stück Käse?
○ Nein, ich meine ein Glas Käse.
□ Entschuldigung, ein Glas Käse haben wir nicht.
○ Was haben Sie denn?
□ Kartoffelsalat, Würstchen, Kotelett, Schinken...
○ Gut, dann bitte ein Stück Kartoffelsalat.
□ Ein Stück Kartoffelsalat?
○ Ja.
□ Sie meinen: einen Teller Kartoffelsalat?
○ Nein, ich meine ein Stück Kartoffelsalat.

□ Tut mir leid, ein Stück Kartoffelsalat haben wir nicht.
○ Dann nicht. – Haben Sie was zu trinken?
□ Bier, Limonade, Wein, Sekt...
○ Gut. Dann bitte einen Teller Bier.
□ Einen Teller Bier?
□ Ja.
□ Sie meinen: ein Glas Bier?
○ Nein, ich meine einen Teller Bier.
□ Verzeihung, einen Teller Bier haben wir nicht.
○ Was haben Sie denn überhaupt?
□ Nun, wir haben zum Beispiel Käse, Omelett...
○ Gut, dann bitte ein Glas Käse...
□ ...

---

nach: Aufderstraße u. a. (1992), 44

Bei der Gliederung des Wortschatzes haben wir uns bisher vorwiegend mit linguistischen Kriterien beschäftigt. Über diese linguistische Struktur wird nun gewissermaßen eine „didaktische Folie" gelegt, die den Umfang und die Art der zu lernenden Wörter kennzeichnen soll.

In der Sprachdidaktik unterscheidet man:

➤ den Mitteilungswortschatz (oder den aktiven/produktiven Wortschatz), dann den
➤ Verstehenswortschatz (oder den passiven/rezeptiven Wortschatz) und den
➤ potenziellen Wortschatz*.

Damit beschäftigen wir uns im Folgenden.

Mitteilungswortschatz

Er umfasst alle Wörter, die der Lernende produktiv beherrscht, also verwenden kann. Dazu gehören alle Funktionswörter, weil ohne sie keine strukturierten Mitteilungen (Sätze, Texte) möglich sind, und eine (un)bestimmte Anzahl Inhaltswörter. Für die Grundstufe sind das ca. 2.000 Wörter. Die Kunst aller Grundwortschatzsammlungen besteht darin, mit einem Mindestmaß an Lexik ein Höchstmaß an sprachlicher Aktivität zu gewährleisten. Über die Schwierigkeit, diese Wörter auszuwählen, haben wir schon gesprochen. Im Zusammenhang mit Empfehlungen zu einem stärker lernerorientierten Unterricht wurden überlegenswerte Vorschläge unterbreitet.

Ein solcher Vorschlag lautet, der produktive Wortschatz müsste auch einen Anteil *Auswahlwortschatz* akzeptieren, den die Lernenden nach Interesse und Erfahrung selbst festlegen dürfen (*Tiere, Musik, Technik* etc.). Die Unterrichtsmaterialien sollten entsprechende Angebote enthalten und seine Beherrschung bzw. Nichtbeherrschung dürfte konsequenterweise auch nicht mit Noten/Punkten bewertet werden.

Auswahlwortschatz

Was meinen Sie zu solch einem Vorschlag?

Wie ist er praktisch umzusetzen?

Wo liegen die Schwierigkeiten?

Aufgabe 20

Verstehenswortschatz

Er umfasst die lexikalischen Einheiten, über die der Lernende verfügt, um Lese- und Hörtexte selbstständig zu erschließen. Er ist bisher für keine Sprachstufe genau definiert worden. Dazu müssten auch noch einige Fragen genauer beantwortet werden:

➤ Wie umfangreich soll und kann er wirklich sein? (Man spricht von der fünf- bis zehnfachen Menge des produktiven Wortschatzes.)

➤ Nach welchen Kriterien soll er bestimmt werden, wer wählt ihn aus, wie soll er geübt und wie kontrolliert werden?

Die Beantwortung dieser Fragen hängt sehr stark von den konkreten Lernzielen ab, also davon, was der Lernende verstehen soll, verstehen kann und verstehen will: mehr das Gesprochene oder mehr das Geschriebene/Gedruckte, mehr allgemeinsprachliche oder mehr fachsprachliche Texte, mehr den sprachlichen Alltag oder mehr berufsorientierte sprachliche Strukturen usw.?

Unabhängig davon gilt aber, dass – wenn der Lernende Texte verstehen soll – der rezeptive Wortschatz auch im Umgang mit Texten erworben und aktualisiert wird. Dazu müssen die Lernenden nicht nur angehalten, sondern auch angeleitet werden. Hilfreich sind hier z. B. Ergebnisse der Leseforschung, die zeigen, wie unbekannte Bedeutungen erschlossen werden können. Die Methoden dazu sind sehr vielfältig. Hier sei nur auf zwei Methoden hingewiesen.

Ratestrategien

Aufgrund des Vorwissens der Schüler und aufgrund logischer Beziehungen usw. ist es möglich, bestimmte Wörter/Strukturen/Abläufe zu erraten oder – bei bekanntem Wortschatz – sie auch produktiv einzusetzen (= Ratestrategien*):

– auf der Wortebene: *Sie war sehr müde, deshalb ging sie ...* (*schlafen*).

– auf der Satzebene: *... (Obwohl) sie müde war, arbeitete sie noch weiter.*

– auf der Textebene: *Er hatte es sehr eilig. Der Bus fuhr erst in zwanzig Minuten, deshalb suchte er ein ...* (*Taxi*).

Hypothesenbildung

Eine erweiterte Form der Ratestrategien ist die Hypothesenbildung*: Ein Text wird unterbrochen und die Schüler werden aufgefordert zu überlegen, wie der weitere Textverlauf sein könnte.

In den Fernstudieneinheiten *Fertigkeit Lesen* und *Lesen als Verstehen* finden Sie viele Anregungen und Beispiele zur Erschließung von unbekanntem Wortschatz.

Reflexion

Während *Mitteilungswortschatz* und *Verstehenswortschatz* mehr die kommunikative Funktion und das Ziel des Lernens bezeichnen, geben *aktiv/produktiv* und *passiv/reproduktiv* eher die Art der Verfügbarkeit, des Zugriffs aus der Sicht der Lernenden an, wobei die Bezeichnungen *aktiv* und *passiv* veraltet und nicht ganz zutreffend sind, weil natürlich auch das Verstehen viel geistige Aktivität verlangt.
Zwischen produktivem und rezeptivem Wortschatz gibt es keine starren Grenzen. Beide sind mit unterschiedlich großen, aber miteinander verbundenen Gefäßen zu vergleichen. Der produktive Wortschatz kommt aus dem rezeptiven – wir gebrauchen Wörter, die wir verstanden haben –, produktive Wörter gehen, wenn sich Kommunikationsbedürfnisse ändern, in den rezeptiven zurück. Es ist unbestritten, dass gerade der Verstehenswortschatz im Zuge der gewachsenen internationalen Kommunikationsbedürfnisse erheblich an Bedeutung zunehmen wird.

Potenzieller Wortschatz

Dazu gehören alle zusammengesetzten und abgeleiteten Wörter, die der Lernende als solche nicht kennt, die er aber ohne Erklärung versteht, weil ihm die Bedeutung der Bestandteile klar ist, weil er entsprechende Wortbildungsregeln kennt, weil er sein Sprachwissen einsetzt, weil er Hypothesen bildet u. a. m. Deshalb ist der potenzielle Wortschatz keine zählbare Menge, sondern mehr das Vermögen (die Potenz), den Sinn unbekannter Wörter aus bekannten Bausteinen zu erschließen. Dieses Vermögen hängt wesentlich von der Qualität des produktiven und rezeptiven Wortschatzes ab und vom vorhandenen Wissen über den Einsatz von Lese- und Hörverstehensstrategien.

Im Fremdsprachenunterricht wird diesem Bereich noch wenig Aufmerksamkeit geschenkt. Dabei könnten schon von der Grundstufe an mit bestimmten Entschlüsselungs-

techniken auf der Wort-, Satz- und Textebene (vgl. Neuner 1991, 81) der Verstehenswortschatz und der potenzielle Wortschatz vergrößert werden.

Aufgabe 21

Unterstreichen Sie bitte die Wörter, deren Bedeutung von den Lernenden
selbstständig erschließbar sein sollte (potenzieller Wortschatz).

Beispiel 5

2. Kommunikation per Satellit

a) Was wissen Sie über Satelliten?
Was kann in dem Text stehen? Sehen Sie sich den Titel und die Grafik an.

Satelliten machen' s möglich

Bis zum Jahr 2000 sind etwa 1000 Satelliten im
Weltall stationiert. Dann kann man per Mobil-
telefon weltweit von Kontinent zu Kontinent
kommunizieren. Man braucht keine Strom- und
5 Telefonleitungen mehr. Man kann jeden Menschen über seine Welttelefonnummer erreichen.

Satelliten können aber nicht nur Sprache übertragen, sondern auch Texte und Bilder. Man
kann telefonieren und sich gleichzeitig per
10 Bildtelefon sehen. Man kann Briefe per Fax bis
ans andere Ende der Welt schicken und elektro-
nische Post, die sogenannte E-Mail, direkt von
Computer zu Computer senden. Die Satelliten
übertragen alles sekundenschnell.

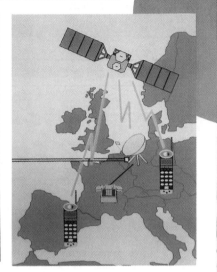

Vorderwülbecke/Vorderwülbecke (1995), 78

Aufgabe 22

Halten Sie nun die Merkmale des Mitteilungswortschatzes, des Verstehens-
wortschatzes und des potenziellen Wortschatzes in Stichpunkten fest.

Mitteilungswortschatz:

_____

_____

_____

Verstehenswortschatz:

_____

_____

_____

potenzieller Wortschatz:

_____

_____

_____

1.5 Wortkomponenten und Lernschwierigkeiten

Wenn wir in unserer Muttersprache Wörter verwenden, ist uns oft wenig bewusst, dass wir dabei eine ziemlich komplexe Leistung vollbringen: Wir sprechen die Wörter (fließend, akzentuiert, verständlich) oder wir schreiben sie (flüssig, leserlich und den orthografischen Regeln entsprechend) und wir verbinden sie miteinander (wir bringen sie in eine korrekte Reihenfolge, wir deklinieren sie, wir konjugieren sie). Wenn wir jemandem zuhören, besitzen wir die Fähigkeit, den kontinuierlichen Lautstrom so zu differenzieren, dass wir Wörter nicht nur erkennen, sondern auch ihre Bedeutung zueinander in Beziehung setzen. Das heißt, in der Muttersprache haben wir das Zusammenspiel von Bedeutung/Inhalt und Form weitgehend automatisiert.

Bedeutung und Form existieren aber nicht an sich, sie werden erst durch bestimmte innere und äußere Komponenten (= K) verständlich und erkennbar. Das folgende Schema soll das verdeutlichen:

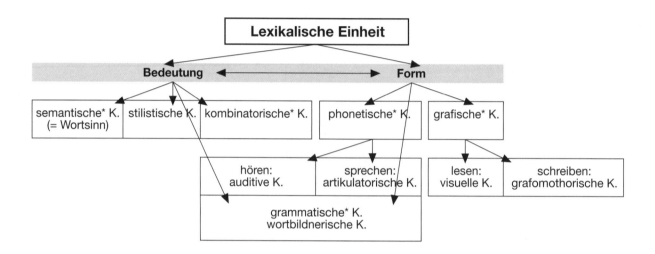

nach: Löschmann (1993), 22

Wie Sie sehen, haben alle lexikalischen Einheiten – also die Wörter, Wortgruppen und Wortverbindungen – jeweils eine Bedeutungsseite und eine Formseite.

➤ Zur **Bedeutung** gehören
  – die semantische Komponente, die den Sinn eines Wortes festlegt,
  – die kombinatorische Komponente, die festlegt, welche Wörter miteinander kombiniert werden können.

➤ Zur **Form** gehören
  – die phonetische Komponente in der gesprochenen Sprache, wobei beim Hören die auditive und beim Sprechen die artikulatorische Komponente eine Rolle spielen,
  – die grafische Komponente, also das Schriftbild, wobei beim Lesen die visuelle und beim Schreiben die orthografische Komponente wichtig sind.

➤ Eine grammatische Komponente haben Bedeutung und Form gleichermaßen – ebenso ist die wortbildnerische Komponente sowohl Bedeutung wie Form zuzuordnen.

Aufgabe 23

Welche Komponenten des Wortes „Schloss" stehen jeweils im Vordergrund?

Komponente

a) Schloss, Schloß, Schlos = _____

b) (Königs-)Schloss, (Tür-)Schloss = _____

c) *X besucht das Schloss,*
   X schloss Y auf/ab/zu/an   =   _____

d) *Wohnhaus, Schuppen, Schloss*   =   _____

e) *[ʃlɔs], [ʃlœsɐ]*   =   _____

f) *Schloss, Schlösser*   =   _____

Aus dem Schema wird auch eine grundsätzliche Besonderheit des Wortschatzes erkennbar. Es gibt kein „wortschatzfreies" Lernen. Unabhängig davon, welche Lernstoffe gerade im Vordergrund stehen, ob Grammatik, Phonetik, Orthografie usw. – ohne Wortmaterial verlieren sie ihren Sinn.

„Ohne Wortschatz geht nichts" –
Formulieren Sie aus dieser Feststellung Konsequenzen für die Wortschatzarbeit und für die Arbeit in den anderen Teilbereichen des Unterrichts.

Aufgabe 24

Aus den bisherigen Ausführungen ist sicher deutlich geworden, dass die semantische Komponente die wesentliche Seite der Wortschatzarbeit ist. Das hat mit der Funktionsweise unseres Gedächtnisses zu tun (siehe Kapitel 3.1). Wenn wir denken, so operieren wir immer mit Bedeutungen.

Die Bedeutungen – das ist für das Lernen wichtig – sind

➤ vom jeweiligen Weltbild des Lernenden geprägt,

➤ von seinen Erfahrungen abhängig und

➤ veränderlich.

Das betrifft die Inhaltswörter.

Die „Bedeutung" der Funktionswörter ist eine andere. Sie modifizieren und verbinden Inhaltswörter.

Die phonetische und grafische Komponente begegnen dem Lernenden in Form von gesprochenen und geschriebenen/gedruckten Wörtern. Er muss diese in beiden Formen verstehen und produzieren, und er muss lernen, eine Sprachform in die andere zu überführen, d. h., Gesprochenes zu schreiben und Geschriebenes auszusprechen.

Hierin liegen zum Teil erhebliche Lernschwierigkeiten: Die Identität von Gesprochenem und Geschriebenem ist vor allem eine Identität der Bedeutung und weniger eine Identität von Laut- und Schriftbild. Die Diskrepanz zwischen der Aussprache und Schreibung (Rechtschreibung) empfindet der Muttersprachler mit Beginn der Schulzeit oft sehr deutlich. Dadurch, dass wir zunächst mehrere Jahre nur hören und sprechen, bevor wir lesen oder schreiben, geschieht es oft, dass wir so schreiben wollen, wie wir sprechen.

Beispiele:

er nahm – er kam
Beide Vokale werden lang gesprochen, aber nur bei *nahm* wird die Länge durch das *h* auch im Schriftbild deutlich. Kinder mit der Muttersprache Deutsch schreiben daher oft *er kam* mit h oder *nahm* ohne h, wenn sie schreiben lernen.

der Hund – bunt; bald – kalt
Die Endkonsonanten werden stimmlos gesprochen – entgegen der Schreibung auch bei Wörtern mit *d* im Auslaut.

Die Situation im Fremdsprachenunterricht ist diesbezüglich anders und günstiger – auch auf der Anfängerstufe.

1. Können Sie erklären, warum die Situation beim Erlernen einer Fremd-sprache anders ist als beim Erlernen der Muttersprache?

2. Finden Sie die Reihenfolge „Wörter hören – sprechen (nachsprechen) – lesen – schreiben" sinnvoll? Warum, warum nicht?

3. Wie würde Ihre Antwort auf Frage 2 für die Mittel- und Oberstufe lauten?

4. Woran liegt es, dass Lernende, die Deutsch als Fremdsprache lernen, mit bestimmten Erscheinungen der deutschen Orthografie weniger Schwierigkeiten haben als Muttersprachler?

grammatische Komponente

Die meisten Wörter sind in ihrer Form veränderbar und verändern damit auch zum Teil ihren Inhalt: Sie werden konjugiert, dekliniert und gesteigert, Verben werden zu Substantiven, Substantive zu Verben usw. Insofern haben Wörter notwendigerweise immer eine grammatische Komponente. Wortschatzarbeit heißt damit auch Grammatik-arbeit.

kombinatorische Komponente

Beziehungen zwischen grammatischen und semantischen Strukturen werden beim Gebrauch der Wörter bedeutungsvoll: Wir verknüpfen die Wörter, wir bilden Sätze, wir äußern uns in Texten. Die Bedeutung dieser kombinatorischen Komponente besteht darin, dass wir mit einer begrenzten und lernbaren Zahl von syntaktischen Grund-mustern eine unendliche Zahl von Sätzen bilden können.

Zum anderen haben die Satzbaumuster auch eine Satzbedeutung, d. h., sie verlangen eine bestimmte Abfolge und Verknüpfung der Wörter oder lassen eine solche erwarten. Wie stark solche Strukturmuster wirken, ist daran zu erkennen, dass selbst bei sinnlosen Wörtern der Grundriss einer Satzbedeutung erkennbar ist: *Das wärmelnde Wärmel wärmelte eine wärmelige Wärmelung.*

Die kombinatorische Komponente ist mit dem zunehmenden Bedürfnis der Lernenden, die Sprache produktiv anzuwenden, sicher die interessanteste und auch schwierigste. Wie erklärt man, dass man

– sich zwar *Hände*, aber nicht *Zähne waschen* kann?

– einen Kontakt nicht *verbricht*, sondern *abbricht*?

Literaturhinweis

Die Zeitschrift *Fremdsprache Deutsch* hat für solche „Fehler" in jedem Heft eine eigene sehr anregende Rubrik, *die Sprachecke: Gewusst wie … erklärt warum.*

stilistische Varianten/ Register

Sprachlicher Entwicklungsstand und Lernvoraussetzungen bedingen, dass die stilisti-sche Komponente in größerem Umfang erst ab der Oberstufe berücksichtigt werden kann. Da nun jede sprachliche Äußerung immer auch Stil hat, bedeutet diese Einschrän-kung, dass erst auf dieser Stufe dialektale, soziale und stilistische Ausdrucksvarianten Gegenstand des Unterrichts sind. Andererseits bringt es die Arbeit an authentischen Texten mit sich, dass auch schon vorher bestimmte stilistische „Abweichungen" erkannt und verstanden werden.

Aufgabe 26

Beispiel 6

An welchen Komponenten müsste bei den unterstrichenen Wörtern/Wort-gruppen vorrangig gearbeitet werden, damit der Text insgesamt verstanden wird und über ihn gesprochen werden kann?

Glück gehabt!

Am Wochenende waren Florian und Daniel auf dem <u>Stadt-fest</u>. Es war sehr heiß, und sie haben zuerst eine Cola getrunken. Dann hatten sie richtig Hunger. Sie haben eine große <u>Tüte Popcorn</u> gegessen, dann noch zwei <u>Brezeln</u> und ein Eis. Dann haben sie einen <u>Stand</u> mit T-Shirts gesehen. „Mensch, Florian", hat Daniel gesagt, „die haben die neuen <u>Undertaker-T-Shirts</u>." Sie haben die T-Shirts sofort angezo-gen. <u>Sie waren Spitze!</u> Eins für DM 10. Sie sind dann ganz stolz weitergegangen. An der nächsten Ecke war ein Stand mit Luftballons. Florian hatte eine Idee: „Ich kaufe einen Luftballon für meine Schwester. Sie hat morgen Geburtstag." Plötzlich ein Schreck! „Wo ist mein <u>Geldbeutel</u>? Hast du meinen Geldbeutel gesehen? Er ist <u>weg</u>." – „Nein, warte, wo sind wir zuletzt gewesen? Wir haben eine Brezel gegessen und dann das T-Shirt gekauft! Genau das T-Shirt!" Sie sind dann <u>wie der Blitz</u> zurückgelaufen. Der Mann am T-Shirt-Stand hat schon gewartet. „Hier, euer Geldbeutel! Ihr habt ihn vergessen." – „Uff, da hast du noch mal Glück gehabt", hat Daniel gesagt. Dann haben sie noch schnell den Luftballon gekauft und sind mit dem Bus nach Hause gefahren.

nach: Funk u. a. (1994 a), 92

Lernschwierigkeiten

Bei der Besprechung der Kriterien, die zur Bestimmung eines Grundwortschatzes herangezogen werden sollen, sind wir bereits auf den Gesichtspunkt der Lernbarkeit eingegangen (siehe Kapitel 1.3). Die einzelnen bisher vorgestellten Wortkomponenten haben damit zu tun, denn sie signalisieren mögliche Lernschwierigkeiten.

Hinweis

In Publikationen zum Thema *Lernschwierigkeiten* gibt es zum Teil übereinstimmende, zum Teil auch abweichende Ansichten.

Aufgabe 27

> *1. Notieren Sie bitte 5 bis 10 „schwere" deutsche Wörter, die Sie beim Lernen als solche empfunden haben – oder Wörter, die für Ihre Schüler schwer zu lernen sind.*
>
> **Ihre Wörter:**
>
> _____
>
> _____
>
> _____
>
> **Wörter Ihrer Schüler:**
>
> _____
>
> _____
>
> _____
>
> *2. Wie begründen Sie Ihre Auswahl?*

Es ist schwer vorauszusagen, welche Wörter einer Fremdsprache für den Einzelnen schwierig zu lernen sind. Dafür gibt es verschiedene Gründe:

➤ Lernen ist ein individueller Vorgang. Wir haben unterschiedliche Interessen und Voraussetzungen, wir gehören unterschiedlichen Lerntypen an, und unser Lernen ist auch stark von Gefühlen geprägt (mag jemand die deutsche Sprache, die deutsche Kultur usw.).

➤ Wir haben unterschiedliche Erfahrungen im Sprachenlernen. Es ist z. B. für die Ausbildung von Lernstrategien* (siehe Kapitel 3.2.2) nicht unerheblich, ob wir eine erste, zweite oder dritte Fremdsprache lernen.

Hinweis

➤ Bestimmte Sprachen empfinden wir als leichter, andere als schwerer erlernbar.

➤ Der Begriff *Wort* selbst: Die Vielfalt des Wortschatzes macht es, dass dabei an Inhaltswörter oder Funktionswörter oder Synonyme oder Wendungen usw. gedacht werden kann.

Im Gegensatz dazu oder trotz dieser Begründungen liegen im Fremdsprachenunterricht Erfahrungen vor, mit denen bestimmte Lernschwierigkeiten vorausgesagt werden können. Diese Erfahrungen stützen sich auf innersprachliche Gegebenheiten, d. h., sie erklären bestimmte Lernschwierigkeiten mit der Beschaffenheit einer einzelnen Sprache. Die Voraussage von Lernschwierigkeiten gilt dabei nicht bestimmten Wörtern, sondern Gruppen und Klassen von Wörtern, über die alternativ entschieden wird, z. B.:

➤ schwer aussprechbar – leicht aussprechbar,

➤ Wörter mit konkretem Inhalt (leichter) – Wörter mit abstraktem Inhalt (schwerer),

➤ Substantive (leichter) – Verben (schwerer),

➤ vieldeutige (polysemantische) Wörter (schwerer) – eindeutige Wörter (leichter),

➤ Fachwörter (schwerer) – „Allerweltswörter" (leichter)

usw.

Für die Bedeutung von Wörtern ist der Kontext wichtig. Im Folgenden geht es um die Schwierigkeiten, die in den **einzelnen** Wörtern liegen können.

Aufgabe 28

1. *Unterstreichen Sie bitte in der folgenden Wortliste zunächst die lexikalischen Einheiten, die Sie in Ihrem Deutschunterricht für schwierig zu lernen halten.*
   (Sie wissen, dass die Kriterien für „leicht" und „schwer" nicht absolut gelten können.)

1 Lehrer	14 Vater	27 Kinderkarussell
2 bloß	15 Eingang	28 tschechisch
3 glatte Straße	16 trinkbar	29 Lärche
4 Komitee	17 Fußball	30 legen
5 Läufer	18 Glück	31 auf Granit beißen
6 Topfen	19 ungenießbar	32 Trainerkarussell
7 machen	20 dänisch	33 nachdenken über
8 Eckball	21 weil	34 glatte Antwort
9 Quark	22 doch	35 Glimmstängel
10 mit	23 Haustürschlüssel	36 Stadtrand
11 schon	24 erledigen	37 Steckschlüssel
12 laufen	25 auf	38 untertänigst
13 Jeans	26 Zigarette	39 Trauerrand

2. *Versuchen Sie nun bitte, bei den von Ihnen ausgewählten Wörtern die Lernschwierigkeit zu benennen.*

   Zum Beispiel:

   Kinderkarussell (27)   – Trainerkarussel (32)
   = Metapher: schneller Wechsel von Trainern

   Topfen (6)   – Quark (9)
   = regionale Variante
   in Österreich

Während in Aufgabe 28 unterschiedliche Wortkomponenten als Problem für mögliche Lernschwierigkeiten infrage kamen, signalisiert die folgende Wortliste Lernschwierigkeiten, die aus der Gegenüberstellung von verschiedenen Sprachen erwachsen (können).

Aufgabe 29

Welche Lernschwierigkeiten können sich aus den nachfolgenden Sprachvergleichen für die Lernenden ergeben?

		Ausgangssprache	Zielsprache Deutsch
A.	engl.:	aim objective goal target	Ziel
		table	Tisch Tafel Tabelle
	franz.:	les matériau(x) le matériel la matière	Material
	russ.:	машина	Maschine Auto
		масло	Butter Öl Schmierfett
B.	engl.:	actual	wirklich, tatsächlich
		topical	aktuell

	Ausgangssprache	Zielsprache Deutsch
B. engl.:	gift	Geschenk
	poison	Gift
franz.:	le danger de mort	Lebensgefahr
russ.:	черный рабочий	Hilfsarbeiter
ital.:	caldo	warm, heiß
	freddo	kalt
	bilione	Milliarde
	milione	Billion
	dramma	Drama
span.:	concurrente	Besucher, Teilnehmer
	competidor	Konkurrent
	pasante	Gehilfe, Praktikant
	transeúnte	Passant

Die obige Wortliste hat nicht berücksichtigt, worauf Latzel (vgl. 1993, 179) aufmerksam macht: Bei der Wortschatzarbeit ist zu unterscheiden zwischen Schwierigkeiten, die das Lernen/Speichern betreffen, und solchen, die mit dem Gebrauch/der Verwendung zusammenhängen. Wir hatten bereits auf Schwierigkeiten bei der kombinatorischen Komponente hingewiesen. Weitere Verwendungsschwierigkeiten zeigen sich vor allem dann, wenn es um den situationsangemessenen Gebrauch* geht.

> Dazu ein Beispiel aus einem außereuropäischen Land: Auf die beiläufige Frage *Sag mal, sehen wir uns morgen?* folgte die ernst gemeinte Antwort *Ich hege die Hoffnung* – das ist zwar nicht falsch, würde in dem Kontext aber höchstens ironisch verwendet werden können. Die situationsangemessene Artwort wäre z. B. *Hoffentlich* oder *Das wäre schön* oder einfach *Ja* oder *Nein*.

Die Schwierigkeiten relativieren sich auch wieder insofern, als z. B. Anfänger einen begrenzten Wortschatz haben, der ihnen nur wenig erlaubt, „falsche Register" zu ziehen. Wie schon erwähnt, haben die weit Fortgeschrittenen die Qual der Wahl.

Nach Latzel gibt es Prognosen von Lernschwierigkeiten:

> „Wer Ausgangs- und Zielsprache gut beherrscht, kann gut voraussagen, daß bei bestimmten deutschen Wörtern Schwierigkeiten zu erwarten sind
> – auf Grund der ungewohnten Aussprache
> – auf Grund der Differenz von Aussprache und Schreibweise (Probleme der Orthographie)
> – auf Grund der morphologischen ‚Ausstattung' [*der Läufer – er läuft*]
> – auf Grund des syntaktischen Gebrauchs, der anders ist als in der Muttersprache
> – auf Grund der Einsatzspezifik* (Registerbesonderheiten, sonstige besondere Gebrauchsumstände)
> – auf Grund der Abweichung der Bedeutung von der „Muttersprachen"-Bedeutung
> – auf Grund der Polysemie."

Latzel (1993), 180

Können Sie Beispiele für das von Latzel Gesagte aus Ihrer eigenen Unterrichtstätigkeit geben? Denken Sie an Korrekturen und Fehleranalysen von Arbeiten Ihrer Schüler.

Aufgabe 30

Haben Sie bei diesen typische, immer wiederkehrende Schwierigkeiten beobachtet?

_____

_____

_____

← In der Fernstudieneinheit *Fehler und Fehlerkorrektur* finden Sie eine Anleitung zur systematischen Fehlereinschätzung und Korrektur.

1.6 Lernziele

Aufgabe 31

1. Worauf legen Sie bei der Wortschatzarbeit besonderen Wert?
Was sollen die Lernenden vor allem beherrschen?
Notieren Sie bitte Stichwörter.

_____

_____

_____

2. Können Sie Ihre Auswahl begründen?

Aufgabe 32

Notieren Sie bitte, für welche Lernziele in den Beispielen 7 – 13 die folgenden Aufgaben bzw. der ausgewählte Stoff stehen.
Machen Sie zuvor die Aufgaben selbst und entscheiden Sie dann, ob die Übungen für das jeweils angestrebte Lernziel sinnvoll sind.

Beispiel 7

Suchen Sie bitte aus Ihrem einsprachigen Wörterbuch die Bedeutung der folgenden Wörter heraus. Tragen Sie die Umschreibungen dann in die Tabelle ein und fügen Sie hinzu, ob die Wörter einen positiven (+) oder negativen (−) Inhalt haben.

fröhlich   sportlich   verschwenderisch
                              träge
einfältig   sparsam   häuslich
                       kindisch
      selbstbewußt   phantasielos
stur   ehrlich

Wort	Umschreibung	+ oder −
1. sparsam		
2. kindisch		
3. fröhlich		
4. selbstbewußt		
.....		

Doyé (1988), 213

Lernziel(e): _____

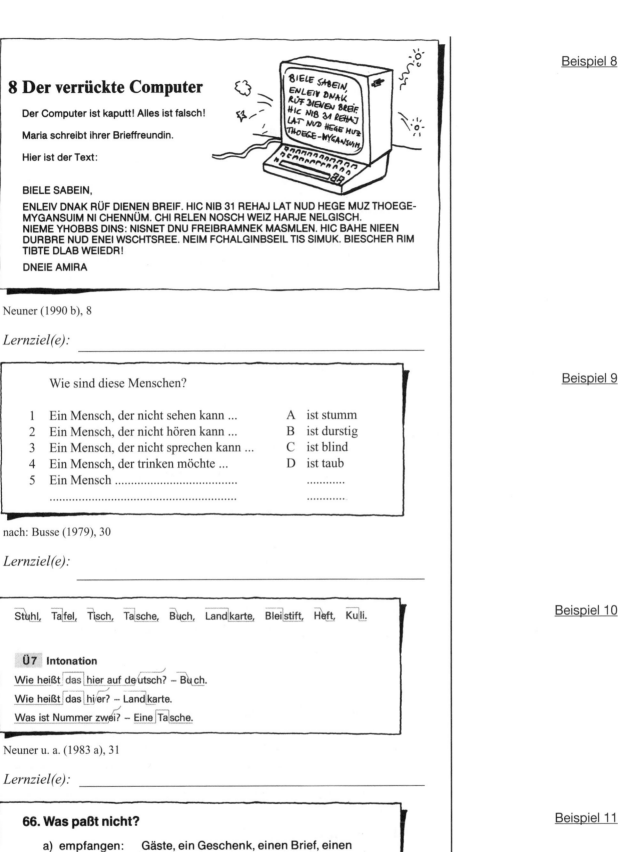

8 Der verrückte Computer

Der Computer ist kaputt! Alles ist falsch!

Maria schreibt ihrer Brieffreundin.

Hier ist der Text:

BIELE SABEIN,

ENLEIV DNAK RÜF DIENEN BREIF. HIC NIB 31 REHAJ LAT NUD HEGE MUZ THOEGE-MYGANSUIM NI CHENNÜM. CHI RELEN NOSCH WEIZ HARJE NELGISCH.
NIEME YHOBBS DINS: NISNET DNU FREIBRAMNEK MASMLEN. HIC BAHE NIEEN DURBRE NUD ENEI WSCHTSREE. NEIM FCHALGINBSEIL TIS SIMUK. BIESCHER RIM TIBTE DLAB WEIEDR!

DNEIE AMIRA

Neuner (1990 b), 8

Lernziel(e): _____

Wie sind diese Menschen?

1	Ein Mensch, der nicht sehen kann ...	A	ist stumm
2	Ein Mensch, der nicht hören kann ...	B	ist durstig
3	Ein Mensch, der nicht sprechen kann ...	C	ist blind
4	Ein Mensch, der trinken möchte ...	D	ist taub
5	Ein Mensch		....
	....		....

nach: Busse (1979), 30

Lernziel(e): _____

Stuhl, Tafel, Tisch, Tasche, Buch, Landkarte, Bleistift, Heft, Kuli.

Ü7 Intonation

Wie heißt das hier auf deutsch? – Buch.

Wie heißt das hier? – Landkarte.

Was ist Nummer zwei? – Eine Tasche.

Neuner u. a. (1983 a), 31

Lernziel(e): _____

66. Was paßt nicht?

a) empfangen: Gäste, ein Geschenk, einen Brief, einen guten Geschmack, Geld, ein Telegramm

b) leisten: den Verletzten Hilfe, ein gutes Gehalt, gute Arbeit, sich einen teuren Urlaub

c) verteilen: die Bücher in der Klasse, das Tischtuch auf dem Tisch, Zeitungen in der Stadt, Bonbons unter die Kinder

Müller/Bock (1991), 58

Lernziel(e): _____

> 5 Er hat einen Atlas, aber ich habe zwei . . .
>   a) Atlas
>   b) Atlässe
>   c) Atlanten
>   d) Atlässer
>   e) Atlassen

Zingel (1981), 14

Lernziel(e): _____

> 7 Diese schrecklich hohen Töne gehen mir
>   durch . . .
>   a) Haut und Knochen
>   b) Kopf und Kragen
>   c) Mark und Pfennig
>   d) Hand und Fuß
>   e) Mark und Bein

Zingel (1981), 10

Lernziel(e): _____

Ein generelles Lernziel für die Wortschatzarbeit lautet:

Ziel der Wortschatzarbeit ist die Aneignung eines Wortschatzes, der
- je nach Absicht und Situation verfügbar ist,
- sicher und schnell abrufbar ist,
- variabel und korrekt angewandt werden kann.

Dabei äußert sich die Qualität des Wortschatzes, über den man verfügt, vor allem in seiner Anwendbarkeit, d. h., er soll
- dem Ziel und dem Gegenstand der Darstellung angemessen sein,
- vom Partner verstanden werden,
- sowohl in der Rezeption – dem Verstehen – wie auch in der Produktion auf neue Kommunikationssituationen anwendbar sein.

nach: Löschmann (1993), 29

> *1. Wie beurteilen Sie die obigen Anforderungen?*
>
> *2. Wer oder was entscheidet, in welchem Maße Aneignung und Anwendung des Wortschatzes im Unterricht „funktionieren"?*

Hinsichtlich der Menge des produktiv zu beherrschenden Wortschatzes unterscheidet man drei Sprachstufen:

1. **Grundstufe** (Anfängerstufe)
   Sie erfordert ein Lernpensum von ca. 2.000 lexikalischen Einheiten und ist weitgehend identisch mit den Prüfungsanforderungen zu *Das Zertifikat Deutsch als Fremdsprache.*

2. **Mittelstufe** (Aufbaustufe)
   An deren Ende sollen ca. 3.000 bis 4.000 lexikalische Einheiten beherrscht werden.

3. **Oberstufe** (Fortgeschrittenenstufe)
   Es sind bis ca. 6.000 lexikalische Einheiten als Untergrenze vorgesehen.

Im Kontext der gegenwärtigen politischen Veränderungen in Europa (und in der Welt) werden an den Fremdsprachenunterricht verstärkt bestimmte Erwartungen gestellt, z. B.

„endlich Ernst zu machen mit dem rezeptionsorientierten Modell der Sprachvermittlung als Leitlinie, dem Modell also, das es den Gesprächsteilnehmern ermöglicht, jeweils in der eigenen Sprache zu sprechen, da die Partner gelernt haben, mehrere Sprachen zu verstehen, auch wenn sie nur wenige sprechen."

Raasch (1992), 232

Aufgabe 34

> *Was halten Sie von dem Modell von Raasch, mehr zwischen Verstehen und Äußern innerhalb des Sprachlernens zu unterscheiden? Was bedeutet das für die Wortschatzarbeit?*

Lernzielbeschreibungen umfassen nicht nur das *Was*, sondern auch das *Wie*. Die häufigsten aus dem Umfang und der Struktur des Wortschatzes abgeleiteten Forderungen lauten:

Hinweis

– effektiv, selbstständig und „hirngerecht" zu lernen – d. h. entsprechend der Verarbeitung von Informationen im Gehirn (siehe Kapitel 3.1) und

– „Kampf dem Vergessen!" – weil das ein besonderes Problem beim Wortschatzlernen ist.

1.7 Zusammenfassung

Zusammenfassung

In Kapitel 1 sollte gezeigt werden, dass der Wortschatz in mehrfacher Hinsicht ein komplizierter Unterrichtsgegenstand ist, der sich rezeptartigen didaktischen Zugriffen entzieht.

➤ Sein Umfang zwingt zur Auswahl – die Diskussion darüber wird anhalten.

➤ Seine Dynamik bewirkt, dass Wortschatzlernen in der Schule nicht abgeschlossen werden kann. In Verbindung mit der Befähigung zu interkultureller kommunikativer Kompetenz ist das Wortschatzlernen eines der entscheidenden und interessantesten Gebiete des Fremdsprachenunterrichts.

➤ Wortschatzarbeit bedarf auf allen Stufen der gezielten Hilfe und Anleitung durch Lehrerinnen und Lehrer.

➤ Lernschwierigkeiten im Umgang mit dem Wortschatz sind normal. Warum das so ist, sollte im Unterricht mit den Lernenden besprochen werden – denn beim Erlernen des Wortschatzes gibt es objektive Schwierigkeiten, die in der Struktur der Sprache liegen.

➤ Die Diskussion über Lernziele schließlich sollte bewusst machen, dass Wortschatzarbeit resultatsorientiert* und lernerorientiert verlaufen sollte und dass Lernziele in Lehrwerken, Übungsmaterialien u. a. schon portioniert enthalten sind.

In Kapitel 1 sind viele Fachbegriffe verwendet worden. Die wichtigsten, auf die wir auch in den folgenden Kapiteln immer wieder zurückkommen werden, sind auf Arbeitsblatt 2 auf Seite 36 zusammengestellt. Sie können diese Liste jetzt ergänzen und vervollständigen, sodass Sie eine erste Übersicht für die weitere Arbeit mit dieser Studieneinheit in der Hand haben.

Arbeitsblatt 2

Wichtige Fachbegriffe zum Wortschatz

1. *Vervollständigen Sie bitte die Tabelle.*
2. *Markieren Sie die Begriffe, die für Sie wichtig sind.*

Begriff	Erklärung	Beispiel
– Zur Bedeutung		
denotative Bedeutung	Hauptbedeutung	*Wald*: größeres, mit Bäumen bestandenes Gebiet
konnotative Bedeutung	Nebenbedeutung	Was ist *Wald* für Sie?
metaphorische Bedeutung		*ein Kerl wie ein Baum*
	bedeutungsähnlich/ bedeutungsgleich	
	Gegensatz/Gegenteil	
Homonyme*		*Bank – Bänke; Bank – Banken*
Hyponyme	unter- oder nebengeordnet	
polysem/polysemantisch	Wort mit mehreren Bedeutungen	
„falsche Freunde"	fehlerhafte Übertragungen zwischen Sprachen (= Interferenz)	
– Zur Gliederung		
Inhaltswörter	Substantive, Verben, Adjektive	
Funktionswörter		*das, auf, weil, dann, während, doch, ja*
Wortfeld	alle Wörter eines Sachgebietes	
Wortfamilie		*Maß, messen, messbar, mäßig*
regionale Variante		D: *der Krankenwagen*, A: *die Rettung*, CH: *die Sanität*
stilistische Variante/ Register		*essen – speisen – fressen*
– Zur Wortbildung		
Komposita	zusammengesetzte Wörter	
Derivate		*Glück, glücklich, Unglück*
Präfixe	Vorsilben	
Suffixe		*-bar, -lich, -keit, -chen*
– Zu den Komponenten		
semantische Komponente		etwa bei Inhaltswörtern – *fahren, Haus, tief*
kombinatorische Komponente	entscheidet, welche Wörter sinnvoll miteinander kombiniert werden können	*blondes Haar*, nicht: *blonde Lampe*
phonetische Komponente		*König* ['køːnɪç], aber: *Könige* ['køːnɪɡə]
	das gelesene/geschriebene Wort betreffend	*mahlen – malen*
grammatische Komponente	die Konjugation, Deklination, Komparation und Wortfolge betreffend	

2   Wortschatzpräsentation und Bedeutungsvermittlung

Anhand von Beispielen aus Lehrwerken für unterschiedliche Zielgruppen wird in diesem Kapitel zunächst gezeigt, in welcher Form der Wortschatz den Lernenden in verschiedenen Lehrwerken präsentiert wird. Dann geht es um die verschiedenen Verfahren, wie den Lernenden die Bedeutung unbekannter Wörter erschlossen werden kann und um die Überprüfung, ob die Lernenden den Inhalt der neuen Wörter verstanden haben.

2.1   Wortschatzpräsentation in Lehrwerken

Im Vordergrund dieses Kapitels steht die **Vermittlung** lexikalischer Kenntnisse und noch nicht das Üben, Wiederholen und Anwenden. Da die Wortschatzarbeit Teil der Ausbildung einer sprachlichen Gesamtkompetenz ist, werden zu Beginn zwei (willkürlich ausgewählte) Lehrbuchlektionen vorgestellt.

Das erste Beispiel ist der Beginn von Lektion 8 aus dem Lehrwerk *Die Suche*: Zwei Männer – Gröger und Schlock – suchen eine geheimnisvolle Frau namens Zaza. Bis zum Beginn von Lektion 8 wissen die Männer nur, dass Zaza eine Import-Export-Firma hat und mit einer Firma in New York, der *Mystery Corporation*, zusammenarbeitet. Gröger und Schlock haben einen Brief an Zaza gelesen, aus dem sie erfahren haben, dass sie von einem *Joker* ein Paket abholen und nach Warschau bringen soll. (Weitere Informationen zu diesem Lehrwerk finden Sie im Lösungsschlüssel unter Aufgabe 37.)

Machen Sie sich bitte zuerst einmal mit dem Aufbau der Lektion vertraut (die Teile B 7. und B 8. fehlen hier). Kennzeichnen Sie die Stellen, die Ihnen unklar sind, und das, was für Sie ungewöhnlich ist.

Aufgabe 36

Beispiel 14

A 1.
Zaza und die Mystery Corporation

*Wir wissen wenig, und wir haben viele Fragen.
Und Gröger und Schlock?
Haben sie Informationen, die wir nicht haben?*

Was wissen sie?
Was wissen sie nicht?

Sie wissen sicher, wer Zaza ist. Sie kennen vielleicht ......
Sie wissen sicher auch nicht, ...

2.

Welche Reaktionen sind typisch für Gröger und Schlock? Kreuzen Sie an.

Gröger und Schlock sprechen über den Brief

Diese Reaktionen und Kommentare gibt es in ihrer Diskussion:

Gröger

■ „Moment mal, ...!"
■ „Vorsicht!"
■ „Nicht so schnell."
■ „Natürlich ..."
■ „Sie sind immer so naiv."
■ „Unsinn."
■ „Sie sind verrückt, ..."
■ „Vielleicht, vielleicht auch nicht."

Schlock

■
■
■
■
■
■
■

B 1.

a) *Hören Sie den Dialog und notieren Sie wichtige Wörter.*

b) *Vergleichen Sie Ihre Notizen in der Gruppe.*

Der Dialog

Was sagen die beiden Männer über ...

die Mystery Corporation?	Zaza?	den Joker?	das Paket?	das Geld?
......	......	......	......	......

Der Text

GRÖGER: „Also, was sagen Sie nun?"
SCHLOCK: „Ich finde diesen Brief sehr sonderbar."
GRÖGER: „Und warum?"
SCHLOCK: „Ich verstehe ihn nicht. Was heißt: Import-Export? Wer ist
5   der Joker? Warum fährt sie nach Warschau? Wen oder was sucht sie
dort? Und dann diese Mystery Corporation. Ich weiß nicht, wer sie
sind, aber ich habe etwas gegen diese Leute. Sicher sind ihre
Geschäfte kriminell. Spione sind das! Oder es ist die Mafia."
GRÖGER: „Moment mal, Schlock! Vorsicht! Nicht so schnell. Was
10   wissen wir sicher? Punkt eins: Dieser Brief kommt aus Amerika.
Punkt zwei: Zaza ist Ausländerin."
SCHLOCK: „Natürlich ist sie Ausländerin. Zaza – dieser Name ist
doch nicht deutsch."
GRÖGER: „Ja, aber nun haben wir den Beweis."
15   SCHLOCK: „Was macht sie in Warschau?"
GRÖGER: „Fragen Sie mich nicht, Schlock. Fragen Sie die Mystery
Corporation! – Punkt drei: Der Joker ist ihr Kontaktmann in Berlin."
SCHLOCK: „Und wer ist ihr Freund in Warschau?"
GRÖGER: „Das verstehe ich auch nicht. – Punkt vier: Das Paket.
20   Vielleicht ist das Kokain? – Punkt fünf: Das Geld. Diese Leute
haben viel Geld. Ich frage Sie: Woher kommt dieses Geld?"
SCHLOCK: „Viel Geld? Fünfzig Mark, das ist doch sehr wenig."
GRÖGER: „Ach Schlock, Sie sind immer so naiv."
SCHLOCK: „Ich, naiv?"
25   GRÖGER: „Ja. Das sind natürlich nicht fünfzig Mark, mein Lieber!
Das sind fünfzigtausend, vielleicht auch fünfzig Millionen."
SCHLOCK: „Unsinn."
GRÖGER: „Oder Dollar."
SCHLOCK: „Sie sind verrückt, Gröger."
30   GRÖGER: „Vielleicht, vielleicht auch nicht. Doch jetzt bringen Sie
schnell den Brief zurück. Aber seien Sie vorsichtig!"

2.

a) *Lesen Sie den Text.*

b) *Wissen Gröger und Schlock mehr als wir?*

c) *Was passiert nun? Was vermuten Sie?*

8

3.

a) *Wörter, die „Gefahr"
signalisieren:
Ergänzen Sie das Wortnetz
mit Wörtern aus dem Text.*

b) *Notieren Sie andere Wörter,
die auch Gefahr signalisieren.*

c) *Kommentieren Sie Ihr
Wortnetz.*

„Sicher sind ihre Geschäfte kriminell"

Kontrolle

Spione GEFAHR vorsichtig

kriminell

₤ 50.000

Beispiel: Spione sind gefährlich für ein Land. ......

4.

a) *Analysieren Sie das Gespräch
und notieren Sie Beispiele.*

b) *Was paßt zu Gröger,
was paßt zu Schlock?*

c) *Erklären Sie.*

d) *Gröger und Schlock sind
verschieden.*

Beschreiben Sie beide Personen.

Fragen, Fakten, Vermutungen, Kommentare

| Wer sagt was? | Frage/Vermutung/
Fakt/Kommentar? |
|---|---|
| Schlock: „Ich finde diesen Brief sonderbar." | Kommentar |
| Gröger: „Dieser Brief kommt aus Amerika." | Fakt |
| ......: ...... | ...... |

Schlock   Fakten nennen   + **Gröger**
mehr (+)   Fragen stellen   mehr (+)
oder   Vermutungen formulieren oder
weniger (–)   persönliche Kommentare geben weniger (–)

Gröger   nennt **mehr** Fakten, aber er...... **weniger** ....
Schlock ......,   und er ....

Der eine **interessiert sich für** ......, der andere **für** ....
Der eine **findet** ...... **wichtig,**   der andere **findet** ...... **wichtig.**

Fakten/Fragen   Sicherheit/Risiko   suchen/finden
        rechnen/spekulieren   wissen/interpretieren
    Objektivität/Engagement   Exaktheit/Phantasie

Beispiel: Der eine interessiert sich für Fakten. Er findet ....

Menschen wie „Gröger" und Menschen wie „Schlock"

Was machen sie gern?			**Was lieben sie?**		
„Gröger"-
Typ		„Schlock"-
Typ	„Gröger"-
Typ		„Schlock"-
Typ
	Auto fahren			Mozart	
	Motorrad fahren			Jazz-Musik	
	Wein trinken			den Tag	
	Scrabble spielen			die Nacht	
	Poker spielen			Extravaganz	
	nachts arbeiten			Korrektheit	
	um 11 Uhr schlafen			Sicherheit	
	tanzen			das Risiko	
	Zeitung lesen			die Natur	
	rechnen			die Großstadt	
	Comics lesen			die Technik	
	......			......	

5.

a) *Was ist typisch?
Kreuzen Sie an.*

„Gröger"-Typ: Er **fährt gern Auto**. Er findet das praktisch.
                  Er **liebt Sicherheit**. Er **trinkt nicht gern Wein** ......

„Schlock"-Typ: Er **fährt gern** .... Er **liebt** ....

b) Beschreiben Sie die beiden Typen.

Situationen und Reaktionen

Drei Situationen:
1. Er findet 100 Mark.
2. Eine hübsche Frau kommt, sie lächelt.
3. Er will eine Fahrkarte kaufen, aber es gibt nur einen Automaten.

6.

a) Der „Gröger"-Typ und der „Schlock"-Typ:

Welche Reaktion paßt?

Mögliche Reaktionen:

A.	**B.**	**C.**
Er glaubt, das Lächeln ist für ihn. Er findet sie wunderbar.	Er weiß natürlich, wie der funktioniert. Er probiert das ganze Programm.	Er trinkt eine Flasche Champagner.
D.	**E.**	**F.**
Das macht ihn ganz nervös. Er fährt ohne Fahrkarte.	Er kauft einen neuen Rasierapparat.	Er glaubt, sie hat einen Plan: Sie ist sicher gefährlich.

4. Testsituation: Polizeikontrolle! Aber er hat seine Papiere nicht.
Reaktion: Der eine ......   Der andere ......

b) Suchen Sie typische Reaktionen.

Eismann u. a. (1993), 48 – 51

Aufgabe 37

1. Was gefällt Ihnen spontan an der Lektion in Aufgabe 36, was nicht? Warum?

2. Für welche Zielgruppe ist dieses Lehrwerk geschrieben worden und woran kann man das erkennen?

3. Notieren Sie die Fragen, die Sie zu der Lektion insgesamt haben.

_____

_____

_____

_____

Aufgabe 38

Gehen Sie nun bitte – mit Blick auf die Wortschatzpräsentation – die Lektionsteile noch einmal durch und untersuchen Sie dabei folgende Fragen:

1. In welchen Formen wird der Wortschatz präsentiert (Texte, Zeichnungen, Fotos, Schemata usw.)?
Markieren Sie bitte solche Teilabschnitte.
Wie beurteilen Sie das Verhältnis von sprachlichen und visuell präsentierten lexikalischen Einheiten?

2. Sind im Lektionsaufbau – auch für die Lernenden – Passagen erkennbar, wo neuer Wortschatz eingeführt (E) wird und wo er geübt (Ü) werden soll?
Kennzeichnen Sie sie bitte mit E und Ü.
(Hinweis: Zum Textbuch gibt es ein ergänzendes Arbeitsbuch.)

3. Kann man zwischen produktivem, rezeptivem und potenziellem Wortschatz unterscheiden?

4. *Wie beurteilen Sie diese Lektion hinsichtlich der Integration der verschiedenen Fertigkeiten mit der Wortschatzarbeit?*

5. *Sind Ihrer Meinung nach die lexikalischen Mittel effektiv (Verhältnis von Aufwand und Nutzen) und attraktiv (motivierend, aktivierend) aufbereitet?*

Aufgabe 39

Wie würden Sie die Fragen aus Aufgabe 38 im Hinblick auf das Lehrbuch oder die Lehrbücher beantworten, mit denen Sie gerade unterrichten?

Aufgabe 40

Vergleichen Sie nun bitte die folgende (unvollständige) Lehrbuchlektion mit der in Aufgabe 36. Als Hilfe können Sie die Fragen aus Aufgabe 38 verwenden. Welche Unterschiede fallen ins Auge und wie lassen sie sich erklären?

Beispiel 15

III. Alltag und Festtag

1. Essen und Trinken hält Leib und Seele zusammen

1.1. *Möchten Sie im „Schlaraffenland" leben?*

Das Märchen vom Schlaraffenland (gekürzt)

Hört zu, ich will euch von einem guten Lande sagen, dahin würde mancher auswandern, wüßte er, wo selbes läge. Diese schöne Gegend heißt Schlaraffenland. Da sind die Häuser gedeckt mit Eierfladen, und Türen und Wände sind von Lebzelten und die Balken von Schweinebraten. Um jedes Haus steht ein Zaun, der ist von Bratwürsten geflochten, die sind teils auf dem Rost gebraten, teils frisch gesotten, je nachdem sie einer so oder so gern ißt. Alle Brunnen sind voll süßer Weine, auch Champagner, die rinnen einem nur so in das Maul hinein. Wer also gern solche Weine trinkt, der eile sich, daß er in das Schlaraffenland hineinkomme. Auf den Birken und Weiden, da wachsen die Semmeln frischbacken, und unter den Bäumen fließen Milchbäche; in diese fallen die Semmeln hinein und weichen sich selbst ein für die, so sie gern einbrocken; das ist etwas für Weiber und für Kinder, für Knechte und Mägde! Macht euch herbei zum Semmelbach und vergeßt nicht, einen großen Milchlöffel mitzubringen. Das könnt ihr glauben, daß die Vögel dort gebraten in der Luft herumfliegen, Gänse und Truthähne, Tauben und Kapaunen, und wem es zuviel Mühe macht, die Hand darnach auszustrecken, dem fliegen sie schnurstracks ins Maul hinein. Die Spanferkel geraten dort alle Jahre überaus trefflich; sie laufen gebraten umher, und jedes trägt ein Tranchiermesser im Rücken, damit, wer da will, sich ein frisches, saftiges Stück abschneiden kann. Um das Land herum ist aber eine berghohe Mauer von Reisbrei. Wer hinein will oder heraus will, muß sich da erst durchfressen.

(Aus: Ludwig Bechstein, Deutsche Märchen und Sagen)

Worterläuterungen

r (Eier) Fladen, – *(landsch.)*	flacher, breiter, dünner Kuchen
r Lebzelten, – *(landsch.)*	Lebkuchen, Pfefferkuchen
sieden (sott, gesotten)	kochen
e Magd, ⸚e *(veraltend)* r Knecht, -e *(veraltend)* }	weibl. bzw. männl. Person, die auf einem Bauernhof lebte, aber nicht zur Familie gehörte und die schwere Arbeit verrichten mußte

41

schnurstracks *(umg.)*	geradewegs
s Spanferkel, –	junges gebratenes Ferkel
trefflich	ausgezeichnet, vorzüglich

Aufgaben zum Text

1.2. Unterstreichen Sie die veralteten Wörter! Wie lauten sie in der Gegenwartssprache?

1.3. Äußern Sie Vermutungen, warum und wie das Märchen entstanden sein kann!

1.4. Sprechen Sie über ähnliche Märchenmotive in Ihrer Heimat!

1.5. Lesen Sie das Märchen der Brüder Grimm „Tischlein, deck dich!", und erzählen Sie es! Worin sehen Sie seinen sozialkritischen Gehalt?

Weiterführende Aufgaben

1.6. Erläutern Sie den Unterschied!

e Boutique – s Geschäft – r Laden – e Kaufhalle – s Kaufhaus – r Kiosk – r Markt – r Stand – s Warenhaus
Welches sind „ältere", welches „jüngere" Einrichtungen?

1.7. Ordnen Sie die Waren der richtigen Verpackung zu!

e Büchse/Dose	Marmelade
e Flasche	Tee
s Glas	Zahnpaste, Rasiercreme (oder -krem)
s Päckchen	Fisch, Kondensmilch
e Schachtel	Zucker, Mehl
e Tube	Wein, Limonade, Bier
e Tüte	Streichhölzer, Kekse

1.8. Nennen Sie Waren, die Sie in der Kaufhalle an folgenden Stellen finden:

in der Tiefkühltruhe – am Gemüsestand – in der Abteilung Fleischwaren – in der Abteilung Backwaren – in der Kosmetikabteilung

1.9. Formulieren Sie eine Bitte an Ihre Freundin, alles Notwendige zu einem Abendessen für vier Personen einzukaufen! Erläutern und begründen Sie Ihre Wünsche!

1.10. Ordnen Sie die Erklärungen den Wendungen zu!

etw. in Kauf nehmen	jmdn. zur Rechenschaft ziehen
die Katze im Sack kaufen	sich mit etw. abfinden
sich jmdn. kaufen *(umg.)*	etw. erwerben oder hinnehmen, ohne es näher betrachtet oder geprüft zu haben

Fügen Sie die Wendungen in einen Kontext ein!

1.11. Ordnen Sie die Substantive den Verben zu!

Äpfel	hacken, wiegen
Mohrrüben / Möhren	putzen
Eiweiß / Sahne	raspeln, reiben
Gemüse, Pilze	schneiden
Kartoffeln	schlagen
Petersilie, Kräuter	schälen
Speck, Brot	pellen

1.12. Wie lauten die Verben zu folgenden Substantiven?

s Gewürz – r Löffel – r Quirl – s Salz – s Sieb – e Waage – r Zucker

1.13. Welches Verb paßt? Setzen Sie ein!

ab/kochen, an/wärmen, auf/kochen, auf/wärmen, überbacken, über/kochen

Paß auf, daß die Milch nicht …!
Ißt du gern Toast, der mit Käse … ist?
Für das Baby müssen wir die Milch etwas …
In den Tropen muß man das Trinkwasser …
Schade, daß du so spät kommst! Nun müssen wir dein Essen …
Der Kaffee wird mit sprudelndem Wasser gebrüht; in manchen Ländern ist es üblich, ihn …

1.14. Erzählen Sie, wie Sie zu Hause für einen Festtag kochen, braten, backen!

1.15. Ordnen Sie die Erklärungen den umgangssprachlichen Wendungen zu!

jmdm. eine Extrawurst braten	Unheil ahnen
jmdm. die Suppe versalzen	durch unbedachte Äußerungen unange-
	nehm auffallen
sein Fett kriegen	für jmdn. eine Ausnahme machen
ins Fettnäpfchen treten	jmdm. einen Plan durchkreuzen
den Braten riechen	(verdiente) Kritik oder Strafe bekommen

Jaeschke/Kelling u. a. (1988), 55 – 57

Wie wir wissen, hängt die Präsentation des Wortschatzes auch von der jeweiligen Unterrichtsmethode ab. So sind die Unterschiede beispielsweise zwischen der *Grammatik-Übersetzungs-Methode*, der *direkten Methode*, der *audiovisuellen* und der *kommunikativen* Methode sowie dem heutigen *interkulturellen Ansatz* auch hinsichtlich der Darbietung und Übung der Lexik nicht zu übersehen.

Eine ausführliche Darstellung finden Sie in der Fernstudieneinheit *Methoden des fremdsprachlichen Deutschunterrichts*.

Welche Bedeutung ein Lehrbuch einzelnen Lernstoffen beimisst, kann man oft schon am **Inhaltsverzeichnis** ablesen.

⟶

Sehen Sie sich bitte Ihr Lehrbuch bzw. die Lehrbücher für Deutsch als Fremdsprache, die Ihnen zugänglich sind, unter folgenden Fragestellungen an:

1. *Ist das Inhaltsverzeichnis übersichtlich? (Kann man mit einem Blick die Schwerpunkte erfassen?)*

2. *Ist es informativ? (Welche Informationen liefert es dem Benutzer?)*

3. *Ist der Stellenwert der Lexik im Lehrbuch sichtbar (beispielsweise im Vergleich zur Grammatik, Phonetik etc.)?*

Aufgabe 41

Sie haben Auszüge aus zwei Lehrwerken unter dem Aspekt der Einführung und Übung von Wortschatz verglichen. Die beiden Beispiele zeigen sehr unterschiedliche Möglichkeiten: Einerseits wird der Wortschatz in die Texte integriert, mit Bildern und Schemata unterstützt und mit verschiedenen Fertigkeiten verbunden, andererseits wird der Text ohne Bilder präsentiert und in zahlreichen Varianten eingeübt.

Reflexion

Vergleicht man noch andere Lehrwerke, dann stellt man zum einen fest, dass es keine übereinstimmende, allgemein verbindliche Darstellung des Wortschatzes gibt. Zum anderen aber wiederholen sich bestimmte Präsentationsformen und Strukturen, wenn auch unterschiedlich häufig und in unterschiedlicher Abfolge. Solche Formen sind

➤ (einführende) Texte (Lese- oder Hörtexte mit und ohne Vorentlastung*),

➤ Bilder bzw. bildliche Darstellungen: Fotos, Zeichnungen, Skizzen u. a., die meist mit dem Text korrespondieren,

➤ Wortlisten/Glossare,

➤ Wortbildungsregeln und

➤ Regeln zum Umgang mit Wörterbüchern.

Gemeinsam ist den unterschiedlichen Präsentationsformen, dass sie didaktisch aufbereitet sind, d. h., sie sollen den Lernenden das Verstehen erleichtern, indem sie verschiedene, auch lernpsychologisch begründete Möglichkeiten der Rezeption vorgeben: kontextuelle, visuelle und kognitive* (siehe dazu auch Kapitel 3).

Hinweis

Für jede Präsentationsform (Texte, Bilder, Glossare usw.) haben wir wieder einige Beispiele ausgewählt, die Sie als „Gutachter" beurteilen sollen. Die Fragen sollen Ihnen dabei helfen, aber sie sind kein zwingendes Schema.

2.1.1 Texte

Aufgabe 42

Analysieren Sie bitte die Beispiele 16 – 18 nach den folgenden Fragen:

1. Für welche Stufe/Zielgruppe ist der Text geeignet? Was spricht dafür?

2. Ist der Text interessant (weil informativ und nicht banal)?

3. Halten Sie die didaktische Aufbereitung des jeweiligen Textes für ausreichend (d. h., kann ihn der Leser weitgehend verstehen)?

Beispiel 16

Aus dem Alltag der Thomaner

Der Leipziger Thomanerchor wie auch der Dresdner Kreuzchor gehören zu den bekanntesten deutschsprachigen Knabenchören. Der Leipziger Chor wurde 1212 gegründet und gewann seine besondere Bedeutung dadurch, daß Johann Sebastian Bach von 1723 bis 1750 sein Kantor war. Ursprünglich nur im Leipziger Raum tätig, tragen heute die Knaben und jungen Männer die Bachsche Musik in alle Welt. Fragen wir nach dem Alltag der Thomaner in Vergangenheit und Gegenwart, fragen wir nach Schulbesuch, Chorpflege und Freizeit der jungen Leute.

Aus der ersten gedruckten Leipziger Schulordnung aus dem Jahre 1634 erfahren wir, daß das Thomasalumnat bereits in jener Zeit etwa 55 Schülern Platz bot, eine Zahl, die bis ins 19. Jahrhundert hinein nahezu unverändert bleiben sollte. Wer in den Chor und damit in das Alumnat eintreten wollte, mußte sich einer Prüfung unterziehen und vor dem Kantor nachweisen, daß er „ein Stück fertig und artig musicieren" konnte.

Wie noch heute, lebten in den einzelnen Wohn- und Arbeitsräumen des Alumnats jeweils Thomaner aller Klassen zusammen. Jede der Stuben hatte ihre eigenen Gesetze, die zum Teil recht unterschiedlich waren. Um „Zucht und Ordnung" aufrechtzuhalten, gab es beispielsweise ein ausgeklügeltes System verschiedenster Strafen und Geldbußen. In der sechsten Stube zahlte vier Groschen, wer den Hausschlüssel verlor oder ihn im Schloß stecken ließ. Einen Groschen hatte zu entrichten, wer als letzter seine Stube verließ und die Tür nicht hinter sich schloß oder wer sich übergeben mußte. Fluchen kostete sechs Pfennig, das Verschlafen des Frühgebets hingegen nur halb so viel. Gleichfalls drei Pfennig zahlte, wer es versäumt hatte, nach dem Aufstehen, das in der kalten Jahreszeit den Alumnen nicht immer leicht fiel, sein Bett in Ordnung zu bringen. Selbst der Gebrauch der deutschen Sprache stand zu gewissen Stunden des Tages unter Strafe, da es den Alumnen zur Pflicht gemacht wurde, sich nicht nur im Unterricht, sondern auch im Gespräch untereinander des Lateinischen zu bedienen. Die Geldstrafen richteten sich nach dem Alter des Übeltäters, die jüngeren hatten weniger als die älteren zu zahlen. Offenbar waren Geldstrafen für die Thomaner möglich, weil sie beim Kurrende- und beim Leichensingen bescheidene Summen verdienten. Und eine Geldstrafe traf sie empfindlich.

nach: Wenzel u. a. (1987), 100

Beispiel 17

Der Kurs ist zu Ende

Der Segelkurs dauert vierzehn Tage. Am letzten Tag ist die Prüfung. Gisela und Klaus lernen noch einmal zusammen.

„Kennst du das Schild hier?" fragt Gisela. „Was bedeutet das?" „Das? Parken verboten."
Gisela lacht. „Quatsch", sagt sie, „ein Schiff parkt doch nicht!" „Ach so. Ankern verboten."

Dann kommt die Prüfung. Gisela hat ein bißchen Angst, aber die Fragen sind sehr einfach. Herr Hansen ist zufrieden.
„Ihr wißt ja wirklich alles", sagt er.
Alle bekommen den „Führerschein A".
„Vielen Dank, Herr Hansen, und auf Wiedersehen."

„Schade", sagt Martin, „morgen müssen wir nach Hause. Wann fährst du?"
Gisela liest den Fahrplan. „Ich nehme den Bus zum Hauptbahnhof und dann den Zug von Kiel nach Frankfurt um neun Uhr. Und jetzt möchte ich etwas essen und eine Cola trinken."
„Klar! Jetzt machen wir ein Fest!"

nach: Schäpers (1981 a), 35

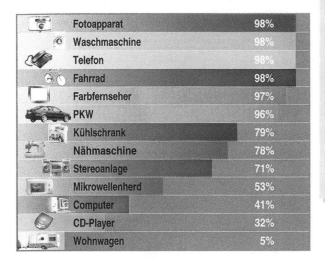

Haushaltsgeräte

Lesen Sie die Statistik und ergänzen Sie den Text.

Fotoapparat	98%
Waschmaschine	98%
Telefon	98%
Fahrrad	98%
Farbfernseher	97%
PKW	96%
Kühlschrank	79%
Nähmaschine	78%
Stereoanlage	71%
Mikrowellenherd	53%
Computer	41%
CD-Player	32%
Wohnwagen	5%

**Auto und Fernseher sind Standard –
Computer im Vormarsch**

In Deutschland gibt es in jedem Haushalt einen Staubsauger und in fast jedem Haushalt ein Telefon (98%). Ebenfalls 98 von 100 Haushalten haben eine Waschmaschine, einen Fotoapparat und ein Fahrrad. Etwa genauso viele besitzen ein Auto (____%) und einen Fernseher (____%). Eine Stereoanlage findet man dagegen nur in ____ von 100 Haushalten, und erst ein Drittel der Deutschen (____%) hat einen CD-Player. ____% der Deutschen in Ost und West besitzen inzwischen einen Kühlschrank, fast genauso viele eine elektrische Nähmaschine (____%), und über die Hälfte der Haushalte (____%) haben inzwischen eine Mikrowelle. Computer sind nach wie vor der Verkaufshit: schon in ____ von 100 Haushalten gibt es einen Heimcomputer. Aber nur wenige besitzen einen Wohnwagen: nur ____ von 100 Haushalten.

Ein Teil +	der	+ Plural
Ein Drittel	der	Deutschen ...
Über die Hälfte	der	Haushalte ...

Dallapiazza u. a. (1998), Kursbuch, 35

4. *Notieren Sie nun – wenn Sie die didaktische Aufbereitung der Beispieltexte 16 – 18 für nicht ausreichend halten – was Sie tun würden, um die erste Begegnung mit dem jeweiligen Text zu erleichtern.*

_____

_____

_____

_____

2.1.2 Bilder

Lehrer und Schüler haben sich an Bilder in Lehrwerken gewöhnt. Über ihre Berechtigung muss nicht diskutiert werden, erfüllen sie doch mehrere Funktionen.

Welche Bedeutung haben Ihrer Meinung nach Bilder – im weitesten Sinn alle Formen von Visualisierung* – für das Wortschatzlernen?

Aufgabe 43

Ausführliche Informationen zur Arbeit mit Bildern im Deutschunterricht finden Sie in der Fernstudieneinheit *Bilder in der Landeskunde*.

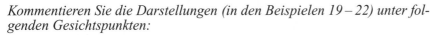

Kommentieren Sie die Darstellungen (in den Beispielen 19 – 22) unter folgenden Gesichtspunkten:

Erleichtert die Visualisierung das Verstehen der Situation, des Themas und eventuell der Wörter? Wenn ja, warum vor allem? Wenn nein, warum vor allem nicht?

Aufgabe 44

Beispiel 19

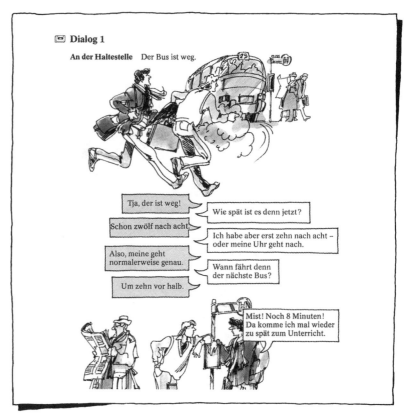

Vorderwülbecke/Vorderwülbecke (1986), 66

Beispiel 20

A Schule in Deutschland

1 Fotos ansehen und kommentieren.

nach: Funk u. a. (1994 a), 36

Beispiel 21 a/b

Scherling/Schuckall (1992), 21/22

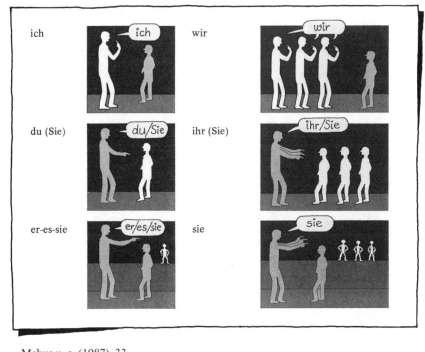

Mebus u. a. (1987), 33

Man sollte sich die Zeit nehmen, das Lehrwerk, mit dem man gerade arbeitet, dahingehend zu überprüfen, ob die visuellen Elemente geeignet sind, das Verstehen des Themas, der Situation und der Wörter zu erleichtern.

Reflexion

2.1.3 Vorentlastung

Im Unterricht, insbesondere in der Anfängerstufe, werden bei der Arbeit mit lexikalisch schwierigeren Texten neue Wörter vor der Behandlung eingeführt, um das Lese- und Hörverstehen zu erleichtern. Die Bedeutung der neuen Wörter kann dabei z. B. erklärt werden:

➤ durch ein kurzes Einführungsgespräch,
➤ durch einen schriftlichen Einführungstext,
➤ durch einen vereinfachten Paralleltext,
➤ durch ein Assoziogramm,
➤ durch eine thematische Wortliste,
➤ durch einsprachige Worterklärungen (besonders auf der Mittel- und Oberstufe),
➤ durch Bilder.

Die einfachste Art sind Eins-zu-eins-Erklärungen, in denen ein Begriff oder eine Handlung in einem Bild erklärt wird.

Beispiel 23

Aufderstraße u. a. (1992), 50

Eine sehr anspruchsvolle Form der Bedeutungserklärung ist dagegen die einsprachige Worterklärung – hier zu Beispiel 16 (Seite 44).

Beispiel 24

1	Kantor m.	urspr.: Vorsänger im katholischen Gottesdienst, heute: Leiter eines Kirchenchores
2	Knabe m. (veraltet)	Junge
3	Alumnat n. (lat.)	kostenfreies Schülerheim, hier: Internat für Thomaner
4	„ein Stück fertig und artig musicieren"	ein Musikstück korrekt und gut vorspielen
5	Stube f.	Zimmer, hier: Wohn- und Schlafraum für mehrere Schüler
6	ausgeklügelt	klug durchdacht
7	Geldbuße f.	Geldstrafe
8	Groschen m.	altes Geldstück im Wert von zehn Pfennigen, heute: nur noch umgangssprachlich
9	entrichten	bezahlen
10	sich übergeben	sich erbrechen
11	fluchen	über jemanden oder über etwas sehr schimpfen
12	Kurrendesingen n.	Kurrende zu lat. „corradere" (zusammenkratzen), mlat.: erbetteln; Singen des Schülerchors bei Beerdigungen und in der Adventszeit
13	Leichensingen n.	Singen am Grab

Wenzel u. a. (1987), 102

Das folgende Beispiel zeigt Ihnen einen Versuch, einen Text durch ein Bild und durch eine Wortliste vorzuentlasten.

Aufgabe 45

Beispiel 25

1. Sehen Sie sich bitte das folgende Beispiel an und lösen Sie die gestellte Aufgabe.

Sprechen Sie über das Bild und erzählen Sie eine Geschichte.

die Mutter ◆ das Kind ◆ die Leute ◆ die Kassiererin ◆ die Kasse ◆ ...

möchten ◆ sein ◆ haben ◆ warten ◆ weinen ◆ lachen ◆ kaufen ◆ geben ◆ nicht funktionieren ◆ ...

an der Kasse ◆ im Supermarkt ◆ keine Zeit ◆ kein Geld ◆ (keine) Süßigkeiten ◆ ...

(zu) teuer ◆ traurig ◆ fröhlich ◆ nervös ◆ sauer ◆ ...

○ *Die Leute sind im Supermarkt. Sie warten an der Kasse Die Kasse funktioniert nicht. ...*

▼ *Das Kind weint. Es möchte ...*

„weinen" – „lächeln" – „lachen"
„traurig" – „fröhlich"

Dallapiazza u. a. (1998), Kursbuch, 45

2. Lesen Sie nun den Text auf Seite 49. Halten Sie die Vorentlastung durch das Bild für gelungen?

Beim neunten Nein kommen die Tränen

Ich warte wieder einmal an der Kasse im Supermarkt. Von drei Kassen ist nur eine geöffnet. Ich
beobachte meine Tochter Tanja. Sie steht vor den Süßigkeiten: links Kaugummis, rechts Schokoriegel,
oben Gummibärchen, unten Überraschungseier. Und schon geht es los: „Mama? Kaufst du mir... ?"
„Nein." „Nur eins, bitte!" „Nein!" „Bitte, bitte!" Die Leute schauen zu uns herüber, aber ich bleibe hart:
5 „Nein, Tanja, nicht vor dem Essen." – „..."
Da höre ich eine freundliche Stimme: „Ach, Frau Jünger! Guten Tag. Wie geht es Ihnen?" „Danke, gut.",
antworte ich. „Und Ihnen, Frau Meier?" Frau Meier ist unsere Nachbarin. Tanja weiß: Frau Meier ist ihre
Chance! „Mama, schau mal, Gummibärchen." „Nein." „Bitte, bitte!" „Nein, heute nicht!"
Beim neunten Nein kommen die Tränen. Alle Leute schauen zu Tanja. Tanja gibt ihnen heute eine
10 „Extra-Vorstellung". Meine Tochter schreit nicht, sie sagt kein Wort. Sie steht einfach nur da und weint
... und weint ... und weint ... Niemand sagt ein Wort, auch Frau Meier ist ganz still. Sogar die Kassiererin
flüstert: „Vierzehn Mark einunddreißig, bitte." Tanja weint ein bisschen lauter. Jetzt schauen alle Leute
zu mir. Was mache ich nur? Kaufe ich ihr jetzt Gummibärchen, oder kaufe ich ihr keine?

Dallapiazza u. a. (1998), Kursbuch, 46

Reflexion

Bei der Festlegung der **vor** der Textarbeit zu klärenden Wörter und Ausdrücke sollte
sich der Lehrer auf diejenigen konzentrieren, die für das Textverstehen unbedingt
notwendig sind und die von den Schülern nicht selbstständig erschlossen werden
können.

2.1.4 Wortlisten/Glossare

Kaum ein Fremdsprachenlehrbuch versäumt es, dem Benutzer eine Sammlung des
verwendeten lexikalischen Inventars mitzuliefern – entweder unmittelbar nach einer
Lektion, häufiger aber als geschlossenen Anhang. Es gibt bisher wenig Aussagen
darüber, wie und ob überhaupt damit im Unterricht gearbeitet wird. Vielleicht liegt es
daran, dass Lehrer und Schüler nicht ausreichend erprobt haben, was solche Zusam-
menstellungen leisten (oder nicht leisten) oder von vornherein an deren Nutzen
zweifeln. Nützlich sind solche Wörterverzeichnisse wohl nur dann, wenn sie den
Lernenden auch ergänzende Informationen liefern.

Aufgabe 46

1. *Welche Informationen finden Lernende in den folgenden Beispielen 26
und 27? Erklären Sie diese Ihren Schülern. (Im Original sind solche
Hinweise zum Teil angegeben.)*

Beispiel 26

erreichen, Kap. 17
erscheinen, Kap. 15
erzählen, Kap. 3
erzielen, Kap. 17
essen, Kap. 3
Etage, die, Kap. 7
etwa, Kap. 5
etwas, Kap. 2

G
Gabel, die, Kap. 21
ganz, Kap. 9
gar nicht, Kap. 4
Garage, die, Kap. 16
Garten, der, Kap. 12
Gast, der, Kap. 21
geben, Kap. 5
Gebrauch, der, Kap. 15
gebrauchen, Kap. 15
Geburtstag, der, Kap. 12
Gedächtnis, das, Kap. 22
gefallen, Kap. 14
gegen, Kap. 10
gegnerisch, Kap. 17
gehen, Kap. 3
gehören, Kap. 9
Geige, die, Kap. 8

Hand, die, Kap. 17
hängen, Kap. 2
häufig, Kap. 12
Hauptsache, die, Kap. 21
Haus, das, Kap. 2
Hausaufgaben, die, Kap. 4
Heft, das, Kap. 19
Heimat, die, Kap. 14
heißen, Kap. 2
Heizung, die, Kap. 9
helfen, Kap. 11
hell, Kap. 15
her, Kap. 8
heraus, Kap. 15
Herr, der, Kap. 1
herrlich, Kap. 14
herzlich, Kap. 5
heute, Kap. 5

F
Fach, das, Kap. 18
Fähre, die, Kap. 14
fahren, Kap. 1
Fahrstuhl, der, Kap. 7

Weisgerber u. a. (1992), 93

A

ab   62, 67, 68

Abend der, -e   13, 14, 62, 63, 70

Abendessen das, -   54

abends   70, AB 69, AB 77

aber   5, 19, 20, 28, 31, 32, 33, 35

abholen + AKK   63, 70

absolut   AB 77

Abteilung die, -en   34

abwechslungsreich   58

ach   39, 46, 54, 55, 63

acht   9, 14, 61, 62, 66, 70

Adjektiv das, -e   32, 39

Adresse die, -n   10, 15, 16, 17, 28, 37, 40, 41

Alphabet-Lied das, -er   16, 23

als   6, 26, 30, 47

also   12, 20, 27, 37, 43, 67

alt   18, 19, 24, 28, 40, 41, 62

Alter das (nur Singular)   19, 24, 40, 41, AB 23

am (= an dem)   20, 23, 28, 49, 54, 60, 61

am liebsten   6, 76

am Stück   56

Amerika (das) (nur Singular)   30, AB 32

an   17, 20, 21, 45, 46, 47, 53, 56

andere   36, 38, 42, 55, 63, AB 11

Anfang der, ⸚e   23, 54, 68

Anzeige die, -n   40, 41

Anzeigenzeitung die, -en   45, AB 46

Apfel der, ⸚   AB 64

Apfelsaft der, ⸚e   25, 26, 28, 51

Appetit der (nur Singular)   26

April der   66

Arabisch (das)   12

Arbeit die, -en   57, 68, 69, AB 46

arbeiten du arbeitest, sie/er arbeitet   6, 15, 20, 21, 24, 28, 30, 41

Arbeitgeber der, -   AB 11

Arbeitsbuch das, ⸚er   74

Arbeitsplatz der, ⸚e   AB 11

Arbeitszeit die, -en   57, 58

Dallapiazza u. a. (1998), Arbeitsbuch, w1

2. Nach welchen Gesichtspunkten sind die Wörter in den Beispielen 28 und 29 geordnet? Welche Gliederung halten Sie für sinnvoll?

jmdn./etw. schildern

e Schilderung, -en

sich ab/spielen

sich auf/spielen

gute Miene zum bösen Spiel machen

gewonnenes Spiel haben

sich verspielen (im Konzert)

etw. verspielen (sein Glück)

s Kugelstoßen, o. Pl.

turnen

s Gerät(e)turnen, o. Pl.

s Reck, -s

r Barren, –; r Stufenbarren

r Schwebebalken, –

s Pferd, -e

r Pferdsprung, o. Pl.

s Sprungbrett, -er

s Pauschenpferd, -e

s Bodenturnen, o. Pl.

Jaeschke/Kelling u. a. (1988), 300/302

Verben

Ich *habe* einen Sohn.

(hast – hat – habt – haben)

Mein Bruder *malt*.

Sie *geht* zur Schule.

Nomen

maskulin *Plural*

Großvater ⸚

Onkel   –

Bruder   ⸚

Sohn   ⸚

Künstler   –

Chemiker   –

neutrum   *Plural*

Jahr   —e

Nur Plural:

Geschwister

Großeltern

Artikelwörter

Ich habe *eine* Schwester.

Ich habe *keinen* Bruder.

Adjektive

Er ist 70 Jahre *alt*.

Er ist schon *alt*.

Partikeln

Er geht *noch* zur Schule.

Sie studiert *schon*.

Mein Großvater ist *sehr* alt.

Er ist *erst* 23.

Er hat *nur* einen Sohn.

Was studiert er *denn*?

Sie ist *nicht* verheiratet.

Präpositionen

Sie kommt *nach* Tokio.

Er geht *zur* Schule.

Hieber (1991), 46

3. Ein- oder zweisprachige Wortlisten?
Würden Sie die Einträge in Beispiel 30 genauso oder anders ordnen? Wenn ja, wie und warum?

8 Die Wörter

> e → ie
>
> **sehen** — du siehst, er/sie sieht
> **aus/sehen** — du siehst aus, er/sie sieht aus
> **nach/sehen** — du siehst nach, er/sie sieht nach

8a

So, jetzt sind wir gleich da.	Bien, nous sommes bientôt arrivés.
die Innenstadt: Ich fahre durch die Innenstadt.	le centre ville: Je passe par le centre ville.
sehen — ich sehe, du siehst, er/sie sieht	voir
der Michel	(= die Sankt Michaeliskirche)
das Rathaus, ¨er	l'Hôtel de Ville
erzählen: Erzähl mal!	raconter: Raconte donc!
zum ersten Mal	pour la première fois
die Eltern (Plural)	les parents (le père et la mère)
die Ferien (Plural): in den Ferien	les vacances: pendant les vacances
der Süden: in den Süden	le sud, le Sud: dans le Sud
glauben	croire
Mein Vater kennt Hamburg auch nicht.	Mon père ne connaît pas Hambourg non plus.
riesig	immense (litt. géant)

Schäpers (1981 b), 28

4. Welche Wortliste(n) aus den Beispielen 26 – 30 würden Sie Ihren Schülern als Lernhilfe empfehlen, welche nicht? Warum?

2.1.5 Wortbildungsregeln

Mit der Zahl der Lektionen und Unterrichtsstunden nimmt in den Lehrwerken auch die Zahl der zusammengesetzten und abgeleiteten Wörter zu. Darin kommt ein tradierter und begründeter Lernweg zum Ausdruck – nach dem Motto „vom Leichten zum Schweren". Bei der Wortbildung hieße das, von den leichten primären Bildungen (einstämmige Wörter) auszugehen und dann zu den schwierigeren sekundären Bildungen zu kommen, z. B. Ableitungen durch eine Vorsilbe (= Präfix): *kommen – entkommen* oder durch eine Nachsilbe (= Suffix*): *schwer – schwierig – Schwierigkeit.*

Die Unterrichtspraxis zeigt, dass dieser Weg nicht immer und nicht überall richtig sein muss. Die Lernschwierigkeit wird maßgeblich davon bestimmt, ob zusammengesetzte oder abgeleitete Wörter

– rezipiert, also nur verstanden werden sollen,

– reproduziert, also wiedergegeben werden sollen oder

– produziert, also selbst gebildet und angewendet werden sollen.

So dürfte beispielsweise das Verstehen bisher unbekannter Komposita (z. B. *Mitternacht, Stadtplan, Blumenstrauß*) häufig leichter sein als das unbekannter Stammwörter (*meist, lila, Strauß*). Manche Lehrwerke versuchen das zu berücksichtigen, indem sie das Verstehen von zusammengesetzten Wörtern als Lernziel praktizieren, die Lernenden aber vor der Bildung solcher Formen warnen.

> *ZUSAMMENGESETZTE WÖRTER*
>
> Seien Sie vorsichtig, wenn Sie versuchen, ein Wort aus seinen Teilen zu verstehen. Kontrollieren Sie, ob die Erklärung, die Sie gefunden haben, genau in den Kontext paßt.
>
> **Der Automotor** ist der Motor eines Autos.
> **Die Autobiographie** ist nicht die Biographie eines Autos.
>
> Bilden Sie nicht selber Wörter, das Resultat ist fast immer Unsinn. Aber üben Sie, ein Wort aus seinen Teilen zu verstehen: Woher kommt das Wort?

Häussermann u. a. (1992), 16

Was meinen Sie zu der in Beispiel 31 gegebenen Empfehlung?

Welche Erfahrungen haben Sie selbst in dieser Hinsicht gesammelt?

Lange Zeit spielte die Wortbildung in Lehrwerken und im Fremdsprachenunterricht eine untergeordnete Rolle. Wenn in jüngster Zeit diesem Bereich verstärkt Aufmerksamkeit geschenkt wird, so werden damit drei wichtige Sachverhalte berücksichtigt, und zwar

➤ ein **linguistischer Aspekt**:
  Auch die deutsche Sprache deckt ihren Bedarf an Ausdrücken und Bezeichnungen in hohem Maße durch verschiedene Wortbildungsmittel aus einem relativ begrenzten Fundus an Stammwörtern. Die potenziell unendliche Zahl von Wörtern entsteht aus der Kombination einer endlichen Zahl produktiver Wortwurzeln und Bildungselementen.

Unterstreichen Sie (mit zwei verschiedenen Farben) in dem abgedruckten Zeitungstext etwa zehn abgeleitete und zehn zusammengesetzte Verben, Nomen und Adjektive.

Ultraviolettes Licht führt Falken zu ihrer Beute

er Helsinki Skandinavische **Turmfalken** vermögen zu erkennen, was dem menschlichen Auge verborgen bleibt: ultraviolettes Licht. Erst diese Fähigkeit versetzt sie in die Lage, auch in Zeiten kärglichen Nahrungsangebots zu überleben. Dies ermittelten finnische Forscher in Laborexperimenten und Versuchen in freier Natur.

Die Falken leben vor allem von Wühlmäusen. Seit langem ist bekannt, daß die Populationsdichte bei diesen Nagetieren in einem vierjährigen Rhythmus schwankt – mal existieren sehr viele, dann wiederum nur sehr wenige Wühlmäuse in bestimmten Arealen. Wissenschaftler beobachteten, daß die wiederkehrenden Schrumpfungen der Wühlmaus-Bevölkerung weiträumige Wanderungen ihrer Freßfeinde auslösen. Die Falken fliegen gelegentlich mehr als tausend Kilometer weit, um neue Nahrung zu finden. Die Vögel jagen aus der Luft, verbringen aber auch viel Zeit auf Bäumen, um auf Beute zu warten. Unklar blieb, wie die Greifvögel herausfinden, wo es sich zu jagen lohnt.

Ihnen kommt, fanden die finnischen Forscher heraus, eine Eigenheit der Wühlmäuse zustatten. Die Nager orientieren sich vor allem am Geruch. Sie markieren ihr Revier und ihren Weg durch die Wildnis mit ihren Exkrementen. Diese Exkremente, so stellte sich heraus, strahlen ultraviolettes Licht in weit stärkerem Maße ab als die umgebende Vegetation.

Ihre Fähigkeit, ultraviolettes Licht zu erkennen, ermöglicht es den Falken, auch aus größerer Höhe abzuschätzen, wieviele Wühlmäuse in einem Gebiet leben – und entweder die Jagd aufzunehmen oder weiterzuziehen. Dies erklärt auch, wie die nomadisch lebenden Falken, die keinerlei Ortskenntnis besitzen, genau jene Stellen finden, an denen besonders viele Wühlmäuse existieren.

Die Welt am Sonntag vom 12. 2. 1995, 30

➤ ein **lernpsychologischer Aspekt**:
  Erkenntnisse der Gedächtnisforschung besagen, dass das Verstehen von Wörtern erleichtert wird, wenn sie inhaltlich vernetzt sind. Das geschieht bekanntlich am sinnvollsten in Texten. Und hier sind auch morphologische und Wortbildungskenntnisse eine wichtige Voraussetzung für das Erkennen semantischer Beziehungen. So kann *mensch<u>lich</u>* als Ableitung von *Mensch* erschlossen werden, im *vierjährigen* Rhythmus mit Bezug auf *vier* und *Jahr* als *alle vier Jahre* und nicht *vier Jahre lang*.

➤ ein **didaktischer Aspekt**:

Wenn Lehrwerke und Unterricht Kenntnisse über Wortbildungsregeln vermitteln, werden die Lernenden zunehmend selbstständig und unabhängig. Und es sind gerade der Umfang und die Struktur des Wortschatzes, die autonomes Lernen besonders notwendig machen. Die meisten Lehrwerke geben grammatisch-morphologische Hinweise zu Zusammensetzungen, aber deutlich weniger Lehrwerke bieten den Benutzern Hilfe bei der semantischen Erschließung der Wörter an.

Aufgabe 49

Beurteilen Sie bitte bei den folgenden Beispielen 33 – 37 die jeweiligen Informationen für die Lernenden:

Welche davon sind Ihrer Meinung nach geeignete Lernhilfen, welche sind es weniger? Welche gehen über das Erschließen der Wortbedeutung hinaus?

Beispiel 33 a

Das Bestimmungswort steht immer links und spezifiziert das Grundwort rechts.

… Was für ein Schirm? → Ein S o n n e n s c h i r m.
                     (Bestimmungswort) (Grundwort)

Der Wortakzent des Kompositums liegt immer im Bestimmungswort. Das Grundwort (rechts) bestimmt immer das Genus (den Artikel) des Kompositums.

Vorderwülbecke/Vorderwülbecke (1989), 7

Beispiel 33 b

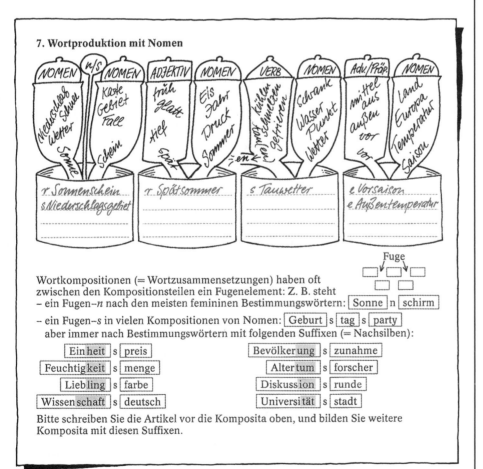

Vorderwülbecke/Vorderwülbecke (1989), 8

Beispiel 34

Wortbildung

I. Bilden Sie ein zusammengesetztes Nomen:

1. die Tüte aus Plastik   2. die Decke des Zimmers   3. das Regal für die Bücher   4. die Maschine zum Bügeln   5. die Warnung vor dem Sturm   6. die Pfanne zum Braten   7. die Handschuhe aus Leder   8. das Fleisch vom Kalb   9. das Zentrum der Stadt   10. die Luft an der See

Merken Sie sich:	Nach *-heit, -ing, -ion, -keit, -ling, -schaft, -tät* und *-ung* wird ein *s* eingefügt (Fugen-*s*): die Dichte der Bevölkerung – die Bevölkerungsdichte

Schumann (1992), 12

Beispiel 35

Wortbildung: Trennbare und untrennbare Präfixe   W 4

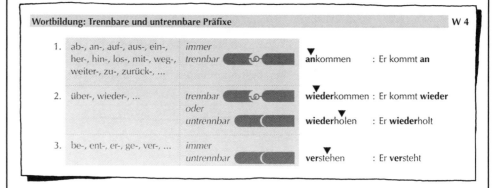

Eismann u. a. (1994), 81

Beispiel 36

Wortbildung

Bitte kombinieren Sie!

sprechen	**drucken**	*Kollokationen = Wörter, die zusammengehören:*
du sprichst – er sprach – die Sprache – gesprochen – der Spruch, der Einspruch *(vor Gericht: Einspruch, Euer Ehren!)*, der Widerspruch, widersprechen = *dagegen wehren.*	drucken – der Druck – der Buchdruck – der Ausdruck – der Gesichtsausdruck des Stars machte einen tiefen Eindruck auf den Filmproduzenten.	auf der Sonnenseite (+)/ Schattenseite (–) des Lebens stehen.

Piepho (1996), 137

Beispiel 37

W 2 **Wortbildung: Nomen von Adjektiven**

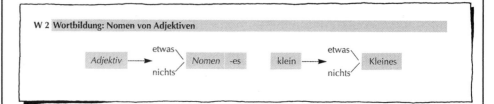

Eismann u. a. (1994), 122

Sie kennen sicher das Problem: Ihre Schüler versuchen, ihr Regelwissen anzuwenden, müssen aber erfahren, dass ihnen das nicht immer hilft. Die folgende Aufgabe enthält dazu einige Beispiele.

Aufgabe 50

Wie erklären Sie Ihren Schülern die folgenden Wortbildungen bzw. wie erklären Sie ihnen, dass bestimmte Bildungen nicht korrekt sind? (Wortbildungen, die nicht korrekt sind, sind mit *vor dem Wort gekennzeichnet.)

1. *Lieblingsbuch – Wirtschaftslage – Zeitungsmeldung – Erdkugel – Farbfernseher – Tannenbaum – Küchenlampe*

2. *Bilderbuch – Bildband, Landesgrenze – Landwirtschaft, Hilfsaktion – Hilfestellung, Bratpfanne – Bratensoße*

3. *Klugheit, Faulheit, Gesundheit – *Übelheit*

4. *kindlich – kindisch   golden – goldig*
   bäuerlich – bäurisch   hölzern – holzig
   herrlich – herrisch   gläsern – glasig

5.

-los	*-frei*	*-reich*	*-voll*
arbeitslos	*arbeitsfrei*	*wortreich*	**wortvoll*
schlaflos	**schlaffrei*	**humorreich*	*humorvoll*
*rostlos	*rostfrei*	*zahlreich*	**zahlvoll*

6. *Autobahn – *Autoschiene*
   Autositz – *Autostuhl
   Autohaus – *Autowohnung

7. *Winterhose – Turnhose – Lederhose – Anzughose*

Die Beispiele in Aufgabe 50 weisen auch darauf hin, dass bei Wortbildungen mehrere Komponenten zusammenwirken:

- eine grammatische (Wortartänderungen, Fugenelemente),
- eine semantische (Grundbedeutung und Bedeutungsveränderungen) und – was bei den obigen Einzelwörtern nicht sichtbar werden kann –
- eine kontextuelle (z. B. situative Bedeutungszuweisung).

Eine didaktische Konsequenz daraus ist, dass sich die Lernenden mit den formalen Wortbildungsmitteln auch deren Bedeutung aneignen. Das ist unterrichtsmethodisch nicht immer einfach, aber wichtig genug, um es zu versuchen.

Wie stark Mittel der Wortbildung eine Textstruktur stützen, kann man besonders gut an „Nonsens-Texten" erkennen.

Verdaustig wars, und glasse Wieben
Rotterten gorkicht im Gemank;
Gar elump war der Pluckerwank,
Und die gabben Schweisel frieben.

Caroll (1974), 27

Wortbildungsregeln sind wichtig für das Erschließen von Bedeutungen, also für das Verstehen. Sie eröffnen den Lernenden viele Möglichkeiten, selbstständig und autonom zu arbeiten. In neueren Lehrwerken wird dem Aspekt der Wortbildung verstärkt Aufmerksamkeit geschenkt. So bietet das Lernerhandbuch (Rohrmann/Self 1998) zu *eurolingua Deutsch* eine vierseitige Übersicht über wichtige Wortbildungsregeln mit Beispielen.

Reflexion

Im Unterricht sollte aber auch darauf hingewiesen werden, dass die Regeln oft mehr Regelungen oder Konventionen sind. Das erschwert die Anwendung der Regeln für den produktiven Bereich und führt häufig zu Fehlern.

2.1.6 Regeln zum Umgang mit Wörterbüchern

Das Nachschlagen in Wörterbüchern gehört zu den grundlegenden Fertigkeiten beim Erlernen von Fremdsprachen. Zweisprachige, später auch einsprachige Wörterbücher sind nach wie vor die am häufigsten benutzten Hilfsmittel zur Bedeutungserschließung, zur Variierung des sprachlichen Ausdrucks und zur Überprüfung seiner Korrektheit. Die in Aufgabe 50 angeführten Beispiele sollten auch zeigen, dass die Arbeit an der Wortbildung die Arbeit mit dem Wörterbuch sinnvoll macht.

Wenn man mit dem Ziel unterrichtet, die Selbstständigkeit der Lernenden zu fördern, dann müssen auch Techniken zur Benutzung von Wörterbüchern vermittelt werden. Zugleich – und das erfordert methodisches Geschick – sollten die Schüler dazu gebracht werden, das Wörterbuch nicht als unfehlbares Mittel, als höchste Instanz, zu betrachten. Auch Wörterbücher sind nicht vollkommen.

Aufgabe 51

Welche Informationen liefern die abgedruckten Wörterbucheinträge?

1. Übernehmen Sie bitte wieder die Rolle der Lernenden und ergänzen Sie das Beispiel.

Beispiel 38

3. Arbeit mit dem Wörterbuch

Was bedeuten die Zeichen, Zahlen und Abkürzungen? Bitte ergänzen Sie:

¹höf·lich ⟨Adj.⟩ wohlerzogen, verbindl., takt-, rücksichtsvoll, zuvorkommend; jmdm. ~ seinen Platz anbieten; wir bitten Sie ~ (st) (Briefstil); es wird ~ gebeten, den Rasen nicht zu betreten (Verbotsschild); sich ~ verbeugen; in ~ em Ton etwas sagen, [< mhd. hovelich, hoflich, „hofgemäß, fein, gebildet u. gesittet"; zu *Hof* im Sinne von „Fürstenhof, Hofstaat"] ~keit 1 ⟨f. 20; unz.⟩ höfl. Betragen; darüber schweigt des Sängers ~ darüber spricht man als höfl. Mensch nicht; etwas nur aus ~ tun 2 ⟨zählb.⟩ unverbindl.-freundl. Worte, Kompliment; ~ en austauschen; jmdm. ~ en sagen ~keits·for·mel ⟨f.⟩, ~keits·flos·kel ⟨f.⟩ Redensart, die man aus Höflichkeit anwendet u. die nichts weiter bedeutet u. zu nichts verpflichtet

(aus „Wahrig Deutsches Wörterbuch")

① _____
② _____
③ *steht für Stichwort, hier: „höflich"*
④ _____
⑤ _____
⑥ *Stichwort u. Großschreibung (~ = Kleinschreibung)*
⑦ _____
⑧ _____
⑨ _____
⑩ _____

Etiketíte, die; -, -n ⟨Pl. selten⟩ frz étiquette, eigtl. = Zettel mit Hinweisen (auf das Hofzeremoniell), [↑ Etikette]: *Gesamtheit der herkömmlichen Regeln, die gesellschaftliche Umgangsformen vorschreiben:* die E. erlaubt das nicht: die E. wahren, einhalten, verletzen: gegen die E. verstoßen:

(aus „Duden Deutsches Universalwörterbuch A–Z")

⑪ _____
⑫ _____
⑬ _____
⑭ _____

Vorderwülbecke/Vorderwülbecke (1989), 117

2. Sind Ihrer Meinung nach die folgenden Hilfen für die Lernenden sinnvoll?

Beispiel 39 a

Baginski u. a. (1996), 25

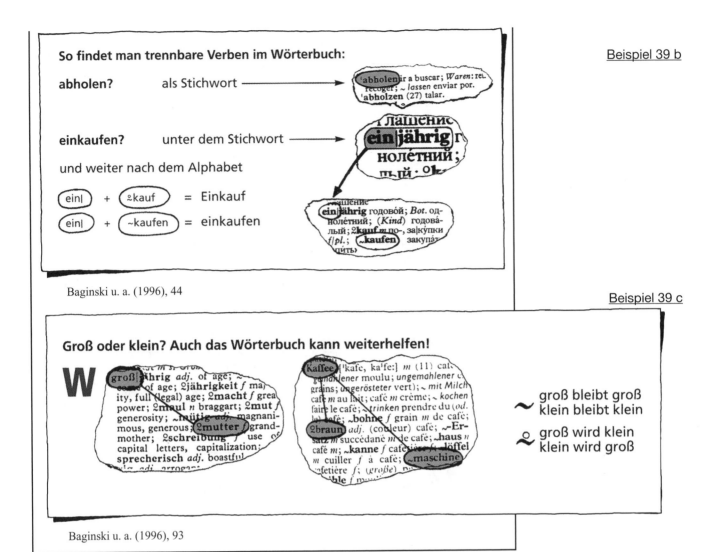

Beispiel 39 b

Baginski u. a. (1996), 44

Beispiel 39 c

Baginski u. a. (1996), 93

Es fällt auf, dass Lehrwerke für Deutsch als Fremdsprache dem Umgang mit einem Wörterbuch wenig Raum geben, es fehlen Anweisungen und Übungen, wie mit dem Wörterbuch gearbeitet werden kann. Wenn es diese Hinweise gibt, dann sind sie meist nur exemplarisch und nicht systematisch. Die Befragung von Lehrern hat ergeben, dass Übungen im Nachschlagen von Wörterbüchern häufig als Zeitvergeudung angesehen werden. Die Vernachlässigung dieser Fertigkeit ist auf allen Sprachstufen zu beobachten. Das könnte an zweierlei Ursachen liegen:

– einmal am Aufbau und an der Sprache der Wörterbücher
– und dann daran, dass für die Benutzung von Wörterbüchern anscheinend unterschiedliche didaktische Empfehlungen gegeben werden.

Wingate (1998) hat in einem Vortrag auf die „semantischen Schwierigkeiten bei der Benutzung von Lernerwörterbüchern" hingewiesen. Wir möchten einige ihrer Beispiele hier wiedergeben.

Aufgabe 52
Beispiel 40a

1. Lesen Sie bitte die vier Wörterbucheinträge von konkreten Gegenständen. Was könnte man in den Definitionen vereinheitlichen?

Ei·mer *der*; -s, -; ein rundes Gefäß (*mst* aus Plastik od. Blech) *bes* für Flüssigkeiten od. Abfall, das e-n Bügel zum Tragen hat	**Ga·bel** *die*; -, -n; **1** ein Gerät, mit dem man feste Speisen isst u. das e-n Griff u. mehrere (*mst* drei od. vier) Spitzen (Zinken) hat
Ka·me·ra *die*; -, -s; **1** ein Apparat zum Filmen	**Löf·fel** *der*; -s, -; **1** der Gegenstand, mit dem man *z. B.* die Suppe isst

Götz u. a. (Hrsg.) (1998), 257, 371, 535, 630

2. Analysieren Sie die syntaktische Struktur der Erklärungen in den beiden Wörterbucheinträgen.

Lan·ge·wei·le *die*; -; *nur Sg*; das unangenehme Gefühl, das man hat, wenn man nichts od. nichts Sinnvolles zu tun hat ↔ Kurzweil, Abwechslung ⟨entsetzliche, furchtbare, tödliche L. haben, verspüren⟩

pfle·gen¹; *pflegte, hat gepflegt*; $\boxed{Vt}$ **1** *j-n p.* für j-n, der krank od. alt ist, alles tun, was nötig ist, damit er gesund wird od. damit es ihm gut geht ≈ für j-n sorgen, j-n betreuen ⟨j-n aufopfernd, liebevoll p.; j-n gesund p.⟩ **2** *etw. p.* alles tun, was nötig ist, damit etw. in e-m guten Zustand bleibt ↔ vernachlässigen: *sein Auto, den Garten, den Teppich p.* **3** *etw. / sich p.* sich um sein Aussehen kümmern (indem man sich schön anzieht, frisiert *usw*) ⟨seine Haare, sein Gesicht, seine Fingernägel p.; ein gepflegtes Äußeres / Aussehen haben; e-e gepflegte Erscheinung sein⟩

Götz u. a. (Hrsg.) (1998), 607, 749

Unterschiedliche didaktische Empfehlungen könnten eine andere Ursache dafür sein, warum Wörterbücher so selten genutzt werden.

13 WÖRTER
EXPEDITIONEN INS WÖRTERBUCH

SO IST ES (BEDAUERLICHERWEISE):
Viele, die Deutsch lernen, besitzen nur ein kleines Taschenwörterbuch Muttersprache-Deutsch/Deutsch-Muttersprache. Solche Wörterbücher sind notwendig und nützlich (wenn sie nicht zu klein sind). Aber sie reichen nicht aus, wenn man richtig Deutsch lernen möchte. Wer sich ein dickeres und besseres Wörterbuch gekauft hat, weiß nicht genau, wie man damit arbeiten kann. Wörterbücher sind aber spannende, interessante und nützliche Hilfsmittel.

14 WÖRTER
FINGER WEG VOM WÖRTERBUCH!

SO IST ES (VIEL ZU OFT):
Viele, die einen deutschen Text lesen, lesen den Text Wort für Wort; und wenn ein unbekanntes Wort auftaucht, kommt automatisch der Griff zum deutsch-muttersprachlichen Taschenwörterbuch: Es vergeht dann eine Minute oder mehr, bis eine (richtige?) Übersetzung gefunden wurde; dann geht die Lektüre mühsam weiter bis zum nächsten Hindernis.
So kommt man kaum vorwärts, das Lesen ist mühsam, vieles bleibt unklar oder falsch; das Lesen macht keinen Spaß und bringt keinen Fortschritt.

Rug u. a. (1991), 18f.

Sind die Aussagen in Beispiel 41 a und 41 b ein wirklicher oder ein scheinbarer Widerspruch?
Diskutieren Sie darüber in der Gruppe, wenn Sie die Möglichkeit dazu haben. Wie sind Ihre Erfahrungen im Umgang mit Wörterbüchern?

2.2 Verfahren der Bedeutungsvermittlung

Die Funktion dieser Verfahren ist es, Lernenden die Semantik unbekannter/neuer Wörter und Strukturen zu erschließen. Sie schaffen die Voraussetzungen für die weiterführende Arbeit mit dem Wortschatz (üben, wiederholen, anwenden).

Im Unterschied zur Erklärung grammatischer Sachverhalte gibt es in Lehrerhandreichungen nur wenig didaktisch begründete Hinweise darauf, wie die Bedeutung von Wörtern zu erklären ist. Noch mehr aber fehlen in Lehrwerken Anleitungen, mit deren Hilfe die Lernenden zunehmend selbstständig Bedeutungen erschließen können.

In methodischen Handbüchern finden sich inzwischen mehr oder weniger umfangreiche Kataloge von Semantisierungs-*, d. h., Erklärungsverfahren (vgl. Heyd 1991; Löschmann 1993; Müller 1994). Es gibt aber wenig Reflexionen darüber, wie diese

Verfahren im Unterricht eingesetzt werden (welche oft, welche kaum und warum?). Der „intuitive Zugriff" des Lehrers dürfte nach wie vor für die Auswahl entscheidend sein.

Aufgabe 54

Welche Verfahren/Techniken verwenden Sie im Unterricht, um unbekannte Wörter zu erklären?

Wie würden Sie Ihren Schülern die Bedeutung der folgenden lexikalischen Einheiten, die unterstrichen sind, erklären? Können Sie Ihre Entscheidung begründen?

1. Da hast du <u>Glück</u> gehabt.
2. Was möchtest du aufs <u>Brot</u> haben?
3. Er wollte um neun Uhr kommen und war um zehn noch nicht da. <u>Deshalb</u> habe ich mir Sorgen gemacht.
4. Er hat <u>mir</u> gründlich <u>die Suppe</u> <u>versalzen</u>.
5. Ich habe <u>dreizehn</u> Leute gezählt.
6. Ich muss noch für die Prüfung <u>pauken</u>.
7. Die <u>Bevölkerungsexplosion</u> in der Dritten Welt macht vielen Menschen Sorgen.

Im Folgenden sollen die Verfahren der Bedeutungsvermittlung in Form eines zusammenfassenden Überblicks dargestellt werden. Es handelt sich dabei um die Verfahren, mit denen Gegenstände, Beziehungen, Vorgänge und Eigenschaften definiert werden – sie konzentrieren sich also mehr auf die Inhalte der Erklärungen.

Eine Erweiterung dazu sind die kulturbezogenen und begriffsbildenden Erklärungstechniken, die sich verstärkt auf die Herstellung landeskundlicher Bezüge konzentrieren und damit die kulturspezifische Begriffsbildung fördern.

Die Verfahren der kulturspezifischen Begriffsbildung werden in der Fernstudieneinheit *Wortschatzarbeit und Bedeutungsvermittlung* (besonders Kapitel 3) beschrieben.

Der allgemeinen Einteilung folgend, unterscheiden wir zwischen

– nicht sprachlichen (nonverbalen) und

– sprachlichen (verbalen) Erklärungsverfahren. Die sprachlichen werden nochmals unterteilt in einsprachige und zweisprachige.

2.2.1   Nicht sprachliche Erklärungsverfahren

Mithilfe nonverbaler Zeichen sollen Wortbedeutungen verdeutlicht werden. Innerhalb dieser Techniken gibt es solche, die ohne jegliche Erklärung auskommen, weil sie stark konventionalisiert sind, und solche, die vom Lehrer „moderiert" und demonstriert werden. Wegen ihrer Anschaulichkeit werden diese „Zeigeverfahren" vor allem im Anfängerunterricht eingesetzt.

Nicht sprachliche Erklärungstechniken

➤ **Piktogramme**

Beispiel 42 a

Schumann (1992), 52

➤ **Verkehrszeichen**

Beispiel 42 b

Seidenstecher (1982/1998), 96/105

➤ **Zahlen**

1 2 3 4 5 6 7 8 9 0

➤ **Zeichen**

+ – ? § #

Teilweise nicht sprachliche Erklärungstechniken

➤ **Gegenständliche Veranschaulichung**

Dieses Verfahren ist geeignet für die Erschließung von Konkreta, wobei der Lehrer auf den jeweiligen Gegenstand zeigt.

Das ist ein Kugelschreiber.
Das sind Handschuhe.
Das ist der Türgriff.

➤ **Bildliche Veranschaulichung**

Die Wortbedeutung wird mittels authentischer Materialien (Foto, Diapositiv, Video) oder nicht authentischer (Zeichnung, Skizze, Collage, Bild u. a.) erklärt.

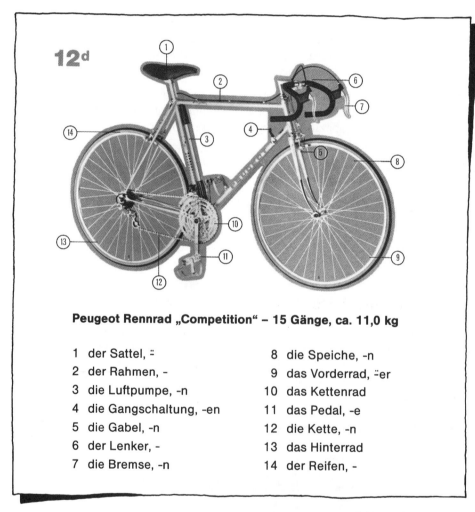

Peugeot Rennrad „Competition" – 15 Gänge, ca. 11,0 kg

1	der Sattel, ⸗	8	die Speiche, -n
2	der Rahmen, -	9	das Vorderrad, ⸗er
3	die Luftpumpe, -n	10	das Kettenrad
4	die Gangschaltung, -en	11	das Pedal, -e
5	die Gabel, -n	12	die Kette, -n
6	der Lenker, -	13	das Hinterrad
7	die Bremse, -n	14	der Reifen, -

Schäpers (1981 a), 74

Selbst bei Zeichnungen von konkreten Gegenständen ist nicht immer eindeutig, was gemeint ist, wie das folgende Beispiel aus einem deutsch-bulgarischen Bildwörterbuch zeigt.

Benennen Sie bitte – in Deutsch oder in Ihrer Muttersprache – die Gegen-stände zu den Nummern 9 – 14 – 16 – 17 – 19 – 25 – 27.

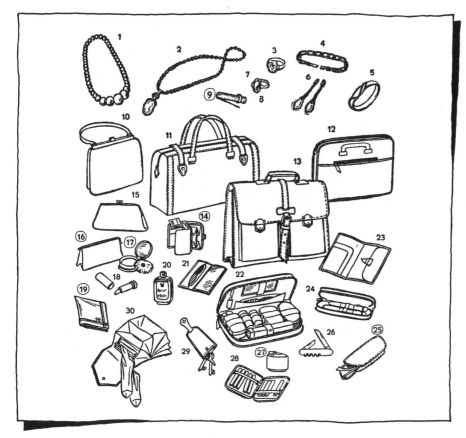

nach: Berberoff/Rankoff (1976), 123

Nr. 9: ―――――― *Nr. 14:* ―――――― *Nr. 16:* ――――――

Nr. 17: ―――――― *Nr. 19:* ―――――― *Nr. 25:* ――――――

Nr. 27: ――――――

  Eine weitere Schwierigkeit ergibt sich daraus, dass Zeichnungen häufig verallgemeinern (siehe *Prototypensemantik*, S. 12). Die beiden Skizzen können als *Bäume* identifiziert werden, vielleicht noch als *Nadel-* und *Laubbaum*, aber eine Differenzierung als *Fichte*, *Buche* oder *Kastanie* ermöglichen sie nicht.

Ein vergleichbares Problem entsteht bei Verallgemeinerungen: Um das Wort *Obst* zu erklären, genügt es streng genommen nicht, einen Apfel zu zeigen. Es müssten noch einige andere Obstsorten (Birne, Pflaume usw.) hinzugenommen werden, um diese Verallgemeinerung, den Oberbegriff, herzustellen. Damit wird dieses Verfahren aber ziemlich umständlich.

Bei Worterklärungstechniken durch Visualisierung wird die bekannte Tatsache genutzt, dass Visualisierungen das Verstehen erleichtern, indem sie Vorstellungen von etwas schaffen, d. h. Bedeutungen im wahrsten Sinne versinnbildlichen. Man sagt, dass diese Verfahren aber auch ihre Grenzen haben.

> *Wo liegen die Grenzen von Visualisierungen? Für welche Wörter (Gruppen/Klassen) eignen sich diese Verfahren weniger oder nicht? Denken Sie an Ihren Unterricht. Nennen Sie Beispiele.*

Aufgabe 56

Mit der folgenden Aufgabe können Sie selbst überprüfen, wie hilfreich (oder schwierig) Versuche sein können, Bedeutungen über Zeichnungen zu erklären.

1. *Versuchen Sie, mithilfe der Skizze die Bedeutung der Präpositionen „auf",*
   „neben" und „vor" sichtbar zu machen.

2. *Ergänzen Sie die Zeichnung (sie muss kein „Kunstwerk" sein), um*
   weitere Präpositionen zu erklären.

3. *Vervollständigen Sie nun bitte die folgende Skizze zur Erklärung der*
   Bedeutung von Präpositionen.

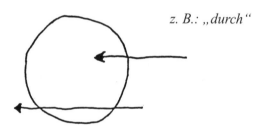

z. B.: „durch"

➤ **Gestik/Mimik/Pantomime**

Wegen ihrer Universalität sind Ausdrucksformen der Körpersprache eine sehr eingängige und ökonomische Form der Bedeutungserklärung. Sie eignen sich für die Verdeutlichung von Situationen (*frieren, Bauchschmerzen haben*), von Handlungsabläufen und Bewegungen (*Klavier spielen, sich die Haare waschen, Spaghetti essen, hinken, tanzen*) und Eigenschaften (*winzig, groß, schmal, heiß, sauer*).

Interessant und wichtig sind kulturspezifische Besonderheiten: Welche Gesten haben in welcher Kultur welche Bedeutung? Wie wird eine Bedeutung mimisch ausgedrückt? So bedeutet Kopfschütteln in Bulgarien und Griechenland Zustimmung, in anderen europäischen Ländern und im deutschsprachigen Raum bekanntlich Ablehnung. Solche Unterschiede sollten im Unterricht thematisiert werden. Ausgangspunkt ist immer die konkrete Geste. Dafür ein Beispiel:

Andere Länder – andere Gesten

1. Der Fingerkuß

2. Die lange Nase

3. Das Vogelzeigen

| 4. Das Kreiszeichen | 5. Der gestreckte Daumen | 6. Die Hand vor der Stirn |

Mebus u. a. (1989), 36

➤ **Klangbilder**

Bestimmte Wortbedeutungen werden durch die Imitation von Geräuschen erkennbar: *pfeifen, zischen, schmatzen, klatschen, klopfen, husten* usw.

Die ersten Erklärungsverfahren (Beispiele 42 und 43) sind relativ eindeutig. Aber selbst bei der Visualisierung von konkreten Gegenständen durch Zeichnungen können Probleme auftauchen:

Reflexion

– Die Zeichnungen sind nicht eindeutig deutbar. (Beispiel 44)

– Sie verallgemeinern und können häufig nicht ausreichend differenzieren. (Beispiel *Bäume*)

– Sie sind mitunter umständlich. (Beispiel *Obst*)

Die Grenzen einer Erklärung durch Bilder zeigen sich besonders bei Abstrakta und Funktionswörtern oder wenn die Zweidimensionalität des Papiers nicht ausreicht, wie etwa bei den Präpositionen.

Das Fazit lautet: Nicht alle unbekannten Wörter kann und sollte man visuell erklären, aber dort, wo es das Semantisieren ohne übermäßigen Aufwand ermöglicht, sollte man es tun.

Die vielfältigen Möglichkeiten von Gestik und Mimik müssen besprochen und ausprobiert werden, vor allem die Unterschiede zwischen den einzelnen Kulturen.

2.2.2 Sprachliche Erklärungsverfahren

Bei den folgenden Möglichkeiten der Bedeutungserklärung werden Sie einiges wiederfinden, was Sie schon aus Kapitel 1.4 und Kapitel 2.1.5 kennen. Wir greifen darauf zurück, um in diesem Kapitel die verschiedenen Möglichkeiten der sprachlichen Worterklärung in Form eines Überblicks zusammenzustellen. Dabei unterscheiden wir zwischen den einsprachigen und zweisprachigen Verfahren.

● **Einsprachige Verfahren**

Bei diesen Verfahren werden Wortbedeutungen in der zu lernenden Fremdsprache vermittelt. Die Schwierigkeit für Lehrer und Schüler besteht darin, dass die Zielsprache gleichzeitig Gegenstand und Mittel der Erklärung ist. Um das Verstehen zu erleichtern, wird deshalb oft auf nicht sprachliche Erklärungen zurückgegriffen und auch auf zweisprachige Verfahren. Was für die einsprachigen Erklärtechniken spricht, ist neben ihrer Vielfalt vor allem die Tatsache, dass sie die fremdsprachliche Kompetenz fordern und zugleich fördern.

Erklärungen durch den Kontext

Bei diesem Verfahren soll das unbekannte Wort aus dem Satz- oder Textzusammenhang erschlossen werden. Das ist ein sehr nahe liegendes natürliches Verfahren, das wir auch beim Lesen und Hören in der Muttersprache anwenden, wenn auch eher unbewusst.

Die Praxis zeigt jedoch, dass im Fremdsprachenunterricht andere Verfahren bevorzugt werden, z. B. das Nachschlagen von Bedeutungen im Wörterbuch. Die Begründung dafür lautet, dies führe zu einer sicheren und eindeutigen Lösung. Außerdem ist zu beobachten, dass die Lernenden zum kontextuellen Erschließen noch zu wenig angehalten werden und es auch zu wenig systematisch trainiert wird.

Voraussetzung für die Erklärung aus dem Kontext ist, dass die zu erklärenden Äußerungen in ausreichend erklärende und bekannte Bestimmungen eingebettet sind. Diese Bestimmungen können sprachlich (ausreichende Anzahl von bekannten Wörtern) oder außersprachlich sein.

Aufgabe 58

Welches außersprachliche Wissen ist notwendig, um die unterstrichenen Wörter zu verstehen?

1. *Wasser gefriert bei 0 °C.*

2. *Den Schiefen Turm von Pisa besichtigen jährlich Tausende von Touristen.*

3. *Dieses Fahrrad hat mehrere Gänge. Den ersten nimmt man für die Berge. Zum schnellen Fahren auf ebenen Straßen schaltet man auf den vierten und fünften.*

Aufgabe 59

Beispiel 46

Welche Wörter erklären das neue Wort „Zirkel"?

Peter will jetzt Hausaufgaben machen. Er soll eine Gerade und einen Kreis zeichnen. Dazu braucht er einen Bleistift, ein Lineal und einen Zirkel. Die Gerade zeichnet er mit dem Lineal. Den Kreis zeichnet er mit dem Zirkel.

Röhr (1993), 50

Schon mehrfach haben wir darauf verwiesen, dass nur im Kontext die Bedeutung eines Wortes eindeutig erschlossen werden kann. Dafür ist das Wissen hilfreich, dass Kontexte Wortbedeutungen auch durch die Elemente, die nebeneinander stehen (= syntagmatische Beziehungen*), sinnvoll einordnen können. Mit der Zahl der erklärenden Bestimmungen steigt auch die Eindeutigkeit des zu erklärenden Wortes. Das lässt sich besonders gut an Nonsenswörtern – erfundenen, nicht existenten Wörtern – ,wie z. B. *kraunen* demonstrieren:

Er kraunte.
Er kraunte das Buch.
Er kraunte das Buch zurück.
Er kraunte das Buch zurück in das Regal.

Der Kontext macht „kraunen" zu *stellen*.

Reflexion

Ein besonderer Vorteil dieses Verfahrens ist, dass es das selbstständige Erschließen von Wortbedeutungen und damit die Verstehensleistungen insgesamt fördert.

Neben der Erschließung von Wortbedeutungen durch syntagmatische Beziehungen können paradigmatische Beziehungen genutzt werden – sprachliche Einheiten, die vertikal ersetzt werden können:

Der Hund	läuft.	Sie isst	gern.
Der Mensch	läuft.	Sie isst	oft.

Diese Beziehungen ermöglichen unterschiedlichste Bedeutungserklärungen, auf die wir im Folgenden eingehen.

Bedeutungserklärungen, die paradigmatische Beziehungen nutzen

➤ Synonyme

Sie kennen dieses Verfahren und wenden es vermutlich auch oft an: Das neue Wort wird durch ein bedeutungsgleiches oder -ähnliches Wort erklärt. Das ist natürlich nur hilfreich, wenn die Synonyme den Lernenden bekannt sind:

einwandfrei – fehlerlos
Bücherei – Bibliothek

Aufgabe 60

> *Welches der Synonyme zu „klug" passt in die jeweiligen Kontexte?*
>
> *1. Ein Fuchs ist ...*
>
> *2. Man sagt, wenn man alt wird, wird man ...*
>
> *3. Das ist ein sehr ... Buch.*
>
> *4. Deine Entscheidung war ...*
>
> *5. Es gibt Verfahren, mit denen man testen kann, wie ... ein Mensch ist.*
>
> *intelligent – vernünftig – weise – schlau – geistreich*

➤ **Antonyme**

Die Bedeutung des unbekannten Wortes wird mithilfe des bekannten Gegenwortes erschlossen:

> *Tag – Nacht; hell – dunkel, lachen – weinen*

Ähnlich wie bei den Synonymen kann Eindeutigkeit häufig erst im Kontext hergestellt werden.

Aufgabe 61

> *Wie lauten die Antonyme zu dem Adjektiv „hoch" in den folgenden Sätzen?*
>
> *1. Das Loch ist _____ .*   *2. Der Atem ist _____ .*
>
> *3. Die Absätze sind _____ .*   *4. Sein Einkommen ist _____ .*

Reflexion

Der Nachteil der Bedeutungserschließung durch Synonyme oder Antonyme besteht darin, dass die Wortpaare häufig nicht wirklich synonym oder antonym sind, weil sie im Bedeutungsumfang und im Gebrauch differieren. So kann man zwar sagen *Sie probierte eine Hose*, aber nicht *Sie machte mit der Hose eine Probe.*

➤ **Wortbildungskenntnisse**

Hinweis

Bei der Wortbildung soll von bekannten Wörtern auf die Bedeutung unbekannter Wörter geschlossen werden (siehe auch Kapitel 2.1.5). Ist in dem Satz *Er verdankte seinen Eltern viel* das Wort *verdanken* unbekannt, so kann über das (bekannte) Wort *danken* zumindest die Grundbedeutung abgeleitet werden. Im Idealfall haben die Lernenden bereits ein Wissen über das Wortbildungsmittel, in unserem Beispiel die Vorsilbe *ver-*.

Aufgabe 62

> *Wie können Sie die Bedeutung der unterstrichenen Adjektive erklären?*

Beispiel 47

> **a** Du musst mehr Obst essen! Obst ist sehr <u>vitaminreich</u>.
> **b** Keine Angst, davon wirst du nicht dick. Karotten sind <u>kalorienarm</u>.
> **c** Du brauchst kein Geld. Der Eintritt ins Konzert ist <u>kostenlos</u>.
> **d** Das ist ein <u>sinnvolles</u> Projekt. Der Direktor findet es auch gut.
> **e** Es war toll! Wir hatten ein <u>stressfreies</u> Wochenende.
> **f** Vorsicht, das Wasser ist nicht <u>trinkbar</u>!
> **g** Ich habe mir einen <u>tragbaren</u> Computer für unterwegs gekauft.
> **h** Er hat kein Glück. Er ist im Moment <u>arbeitslos</u>.

nach: Funk u. a. (1997), 60

Es ist wichtig, bei den Schülern systematisch ein Wissen über Wortbildungsmittel aufzubauen, d. h., beim ersten Auftauchen darauf hinzuweisen, dass es sich um ein Wortbildungsmittel handelt – bei unserem Beispiel *verdanken* also auf die Vorsilbe *ver-*, die ja bei vielen anderen Verben vorkommt.

Dem selbstständigen Erschließen von Komposita steht die Schwierigkeit entgegen, dass Bestimmungswort und Grundwort unterschiedliche Beziehungen zueinander eingehen können:

> *Ledertasche* (eine Tasche aus Leder): Es geht um das Material.
>
> *Schultasche* (eine Tasche für die Schule): Es geht um den Zweck.
>
> *Manteltasche* (eine Tasche in einem Mantel): Es geht um den „Ort".

Wenn Wörter, die zu einer Wortfamilie gehören, verstanden werden sollen, z. B. *backen – Gebäck/Bäcker/Backpulver/Salzgebäck/aufbacken*, können ähnliche Probleme wie bei den Zusammensetzungen mit *Tasche* auftreten. Daraus sind zwei Konsequenzen zu ziehen:

1. Sie sollten immer überlegen, welche Wörter von Ihren Schülern sinnvoll selbst erschlossen werden können und welche besser erklärt werden sollten.

2. Sie sollten immer auf den Kontext verweisen, in den das Wort eingebettet ist.

➤ Reihen

Hier werden Wörter in eine sinnvolle Abfolge gebracht, um das Verstehen und Behalten des Einzelwortes zu erleichtern. Die Kriterien für solche Reihen sind unterschiedlich.

> *Welche Kriterien liegen den folgenden Reihen zugrunde?*
>
> *1. Januar – Februar – März – April – …*
>
> *2. zehn – zwanzig – dreißig – …*
>
> *3. Wind – Böe – Sturm – Orkan*
>
> *4. laufen – traben – rennen – sprinten*
>
> *5. still – leise – laut – ohrenbetäubend*

Bedeutungserklärungen, die verstärkt logisch-begriffliche Beziehungen nutzen

➤ Hierarchisierungen

Hierarchien sind gedankliche Konstruktionen, d. h., sie existieren nicht in der Realität, sondern nur in unserem Kopf. Sie werden bestimmt und geprägt von unserem Wissen und unseren Erfahrungen, die wiederum über Wörter in einer ganz bestimmten Weise in unserem Gedächtnis strukturiert, geordnet und gespeichert sind, beispielsweise nach Ober- und Unterbegriffen. Hier wird die Tatsache genutzt, dass Inhaltswörter immer in sinnvollen Zusammenhängen stehen. Das Bewusstmachen dieser Vernetzung ist eine Form der Bedeutungserschließung im Unterricht (siehe Kapitel 3.1).

Möglichkeiten der Vernetzung sind:

– Zuordnen von Wörtern zu einem bekannten Oberbegriff (*Orangen und Äpfel* sind Obst)

– Erklärung eines Oberbegriffs aus bekannten Unterbegriffen (Tische und Stühle sind *Möbel*)

– Erklärung von Wörtern durch Nebenordnung (Januar – Februar – *Dezember*)

– Ein Merkmal des Begriffs wird in Betracht gezogen, z. B. die Beförderungszeit bei *Normalbrief – Eilbrief – Telegramm*.

> *Nach welchen der oben genannten Kriterien wird in den folgenden Beispielen die Hierarchisierung vorgenommen? Notieren Sie bitte.*

1. Sommer – _Herbst_ – Frühling – Winter	
2. Kiefer – Birke – Fichte – _Bäume_	
3. Post: Bahnpost – Schiffspost – Luftpost	
4. Vögel – Sperling – _Star_ – Adler	

➤ Analogieschlüsse

Diese Verfahren helfen Wortbedeutungen zu erklären, indem sie von den Lernenden verlangen, von vorgegebenen bekannten Beziehungen auf gleiche oder ähnliche zu schließen. Beispiel:

In dem Satz _Der Schriftsteller schreibt einen Roman_ soll das Wort _Roman_ erklärt werden. Unter der Voraussetzung, dass Begriffe wie _Journalist_ und _Reportage_ bekannt sind, sind folgende Erklärungsschritte möglich:

>Der Journalist schreibt eine Reportage.
>Der Schriftsteller schreibt einen Roman.

>Der Analogieschluss lautet:
>_Journalist_ verhält sich zu _Reportage_ wie _Schriftsteller_ zu _Roman_.
>**Also**: Der _Roman_ ist für einen Schriftsteller das, was die Reportage für einen Journalisten ist.

Analogieschlüsse sind auf unterschiedliche Beziehungen und Zusammenhänge anwendbar.

Aufgabe 65

Welche Beziehungen/Zusammenhänge liegen den folgenden Analogien zugrunde? Die Erklärung soll für die unterstrichenen Wörter gegeben werden.

Die Formel „Baum : Ast = Auto : Rad" ist so zu verstehen:
Rad verhält sich zu Auto wie Baum zu Ast, also wie ein Teil zum Ganzen.

1. Baum : Ast = Auto : _Rad_	Teil – Ganzes
2. Bäcker : Brot = Fleischer : _Wurst_	
3. Stoff : Schere = Brett : _Säge_	
4. viele Autos : Stau = viel Regen : _Überschwemmung_	
5. Herbst : Winter = Abend : _Nacht_	
6. Stift : zeichnen = Pinsel : _streichen_	
7. Zucker : süß = Pfeffer : _scharf_	

Die in Aufgabe 65 formelhaft angegebenen Analogieschlüsse sollten im Unterricht verbalisiert werden, um die unbekannten Wörter in möglichst typische Kontexte einzubetten, z. B.:

>Beispiel 4: _Zu viele Autos verursachen einen Stau, zu viel Regen …_
>Beispiel 5: _Der Winter folgt/kommt nach dem Herbst, die Nacht …_
>Beispiel 6: _Einen Stift benutzt man zum Zeichnen, einen Pinsel …_

Auch hier gilt, wie bei den anderen Erklärungsmöglichkeiten, dass die Kriterien für Analogiebildungen eindeutig und bekannt sein müssen, bevor geübt und kontrolliert wird.

Reflexion

➤ Gleichungen

Die Bedeutungserklärung durch eine sprachliche Gleichung ist die einfachste Form einer logischen Beziehung:

> *ein Dutzend* = 12 Stück
> *Neujahrstag* = der 1. Januar
> *zwölf* = 12

Umschreibende Bedeutungserklärungen

➤ Definitionen

Ihrem Wesen nach ist die Definition eine logische Gleichung: Die Bedeutung eines Wortes wird mithilfe von unterscheidenden Merkmalen bestimmt.

Beispiel 48

Windkraftwerk: eine Anlage, die die Bewegungsenergie des Windes nutzt. Die Flächen (Flügel, Schaufeln …) des Windrads sind so geformt, daß sie von der durchströmenden Luft in Drehung versetzt werden. Windkraftwerke dienen unter anderem zur Wasserversorgung, zum Antrieb von Mühlen, zur Erzeugung elektrischer Energie.

Windmühle *w*, eine Mühle, die die Windkraft als Antrieb für ein Mahlwerk (Getreidemühle) ausnutzt. Die W. besitzt ein Flügelrad, das sich meist selbständig schräg zur Windrichtung einstellt. Die Wirkungsweise ist umgekehrt wie die eines Propellers.

Häussermann (1992), 26

Reflexion

Wie die Unterrichtspraxis zeigt, haben die Schüler oft Schwierigkeiten, Definitionen zu verstehen, weil ihnen die erklärenden Merkmale, die als bekannt vorausgesetzt werden müssen, unbekannt sind. Damit sind die Lernenden überfordert. Die Definition ist das schwierigste Erklärungsverfahren. Seine Verwendung muss vom Lehrer gründlich bedacht werden. Im fachsprachlichen Unterricht ist es jedoch ein Verfahren, auf das nicht verzichtet werden kann.

➤ Beispielsätze

Dieses Verfahren, Wörter über Beispielsätze zu erklären, ist Ihnen sicherlich gut bekannt:

> *Großstadt*: London und Kairo sind Großstädte.
> *Ungarisch*: In Ungarn spricht man Ungarisch.
> *Seife*: Wir waschen uns mit Wasser und Seife.

➤ Paraphrasen

Durch erweiternde und verdeutlichende Umschreibung wird die Bedeutung eines Wortes erklärt. Vom Begrifflichen her sollte man hier von Paraphrasen im engeren Sinne sprechen, denn auch die anderen Verfahren umschreiben und sagen etwas mit anderen Worten:

> *bunt*: etwas hat mehrere Farben
> *Paar*: zwei Dinge, die zusammengehören
> *rasen*: sehr schnell fahren

Die Verbindung von Paraphrasierung mit Synonymen in einer kontextuellen Übung zeigt das folgende Beispiel: Zuerst wird eine mögliche Paraphrase für drei Adjektive angegeben, dann soll zugeordnet werden, welches Adjektiv in welcher Äußerung verwendet werden kann.

Beispiel 49

Welches Adjektiv paßt?

1. *es dauert nicht lange*
   das Gespräch war ~; ihr Leben war sehr ~; ein ~-er Regen

   ☐ kurz   ☐ spät   ☐ plötzlich

2. *zum richtigen Zeitpunkt*
sie ist ~ gekommen; der Zug war ~; der Zug war ~ um 18.21 Uhr in Frankfurt

☐ ständig   ☐ regelmäßig   ☐ pünktlich

3. *darauffolgend*
~-e Woche; ~-en Sonntag; ~ das ~-e Mal; im ~-en Jahr

☐ früh   ☐ nächst-   ☐ neu

nach: Müller/Bock (1991), 246

Zusammenfassung

➤ Die einsprachigen Bedeutungserklärungen erhöhen den Anteil der direkten Kommunikation im Unterricht, fördern die fremdsprachliche Aktivität und sind nützliche Strategien im Umgang mit der Zielsprache. Darin liegt ihr Vorteil.

➤ Sie haben jedoch auch einen Nachteil: Zielsprachige Verfahren sind nicht in jedem Fall zuverlässig, vor allem dann nicht, wenn unbekannte Wörter mit ebenso unbekannten Wörtern erklärt werden. Wenn dann der Lehrer seine Formulierungen dem (niedrigeren) Sprachniveau seiner Schüler anzupassen sucht, kommt es – bewusst oder unbewusst – zu Vereinfachungen und damit zu ungenauen Bedeutungserklärungen. Schließlich, und das wird diesen Verfahren häufig entgegengehalten, sind sie manchmal umständlich und unökonomisch.

Die Meinungen über die Verwendung dieser Verfahren waren nicht immer einheitlich, häufig sogar konträr. Das hatte seine Ursache in unterschiedlichen Auffassungen zu Methoden des Fremdsprachenunterrichts überhaupt. Zu Beginn der 1970er-Jahre erfolgte ein Wandel von der strikten Einsprachigkeit zur „aufgeklärten Einsprachigkeit": Einsprachige Erklärtechniken werden von zweisprachigen (Fremdsprache und Muttersprache) begleitet, ergänzt und sogar ersetzt. Denn zum einen können die Lernenden ihre Muttersprache kaum ausschalten, zum anderen können sie sie bewusst als Lernhilfe einsetzen.

● Zweisprachige Verfahren

Zweisprachige Verfahren gehen sprachkontrastiv vor: Sie nutzen die muttersprachliche Kompetenz der Lernenden zur Erklärung fremdsprachlicher Bedeutungen. Dabei dominieren folgende Verfahren:

Übersetzung

Voraussetzung für dieses häufig angewandte Verfahren ist, dass die Bedeutung eines Wortes in der Ausgangs- und in der Zielsprache identisch ist, sodass es in der Muttersprache und in der Fremdsprache gleich gebraucht werden kann, z. B:

Geduld:

paciencia (span.) – *pazienza* (ital.) – *trpelivost* (tschech.) – *patience* (engl.) – *patience* (franz.)

Wortähnlichkeiten zwischen Mutter- und Fremdsprache

Akustische und/oder grafische Ähnlichkeiten zwischen der Mutter- und der Zielsprache signalisieren auch ähnliche oder sogar gleiche Bedeutung, wie die folgenden Beispiele für Englisch und Deutsch zeigen:

akustisch		grafisch	
deutsch	englisch	deutsch	englisch
Schuh	*shoe*	*Theater*	*theatre*
Bier	*beer*	*Katastrophe*	*catastrophe*
sauer	*sour*	*Natur*	*nature*

Wie wir wissen, besteht bei Wortähnlichkeiten zwischen zwei Sprachen die Gefahr, dass auch eine ähnliche Bedeutung zwischen ihnen angenommen wird. Das sind die bekannten „falschen Freunde".

Wortähnlichkeiten zwischen erster und zweiter Fremdsprache

Wortschatzkenntnisse aus einer ersten Fremdsprache dienen in bestimmten Fällen der Bedeutungserhellung in der zweiten (zu lernenden) Fremdsprache:

Das deutsche Wort *Buch* soll erklärt werden. Wenn die französischen Schüler bereits Englisch können und das englische Wort *book* kennen, so kann das deutsche Wort *Buch* über das englische Wort *book* erklärt werden.

Muttersprache: Französisch	**1. Fremdsprache:** Englisch	**2. Fremdsprache:** Deutsch
livre	*book*	*Buch*
poisson	*fish*	*Fisch*
pomme	*apple*	*Apfel*

Internationalismen

Aufgrund ihrer akustischen bzw. grafischen Ähnlichkeit und ihrer semantischen Übereinstimmung in mehreren Sprachen sind es oft leicht zu lernende Wörter:

> *Musik, Minute, Polizei* usw.

Zusammenfassung

Zusammenfassung

➤ Zweisprachige Erklärungsverfahren, insbesondere das Übersetzen, sind unter der Bedingung, dass Wörter in der Mutter- und Fremdsprache bedeutungsgleich sind, zuverlässig, exakt und zeitsparend. Die Muttersprache spielt dabei als Bezugssystem eine dominierende Rolle. Das Übersetzen sollte vor allem dann vorrangig verwendet werden, wenn der vorhandene Sprachstand für einsprachige Erklärungen nicht ausreicht und andere Erklärungsmöglichkeiten nicht eindeutig, zu umständlich sind oder fehlen.

➤ Es gibt bei den genannten zweisprachigen Möglichkeiten auch Einschränkungen: Exaktheit und damit Zuverlässigkeit nehmen in dem Maße ab, wie zwischen Ausgangs- und Zielkultur die Unterschiede zunehmen, eben weil sich kulturelle Besonderheiten auch in Wortbedeutungen niederschlagen. Hier müssen dann die bereits mehrfach erwähnten kulturbezogenen Bedeutungserklärungen hinzukommen: Es muss klar werden, dass ein Wort – z. B. *Geduld* – zwar „richtig" übersetzt werden kann – z. B. aus dem Spanischen *paciencia* –, aber dass die Vorstellung, was *Geduld* oder *paciencia* ist und wie das Wort gebraucht wird, sehr wohl unterschiedlich sein kann. Beobachtet man Eltern mit ihren Kindern, so würde ein Deutscher über spanische Eltern wohl eher sagen *Die haben aber viel Geduld* als die Spanier selber.

In der vorangegangenen Darstellung sind bestimmte Erklärungshilfen nicht berücksichtigt. Es sind solche, die fremde Wörter verstehen helfen, indem sie auf die jeweilige Klassensituation (Vorwissen, Interessen usw.) Bezug nehmen.

2.2.3 Didaktische Konsequenzen

Für Lehrerinnen und Lehrer stellt sich die Frage, welchem Verfahren sie den Vorzug geben sollen, welches besonders wirkungsvoll und zuverlässig ist. Die Antwort lautet: alle und keines. Das mag unbefriedigend sein, aber weil sowohl die Wortformen und Wortarten als auch die Individualität der Lernenden sehr vielfältig und unterschiedlich sind, müssen auch die Bedeutungserklärungen sehr differenziert eingesetzt werden.

Aufgabe 66

> *Die Bedeutung der unterstrichenen Wörter soll erklärt werden:*
>
> „*Als Junge wollte ich Lokomotivführer werden, später sogar Pilot.*"
>
> *Von welchen Faktoren hängt es maßgeblich ab, welche Erklärungsverfahren im Unterricht benutzt werden?*

Kreuzen Sie bitte an und ergänzen Sie, wenn Ihnen der Katalog nicht ausreichend erscheint.

Die Erklärungsverfahren hängen von folgenden Faktoren ab:

- ☐ *vom Alter der Lernenden*
- ☐ *vom Thema*
- ☐ *vom Sprachniveau der leistungsschwächeren Schüler*
- ☐ *von den Interessen der Lernenden*
- ☐ *vom Lehrbuch*
- ☐ *von der zur Verfügung stehenden Zeit*
- ☐ *von der Ausgangssprache/Muttersprache*
- ☐ *vom Lernziel (Verstehen oder Verwenden)*
- ☐ *von der Anzahl der neuen Wörter*
- ☐ *vom Sprachniveau der leistungsstarken Schüler*
- ☐ *von den nachfolgenden Übungen*
- ☐ *vom Wort selbst*
- ☐ *vom Allgemeinwissen*

Reflexion

Die Komplexität der Faktoren schließt ein allgemeingültiges Erklärungsverfahren aus. Andererseits kann das gleiche Verfahren für viele Wörter verwendet werden, weil bestimmte Denkprozesse bei allen Menschen gleich verlaufen und auch zu gleichen Ergebnissen führen. Die Erklärungsverfahren selbst sind unterschiedlich aufwendig, sie reichen von mehr elementaren bis zu sehr komplexen.

Aufgabe 67

> *Welches sind für Sie „leichte", welches „schwere" Erklärtechniken? Warum?*

Es gehört inzwischen zum sprachdidaktischen Grundwissen, dass wir Wörter besser lernen, wenn sie über mehrere Kanäle wahrgenommen werden. Neue Wörter sollten deshalb vom Lehrer nicht nur vorgesprochen und schriftlich präsentiert werden, sondern auch dann, wenn es sich anbietet, durch andere Formen erklärt werden, z. B. durch Zeigen auf einen Gegenstand, durch Geräuschnachahmung, durch Gestik und Mimik. Der Lerneffekt wird verstärkt, wenn die einzelnen Wahrnehmungen noch kombiniert werden. Daraus leitet sich ab, dass es mitunter sinnvoll ist, mehrere Erklärungsverfahren zu benutzen, um ein bestimmtes Wort eindeutig zu machen.

Bei der Mehrheit der Wörter ist ein logisch-diskursives* Vorgehen empfehlenswert. Hier wird die Tatsache genutzt, dass die Lernenden über ein Wissensnetz verfügen, das die Integration neuer Wörter erleichtert. Eine unterrichtspraktische Möglichkeit ist es, das neue Wort „einzukreisen", d. h., es werden so viele Erläuterungen gegeben, bis die gesuchte Bedeutung erkennbar ist. Solche Erklärungshinweise können sich beziehen auf:

– Merkmale/Eigenschaften	→ *A ist …*
– das Material	→ *A besteht aus …*
– den Zweck	→ *A braucht man zu/für/um …*
– die Zugehörigkeit	→ *A gehört zu …*
– die Zusammengehörigkeit	→ *A gehört zu B (Paare)*
– das Vorkommen	→ *A findet man …/A gibt es …*
– den Vergleich	→ *A ist so wie …*
– das Gegenteil	→ *A ist das Gegenteil von …*
– die Gleichheit	→ *A bedeutet das Gleiche wie …*
– Tätigkeiten	→ *Mit A kann man …*

Diese Aufzählung ist keine Chronologie. Die Wahl des Erkläransatzes und die Zahl der notwendigen Erklärungen hängen vom jeweiligen Wort und von den Voraussetzungen der Lernenden ab.

Bestimmen Sie, welche Erklärtechnik den einzelnen Beispielen zuzuordnen ist. Das zu Erklärende ist unterstrichen.

- *gelandet – gestartet* → _____

- *Räder, Sattel, Pedalen, Lenker – Fahrrad* → _____

- *Eine Schrift, die man gut lesen kann, ist leserlich.* → _____

- *Treppen haben Stufen.* → _____

- *Der Kreis ist rund.* → _____

- *Schuhe sind aus Leder.* → _____

- *die Tante – der Onkel* → _____

- *Ich male mit dem Pinsel.* → _____

Reflexion

Alle oben angeführten Erklärungsverfahren sind für die Erschließung von Inhaltswörtern geeignet. Die Funktions- und Strukturwörter (Artikel, Präpositionen, Konjunktionen/Subjunktionen, Partikeln, Adverbien) werden im Zusammenhang mit der Arbeit an grammatischen Stoffen erschlossen und geübt.

Aufgabe 69

Wie erklären Sie Ihren Schülern die modifizierende Bedeutung oder die Funktion der unterstrichenen Wörter? Wählen Sie einige Wörter aus und demonstrieren Sie, wie Sie vorgehen würden.

1. *Erst überlegen, dann antworten. – Wenn er doch erst hier wäre!*

2. *Was ist bloß mit dir los? – Er wurde nur auf bloßen Verdacht hin verhaftet.*

3. *Sie wohnt noch in Berlin. – Noch eine Cola, bitte. – Ich habe nur noch 5 Euro.*

4. *Die Sache ist eigentlich anders. – Was wollen Sie eigentlich hier?*

5. *Ich war krank, deshalb konnte ich nicht kommen.*

6. *Haben Sie schon gehört, dass er nach Berlin umzieht?*

7. *Nachdem der Regen aufgehört hatte, verließen sie das Zelt.*

Die Unterrichtspraxis zeigt, dass in den meisten Fällen der Lehrer die Erklärungsverfahren auswählt, die Erschließung steuert und den Lernerfolg kontrolliert. Es ist im Sinne der Entwicklung autonomen Lernens, wenn die Schüler zunehmend selbstständig Bedeutungen erschließen. Dazu müssen sie die Verfahren kennen und wissen, was diese leisten und wo deren Grenzen sind, und sie müssen auch Fertigkeiten im Umgang mit bestimmten Hilfsmitteln (Wörterbüchern, Lexika) entwickeln.

Das beste Übungsfeld dafür ist der Text, der beste Weg dorthin die Einbindung der Erschließungstechniken in die Entwicklung von Verstehensstrategien. In dem Maße, wie die Sprachbeherrschung steigt, sollte auch die Selbstständigkeit der Lernenden zunehmen.

Aufgabe 70

Für Anfänger und Fortgeschrittene gelten zum Teil unterschiedliche Gesichtspunkte bei der Bedeutungsvermittlung.

Ordnen Sie bitte die angegebenen Kriterien Anfängern (A) und Fortgeschrittenen (F) zu.

Beachten Sie, dass manche Kriterien für beide Stufen zutreffen.

☐☐ *Es wird vorwiegend auf der syntagmatischen Ebene gearbeitet.*

☐☐ *Unbekannte Wörter werden von den Lernenden selbstständig erklärt.*

☐☐ *Die kognitive Durchdringung hat eine große Bedeutung.*

☐☐ *Es wird mit vielen Synonymen gearbeitet.*

☐☐ *Die neuen Wörter werden laut gelesen.*

☐☐ *Neue Wörter werden im Unterricht erklärt.*

☐☐ *Es dominieren verbale Formen der Erklärung.*

☐☐ *Visualisierungen spielen eine große Rolle.*

Aufgabe 71

Mit welchen Verfahren würden Sie die im Text unterstrichenen lexikalischen Einheiten <u>bevorzugt</u> erklären (erklären lassen)?

Gehen Sie von den Bedingungen Ihrer Lernergruppe oder Klasse aus.

Beispiel 50

Der <u>Rattenfänger</u> von Hameln
Nach Jakob und Wilhelm Grimm

Im Jahre 1284 kam ein <u>seltsam</u> aussehender Mann nach Hameln. Er hatte bunte Kleider an und sagte: „Ich bin Rattenfänger; für 1000 <u>Taler</u> werde ich die Stadt von allen Mäusen und Ratten befreien."

Die Bürger der Stadt versprachen ihm den Lohn, den er verlangte, und der Rattenfänger zog ein <u>Pfeifchen</u> heraus und fing an zu pfeifen. Da kamen gleich die Ratten und Mäuse aus allen Häusern heraus und sammelten sich um ihn.

Er ging pfeifend aus der Stadt hinaus und in den Fluß Weser hinein. Die große <u>Schar</u> von Tieren folgte ihm ins Wasser und ertrank.

Aber als die Ratten und Mäuse <u>verschwunden</u> waren, wollten die Bürger dem Rattenfänger seinen Lohn nicht bezahlen. Ohne ein Wort ging er davon.

Am 26. Juni kam er jedoch, mit einer roten Mütze als Jäger verkleidet, nach Hameln zurück. <u>Während</u> alle Erwachsenen in der Kirche waren, ließ er seine Pfeife wieder durch die Stadt <u>ertönen</u>.

Diesmal kamen nicht die Ratten und Mäuse, sondern die Kinder, Jungen und Mädchen, in großer Zahl angelaufen. Diese führte er, immer spielend, zum Osttor der Stadt hinaus zu einem Berg, wo er mit ihnen verschwand. Nur zwei Kinder kamen zurück, weil sie zurückgeblieben waren: Das eine war blind, so daß es den Platz nicht zeigen konnte; das andere war <u>stumm</u>, so daß es nichts erzählen konnte. Und ein kleiner Junge war dem Unglück ganz <u>entgangen</u>, weil er zurückgelaufen war, um seinen Mantel zu holen.

<u>Man</u> sagt, der Rattenfänger hat die Kinder in eine Höhle geführt und ist mit ihnen bis nach <u>Siebenbürgen</u> in Rumänien gewandert. 130 Kinder waren verloren.

van Eunen u. a. (1989), 33

2.3 Verständniskontrolle

Die Bedeutungserklärung ist die erste Phase der Arbeit mit dem neuen Wortschatz. Sie ist eine wesentliche Voraussetzung für das Wiedererkennen, Behalten und Anwenden des Gelernten. Deshalb ist es notwendig, dass nach der Worterklärung überprüft wird, ob die Lernenden den Inhalt der neuen Wörter verstanden haben. Die Verständniskontrolle ist also eine didaktische Funktion, die der Bedeutungsvermittlung **folgt** und dem Üben und Anwenden **vorausgeht**. Sie sollte in keinem Fall übersprungen werden, weil falsch oder unvollständig verstandene Wörter den weiteren Lernweg erschweren und den Lernerfolg verhindern.

Die Verständniskontrolle ist die Umkehrung der Bedeutungserklärung: Die Lernenden weisen nach, dass sie den Inhalt bisher unbekannter Wörter verstanden haben. Der Unterschied liegt also lediglich in der „anderen Richtung". Das heißt, dem Lehrer stehen analog zu den Verfahren der Bedeutungsvermittlung ebenso vielfältige Kontrollverfahren zur Verfügung: nicht sprachliche, einsprachige und zweisprachige, die die folgende Tabelle zeigt.

Übersicht über Kontrollverfahren		
nonverbale	**einsprachige**	**zweisprachige**
Gegenstände zeigen (lassen) Visualisierungen Mimik/Gestik Geräusche nachahmen (lassen)	kontextualisieren Synonyme erfragen Antonyme erfragen Wortfelder erstellen ordnen mit Wortbildung arbeiten mit Analogien arbeiten mit Gleichungen arbeiten mit Definitionen arbeiten mit Paraphrasen arbeiten mit Beispielsätzen arbeiten Fragen stellen	Übersetzung Fragen in der Muttersprache stellen

<u>Aufgabe 72</u>

Bestimmen Sie, auf welches Kontrollverfahren sich die folgenden Fragen und Aufgaben jeweils beziehen. Notieren Sie bitte.

Fragen und Aufgaben	*Kontrollverfahren*
1. Was ist eine Dachrinne?	Definition
2. Welches Wort passt nicht in die Reihe? Ohr – Nase – Fuß – Auge	
3. Besitzt du auch ein Fahrrad?	
4. Wie heißt Dreieck auf Dänisch?	
5. Setze das passende Wort ein. Bei Rot darf man die Straße nicht …	
6. Was ist das? (Lehrer zeigt einen Kamm)	
7. Was ist das? Man braucht sie, wenn man schlechte Augen hat.	
8. Wie viele Monate hat ein Jahr?	
9. Was macht man aus Tabak?	
10. Was gibt es alles auf dem Baumarkt?	
11. Was ist gleich oder ähnlich? lautlos Anfang Lüge riesig Beginn Unwahrheit sehr groß leise	

Fragen und Aufgaben	*Kontrollverfahren*
12. *Was mache ich?* *(Lehrer spielt „sich rasieren" vor.)*	

13. *Ergänze das fehlende Wort.*
   Meer und Schiff verhalten sich
   wie _____ und Flugzeug.	

14. *Wie heißt das Gegenteil?*
   gut   ein _____ Mensch
   *   ein _____ Gefühl*
   * ein _____ Tier*	

15. *Wozu braucht man einen Zirkel?*	

Formulieren Sie Fragen oder Aufgaben zur Verständniskontrolle.

Aufgabe 73

Beispiel 51 a

1.

Scherling/Schuckall (1992), 123

Aufgabe: _____

_____

Beispiel 51 b

2.

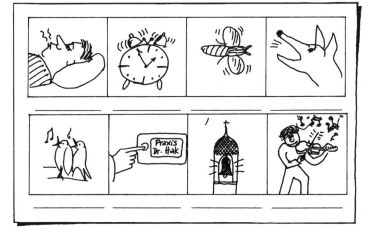

Scherling/Schuckall (1992), 159

Aufgabe: _____

_____

3.

Scherling/Schuckall (1992), 172

Aufgabe: _____

_____

4. | Magenschmerzen haben: – Tee trinken
– Torte essen
– Bier trinken

Aufgabe: _____

_____

5. | 2543 – 2643 – 2743 – ...
1822 – 1622 – 1422 – ...
6113 – 6116 – 6119 – ...

Aufgabe: _____

_____

6. | Öl   Stück
Käse   Körbchen
Butter   Flasche
Erdbeeren   Scheiben

Aufgabe: _____

_____

7. | Vogel – Turm – Haus – Käfig – Nest – Uhr – Tür – Garten – Blume – Wasser

Aufgabe: _____

_____

8. | eine Fahrkarte kaufen – ein Telegramm schicken – eine CD kaufen – Bücher leihen
Musikladen – Post – Bibliothek – Bahnhof

Aufgabe: _____

_____

9.	auf einem Seil balancieren – sehr heißen Tee trinken – Klavier spielen – schwitzen

Aufgabe: _____

_____

Aufgabe 74

Sie wollen überprüfen, ob Ihre Schüler die Bedeutung von „Gewitter" verstanden haben.

Geben Sie bitte fünf mögliche Kontrollverfahren dafür an und bringen Sie Ihre Vorschläge in eine Rangfolge (Nr. 1 ist das Ihrer Meinung nach sicherste und effektivste Verfahren).

1. _____

2. _____

3. _____

4. _____

5. _____

2.4 Zusammenfassung

Zusammenfassung

➤ In Kapitel 2 sollte exemplarisch dargestellt werden, wie der Wortschatz den Lernenden in Lehrwerken begegnet. Bei aller Unterschiedlichkeit im Einzelnen besteht bei den verwendeten Grundstrukturen weitgehende Übereinstimmung: Texte, visuelle Hilfen und Listen/Glossare sind die typischen Präsentationsformen.

➤ Die Verfahren der Bedeutungsvermittlung sind eine wesentliche Voraussetzung für das Verstehen und die weiterführende Arbeit am Wortschatz. Wichtig ist, dass sie unterschiedliche Wege zu ein und demselben Ziel sind. Hier muss der Lehrer/ die Lehrerin entscheiden, welche sich davon unter ihren konkreten Bedingungen besonders eignen. Die Worterklärung sollte so erfolgen, dass die Lernenden zunehmend selbstständig Bedeutungen erschließen können.

➤ Die Verständniskontrolle sichert, dass in den nachfolgenden Übungen und Anwendungen mit Wörtern operiert wird, deren Bedeutung den Schülern bekannt ist.

➤ Viele Präsentations- und Erklärungsformen können auch zum Üben verwendet werden. Das ist das Thema des nächsten Kapitels.

3 Wortschatz lernen und üben

Schüler und Lehrer stimmen darin überein, dass Wörter gelernt und geübt werden müssen, wenn man sich in einer fremden Sprache erfolgreich verständigen will. Nicht so einheitlich sind die Meinungen darüber, wie die neuen Wörter gelernt werden sollen. Das steht im Mittelpunkt dieses Kapitels.

Unter *Lernen* und *Üben* verstehen wir die Unterrichtsphase, die im Allgemeinen dem Präsentieren, Erklären und der ersten Verständniskontrolle folgt. Ihr Ziel ist es, dass sich die Lernenden die neuen lexikalischen Einheiten einprägen, um sie rezeptiv oder produktiv gebrauchen zu können.

3.1 Wörter lernen und behalten

Nur sehr selten sind die neuen Wörter nach der Erklärung im (Langzeit-)Gedächtnis gespeichert, häufig sind sie schon nach kurzer Zeit nicht mehr verfügbar. Das ist bekannt, und die Forderung, sich Wörter und Wortbedeutungen einzuprägen, ist so alt wie der Fremdsprachenunterricht selbst. Das Problem ist, dass wir auch beim besten Willen nicht alles behalten können, was wir behalten wollen oder sollen. Wir müssen – wie auch immer – Wörter lernen.

Aufgabe 75

> *1. Welche Erfahrungen haben Sie – als Lehrer oder als Schüler – beim Wortschatzlernen gesammelt?*
>
> *2. Welche Möglichkeiten und Verfahren können Sie anderen empfehlen?*

Unterrichtsbeobachtungen und Befragungen ergaben, dass die überwiegende Mehrheit der Schüler auch heute noch Wörter nach dem Paar-Assoziations-Verfahren (Abdeckmethode) lernt: Die Wörter werden in ein Vokabelheft geschrieben, d. h. in zwei Spalten aufgeschrieben: in der einen Spalte die muttersprachlichen Wörter, daneben die Übersetzung. Um sich die Wörter einzuprägen, wird je eine Spalte abgedeckt und aus dem Gedächtnis abgerufen. Ein Wort gilt als gelernt, wenn die abgedeckte Entsprechung (links – rechts) wiedergegeben werden kann.

Aufgabe 76

> *1. Analysieren Sie den folgenden Abschnitt aus einem Vokabelheft und stellen Sie die möglichen Vor- und Nachteile dieser Lernform einander gegenüber:*

kommen	–	eljön		wohnen	–	lakik
von dort	–	onnan		Spur	–	nyom
dick	–	vastag		gehen	–	megy
woher	–	honnan		Hund	–	kutya
aufstehen	–	felkel		regnerisch	–	esős
immer	–	egyre		Orchester	–	zenekar

> *2. Vergleichen Sie nun Ihre Überlegungen mit den folgenden Argumenten: Nachteile des Vokabellernens in Form von Listen und Gründe für ihre Verwendung. Kreuzen Sie an, welchen Argumenten Sie zustimmen.*
>
> *Nachteile:*
>
> ☐ *die zufällige Anordnung und Reihenfolge der Wörter*
>
> ☐ *die geringe Anzahl von tatsächlichen Bedeutungsentsprechungen zwischen Ausgangs- und Zielsprache: die Gegenüberstellung suggeriert ein 1:1-Verhältnis*
>
> ☐ *die Isoliertheit der Wörter (ohne Kontext, „Vokabelfriedhof")*
>
> ☐ *das häufige Fehlen syntaktischer Eigenschaften der Wörter*
>
> ☐ *keine Anhaltspunkte, die Wörter wiederzufinden*

☐ *eingeprägter Wortschatz ist mit noch nicht eingeprägtem vermischt*

Gründe für die Verwendung dieser Technik:

☐ *Sie ist eine vertraute Lerntradition: Generationen haben sie benutzt, ohne die obigen Nachteile immer zu empfinden.*

☐ *Sie erfordert keinen besonderen materiellen Aufwand.*

☐ *Sie setzt voraus, dass die Wörter von den Schülern selbst auf- bzw. abgeschrieben werden – was geistige Anforderungen bedingt, die das Behalten unterstützen.*

☐ *Sie bietet den direkten Rückgriff auf die Muttersprache an, damit ist die Bedeutung bekannt.*

☐ *Sie wird vielfach in modifizierter Form verwendet: geänderte Anordnung der Wörter, semantische Felder, ergänzende morphologische und syntaktische Merkmale, Schüler schreiben ihr eigenes Vokabelheft usw.*

Reflexion

Trotz der genannten Nachteile wird diese Technik – wenn auch regional unterschiedlich – noch hartnäckig im Fremdsprachenunterricht praktiziert. Eine Erklärung dafür haben Sie in den Gründen für die Verwendung (Aufgabe 76) gelesen. Dennoch wiegen die Vorteile die Nachteile nicht auf. Aber man wird auf dieses Verfahren vorerst nicht verzichten können, noch weniger kann man es verbieten. Und das deshalb, weil die Wortschatzdidaktik gegenwärtig noch zu wenig Alternativen anbietet (siehe Kapitel 3.2).

Hinweis

Das Paar-Assoziations-Lernen ist allerdings in der Didaktik seit einigen Jahren in Verruf geraten, die Methode gilt als altmodisch und völlig überholt:

„Da ein solches Üben auch lernpsychologisch reiner Unfug ist, sollten Pädagogen ihren Schülern solches Arbeiten erst gar nicht zumuten. Ein weiterer Grund kommt hinzu. Vokabellernen ist auch völlig unnötig, wenn zwei Bedingungen erfüllt sind. Die Einführung erfolgt in einer situativen oder thematischen Einbettung."

Arendt (1992), 79

Aufgabe 77

1. *Stimmen Sie der Meinung von Arendt zu?*
   Wie beurteilen Sie die vorgebrachten Argumente?

2. *Was halten Sie von dem folgenden Beispiel eines „Vokabeltaschenbuchs"?*
   (Die Wörter werden in der Reihenfolge ihres ersten Auftretens in der linken Spalte aufgelistet. Die Kontexte werden in der rechten Spalte aufgeführt. In der Mitte können die Lernenden die Übersetzung eintragen.)

Beispiel 52

erfragen	_____	Namen erfragen
Morgen, der, -	_____	Guten Morgen, ich heiße …
Tag, der, -e	_____	Guten Tag, mein Name ist …
fragen	_____	Fragen Sie sich gegenseitig nach dem Namen.
gegenseitig	_____	
nach	_____	
helfen, geholfen	_____	Der Dialogbaukasten hilft.

Wetz (1996), 6

Wesentliche Hilfen für das Einprägen von Wörtern scheinen Erkenntnisse der Lernbiologie und der Lernpsychologie geben zu können. Bevor wir das etwas näher diskutieren, noch einmal kurz zurück zum Begriff des Lernens.

Intentionales und inzidenzielles Lernen

Unter *Lernen* versteht man normalerweise das bewusste und aktive Bemühen, sich Wissen und Erfahrungen anzueignen. Eine zweite, nicht weniger wichtige Form ist das unbewusste Lernen. Beim bewussten Lernen sprechen wir auch von willkürlichem oder intentionalem Lernen*.

intentional = bewusst

inzidenziell = unbewusst

Das unbewusste Lernen nennt man auch unwillkürliches oder inzidenzielles* Lernen. Es meint die Tatsache, dass wir uns bestimmte (sprachliche) Kenntnisse aneignen, ohne dass wir uns darauf konzentrieren.

Für den Wortschatz heißt das, dass sich die Schüler beim Lesen eines Textes, beim Anschauen eines Videos, in einem Gespräch oder bei anderen (sprachlichen) Aktivitäten Wörter und Wortbedeutungen aneignen, aber auch bestimmte Wortkombinationen wie Präposition + Substantiv (*hinter dem Rücken*), Verb + Präposition (*denken an*), Adjektiv + Substantiv (*ein schwerer Unfall*) usw. und ebenso Wortbildungsmittel (Endungen, Vorsilben, Fugenelemente bei Zusammensetzungen, z. B. *Sonnenschein*, *Lebenslauf*).

Das Wörterlernen ist hier gewissermaßen ein Nebenprodukt anderer sprachlicher Handlungen. Es ist bekannt, dass Schüler, die viel lesen, im Allgemeinen auch gut formulieren können.

Um inzidenziell lernen zu können, sollten die Schüler ausreichend Möglichkeiten haben,

➤ Texte zu rezipieren, vor allem solche, die für sie relevant sind (Lesen ist eine klassische Wortschatzübung),

➤ Hypothesen zu bilden und Vermutungen anzustellen,

➤ über Texte zu sprechen,

➤ Texte abzuschreiben usw.

Dies führt bei einer gewissen Konsequenz dazu, dass sich auch der potenzielle und der produktive Wortschatz erhöhen.

bewusstes und unbewusstes Lernen nutzen

Intentionales und inzidenzielles Lernen ergänzen sich und gehen mitunter ineinander über. Für den Spracherwerb sind beide wichtig – das willkürliche Lernen mehr für den Mitteilungswortschatz, das unwillkürliche mehr für den Verstehenswortschatz. Unser Fremdsprachenunterricht konzentriert sich noch stark auf das bewusste Lernen. Hilfen und Anleitungen, wie Schüler ihr unbewusstes Lernen verbessern können, sind eher die Ausnahme.

Die Praxis zeigt, dass die Wirkung der zurzeit benutzten Einprägetechniken begrenzt ist. Hilfen werden, wie bereits erwähnt, von der Gehirn- und Behaltensforschung erwartet. Bestimmte Erkenntnisse dieser Wissenschaften zum Sprachenlernen werden inzwischen oft zitiert, weitergegeben und wiederholt. Bei allen Erfolg versprechenden Ansätzen darf man aber nicht verkennen, dass wir noch sehr wenig darüber wissen, was beim Lernen in unserem Gehirn passiert. Wir wollen einige dieser Ansätze kurz vorstellen und fragen, welche sprachdidaktischen Konsequenzen sich daraus ergeben.

3.1.1   Gehirngerechtes Lernen

Traditionell wird das Gedächtnis als eine universelle menschliche Fähigkeit verstanden, Informationen zu verarbeiten, zu speichern (und zu vergessen!).

Vom Ultrakurzzeitgedächtnis über das Kurzzeitgedächtnis werden bestimmte Informationen in das Langzeitgedächtnis überführt. Die einzelnen Speicher oder Kammern sind aber nicht streng voneinander zu trennen. Wenn Informationen im Langzeitgedächtnis „angekommen" sind, gelten sie als gespeichert und damit als eingeprägt.

Das folgende Schema macht diese Prozesse deutlich.

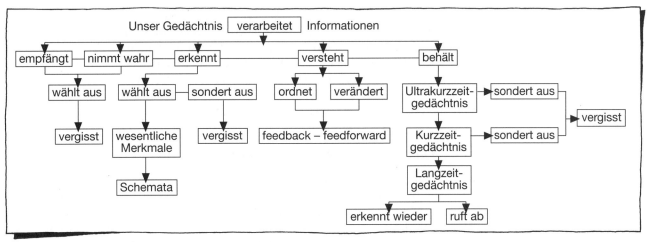

nach: Rohrer (1990), 16

Interessant ist, dass die Speicherung von Wörtern auf zweierlei Art geschehen kann: In dem Schema von Rohrer finden Sie unter dem Langzeitgedächtnis, dass es

➤ Informationen wiedererkennt (= Wiedererkennungsgedächtnis), die Wörter stehen rezeptiv zur Verfügung,

➤ Informationen abrufen kann (=Abrufgedächtnis), die Wörter sind produktiv verfügbar.

Die unterschiedliche Funktion der beiden Speicher ist bei der Präsentation, beim Erklären, vor allem aber beim Üben zu bedenken: Die Lernwege sind zum Teil unterschiedlich. Zu bedenken ist auch, dass das Speichern nach sehr unterschiedlichen Mustern erfolgt und dass das Gedächtnis absolut nichts Statisches ist, d. h., neue und vorhandene Informationen können sich und einander verändern. Deshalb kann es nicht nur eine oder „die" Lern- und Einprägetechnik geben.

Die Erforschung des menschlichen Gehirns ist eine sehr komplizierte Aufgabe. Forschungsergebnisse werden immer wieder revidiert, neue Ergebnisse können zum Zeitpunkt ihrer Veröffentlichung schon veraltet sein.

Lange Zeit ging man von einer Einteilung des Gehirns in eine rechte und eine linke Gehirnhälfte aus, denen man jeweils bestimmte Funktionen zuordnete, z. B. analytische und sprachliche Aktivitäten der linken Gehirnhälfte, Kreativität, Emotionen und Bilder der rechten Gehirnhälfte. Diese Zuordnung bestimmter Aktivitäten zu bestimmten Stellen im Gehirn lässt sich so nicht mehr aufrechterhalten: Man weiß, dass bei allen Aktivitäten immer das ganze Gehirn beteiligt ist. Das betrifft auch die Sprache bzw. den Spracherwerb.

Bitte lesen Sie die folgenden neueren Forschungsergebnisse (vgl. Götze 1995) und markieren Sie die Aussagen, die für Sie wichtig sind:

Aufgabe 78

- *„Sprache ist im Gehirn mehrfach repräsentiert und nicht auf ein bzw. zwei Sprachzentren zu begrenzen." (S. 118)*
- *Das Gehirn scheint „eine große Vielfalt und Breite unterschiedlicher Teilaktivitäten parallel und gleichzeitig zu organisieren, die freilich dann in der sprachdominanten linken Hemisphäre [= Gehirnhälfte] gebündelt werden." (S. 118)*
- *„Verstehen und Sprache werden nicht von einem klar umrissenen Sprachzentrum im Hirn vollbracht, sondern von weit verstreuten Arealen, die zusammengeschaltet werden (und die möglicherweise auch noch bei jedem Individuum anders gelagert sowie je nach Sprache unterschiedlich vernetzt sind)." (S. 119)*
- *„Für die Gedächtnisforschung sind folgende Ergebnisse relevant:*
  - *Wir merken uns leichter bestimmte Merkmale eines Wortes (Farben, Ecken, Oberbegriffe).*
  - *Ganz wesentlich ist das Lernen von Sinneinheiten (engl. chunks). Nicht Einzelinformationen, sondern Sinnzusammenhänge (Phrasen, Syntagmen, idiomatische Wendungen, Zahlenkombinationen) werden im Gedächtnis gespeichert.*
  - *Das Behalten von Formeln und Rahmen (Guten Tag, geben Sie mir bitte X!) ist leichter als jenes von Einzelwörtern.*
  - *Das Dekodieren von Sätzen beginnt beim Verb (Ein Argument für die Verbvalenzgrammatik)."(S. 121)*

nach: Götze (1995), 118ff.

Das menschliche Gehirn wird heute begriffen als ein System von neuronalen Netzen, die sich selbst organisieren, d. h., nicht eine einzige Stelle im Gehirn ist für eine Aktivität zuständig, sondern die Verknüpfung von mehreren Stellen. Spracherwerbsprozesse sind sehr individuell. Eine einzige methodische Vorgehensweise kann nicht sinnvoll sein. Für die Wortschatzarbeit bedeutet das, neuen Wortschatz nicht nur kognitiv zu präsentieren und zu üben, sondern möglichst so, dass die verschiedenen Sinne und die Kreativität der Lernenden angesprochen werden.

3.1.2   Vernetztes Lernen – assoziativ und geordnet

Zwei wesentliche Prozesse bestimmen unser Denken: das *Assoziieren* und das *Sortieren/Ordnen* (vgl. Rohrer 1993, 212ff.). Das bedeutet, dass Informationen in unserem Gedächtnis nicht wahllos angehäuft werden, sondern mit vorhandenen Informationen in Beziehung treten und eingeordnet (sortiert) werden. Das gilt auch für den Wortschatz. Die Psycholinguistik gebraucht dafür das Bild vom Netzwerk.

Assoziieren

Die Wörter in unserem Kopf sind die Knoten, die durch viele Fäden miteinander verknüpft sind. Es gibt nicht nur ein Netz, sondern verschiedene Teilnetze, die ebenfalls miteinander verbunden sind. So sind die Wörter gleichzeitig Elemente verschiedener Teilnetze, z. B. des semantischen, des morphologischen, des syntaktischen, des affektiven und des phonetischen Netzes (Klangnetz*). Je strukturierter und vielfältiger ein Wort vernetzt ist, desto sicherer ist es im Gedächtnis aufbewahrt und desto besser kann es abgerufen werden. Dazu muss das bereits gespeicherte Wissen aktiviert werden. Das geschieht im Unterricht häufig durch Assoziogramme. Die Funktion des Assoziierens ist also nicht vorrangig das Einprägen, sondern das Bewusstmachen von Anknüpfungsmöglichkeiten.

Aufgabe 79

> *Entwickeln Sie ein Assoziogramm zu „Wörter lernen" und vergleichen Sie dann Ihre Ergebnisse, wenn Sie die Möglichkeit dazu haben.*

Sortieren

Das Sortieren ist der andere wichtige Prozess, der unser Denken bestimmt. Der Wortschatz (wie alles Wissen) ist in unserem Kopf strukturiert und geordnet. Neue Wörter lernen heißt zuerst, sie in bereits bestehende Ordnungen einzufügen.

Methodische Möglichkeiten, Wortbedeutungen zu assoziieren und zu ordnen, werden in der Fernstudieneinheit *Wortschatzarbeit und Bedeutungsvermittlung* (Kapitel 1.4) vorgestellt.

Das Sortieren ist dann einfach, wenn die Gesichtspunkte, nach denen geordnet werden soll, vorgegeben werden. Dazu ein Beispiel:

> Die Tätigkeiten *rennen, horchen, halten, hüpfen, schmatzen, hören, pfeifen, lauschen, schreiben, schmecken, springen* und *streicheln* sollen danach geordnet werden, mit welchem Körperteil sie der Mensch ausführt.

Das Ergebnis:

Tätigkeiten			
ausgeführt mit			
Mund	Händen	Ohren	Beinen
pfeifen	*halten*	*horchen*	*rennen*
schmatzen	*streicheln*	*hören*	*hüpfen*
schmecken	*schreiben*	*lauschen*	*springen*

Schwieriger ist es, wenn man die Ordnungsgesichtspunkte selbst festlegen muss, also herauszufinden hat, nach welchen Merkmalen man die Begriffe am besten ordnen kann, zumal wenn es mehrere Möglichkeiten dafür gibt.

Aufgabe 80

Ordnen Sie die folgenden Tierarten in Gruppen ein:

Kuh – Löwe – Meise – Papagei – Hase – Elefant – Amsel – Kondor – Hund – Nashorn – Sperling – Flamingo

Kuh			

Das Ordnen geschieht mit dem Ziel, Bündel zu schnüren. Man bringt Wörter zusammen, die etwas Gemeinsames haben. Dadurch wird die große Menge an zu lernenden Wörtern so organisiert, dass die einzelnen Wörter ohne langes Suchen im Gedächtnis wiedergefunden werden. Deshalb wird das Gedächtnis manchmal auch *mentales Lexikon* * genannt. Es ist natürlich nicht alphabetisch gegliedert, sondern nach Ordnungsgesichtspunkten wie Ähnlichkeit, Gegensätzlichkeit und hierarchischen Beziehungen.

Wie Bündelungen geübt werden können, zeigt das folgende Beispiel anhand von Zahlen und Einzelwörtern.

Beispiel 53

Mach sechs aus sechzehn!

Die Leistungsfähigkeit unseres Kurzzeitgedächtnisses ist sehr begrenzt. Etwa sieben Elemente können wir gleichzeitig behalten, mehr nicht.
Eine Zahlenreihe wie

2808174922031832

überfordert uns ganz klar.
Wenn wir jedoch wissen, daß das Goethes Lebensdaten sind –

*28.08.1749   †22.03.1832

– dann zerfällt diese Zahlenreihe in sechs Einheiten.
Und die machen keine großen Schwierigkeiten mehr.

„Goethe in der Campagna",
Gemälde von Wilhelm Tischbein, 1786/88.

Ü 20 Wie viele Einheiten kann unser Kurzzeitgedächtnis gleichzeitig behalten?

– Machen Sie einen Versuch mit der Zahlenreihe

   2808174922031832.

   Wie viele Zahlen können Sie behalten?

– Können Sie Goethes Lebensdaten auf einmal behalten?

– Machen Sie den gleichen Versuch mit Telefonnummern Ihrer Nachbarn (Vorwahl, Rufnummer).

Ü 21 Wir machen aus kleinen Einheiten größere Einheiten und erweitern so unser Kurzzeitgedächtnis:

Machen Sie einen Versuch mit dem folgenden Beispiel:

Decken Sie den Text erst ganz ab; decken Sie dann Zeile für Zeile auf und lesen Sie.

HANSHAUSREGNENSTRÖMESCHUHLOCH
Hans Haus Regnen Ströme Schuh Loch
Hans (ist zu) Hause. (Es) regnet (in) Strömen. (Sein) Schuh (hat ein) Loch.
Hans ist zu Hause, weil es in Strömen regnet und sein Schuh ein Loch hat.

---

van Eunen u. a. (1989), 89

Reflexion

Für den Unterricht sind folgende Überlegungen wichtig:

➤ Wörter werden falsch gelernt, wenn sie als Einzelwort, also ohne Zusammenhang, gelernt werden wie etwa beim Vokabellernen (siehe Aufgabe 76, S. 78). Alles, was Beziehungen zwischen Wörtern herstellen kann, fördert das Speichern. Die Tatsache, dass Wörter immer in Beziehungen stehen, ist eine entscheidende Begründung für die Forderung, den Unterricht möglichst textbezogen zu organisieren. Zum Wortwissen gehören also nicht nur die Bedeutungen der Wörter, sondern auch die Beziehungen zwischen den Wörtern.

Ein kleines Beispiel:

„Der *Gaul lahmte*, und es war zweifelhaft, ob Jim mit ihm noch bis zum Lager *reiten* konnte. Was waren das doch für Zeiten, als er mit dem *Schwarzen* über die Prärie *flog*!"

Die Wörter zum Wortfeld *Pferd* sind *kursiv* gedruckt. Der kleine Text macht deutlich, dass mit *Gaul* eine Wertung (eine subjektive Nebenbedeutung) ausgedrückt werden soll und dass die Verben *lahmen* (und nicht *humpeln*) und *reiten* (und nicht *fahren*) mit *Pferd/Gaul* verbunden werden können. Der *Schwarze* ist ein Synonym zu *Pferd* und *flog* zu (schnell) *reiten*, es sind bildliche Ausdrücke, sodass sich *fliegen* hier mit *Pferd* verträgt.

Auch wenn die Arbeit am Einzelwort wichtig ist, sind für das Abrufen – also für die Wortwahl beim Sprechen und Schreiben – Kenntnisse über die Kombinierbarkeit und Verträglichkeit von Wörtern sowie von Synonymen unabdingbar.

➤ Da Wortwissen zum großen Teil Sachwissen ist (vgl. Kielhöfer 1994, 213), hat das Sachnetz innerhalb des mentalen Lexikons eine zentrale Funktion. Das scheint weitgehend akzeptiert zu sein, und auch in Lehr- und Übungsbüchern spiegelt sich diese Dominanz wider: Die Texte, Wörterverzeichnisse und Übungen sind vor allem themenbezogen. Alles deutet darauf hin, dass die Organisierung des Wortschatzes in verschiedenen Netzstrukturen das Lernen unterstützen kann. Hierzu eignet sich besonders die Arbeit an Wortfeldern, also die Arbeit mit Wörtern, die inhaltlich zusammengehören (z. B. Verben der sinnlichen Wahrnehmung, Blumennamen, Verwandtschaftsbezeichnungen) und die mit anderen bestimmte sinnvolle Verbindungen eingehen können, z. B. *blonde* Haare und nicht *gute* Haare, *das Radio* abschalten, aber nicht *die Kerze* abschalten.

Einige Beispiele für Übungen zu Wortfeldern

Im Folgenden stellen wir Ihnen einige Beispiele vor, in denen Wortkombinationen geübt werden, durch die das jeweilige thematische Sachnetz enger geknüpft wird.

1. Wortfelder benennen und begrenzen

Beispiel 54 a

Welche Verben passen zu welchem Körperorgan?

anfassen   ansehen   beobachten   betrachten   blicken
fühlen   greifen   hören   riechen   schauen   sehen

a) mit den
   Händen: _____ _____
   _____

b) mit den Augen:_____ _____
   _____ _____
   _____ _____

c) mit den Ohren: _____

d) mit der Nase: _____

Müller/Bock (1991), 40

Beispiel 54 b

Was paßt nicht?

a) abtrocknen: die Teller, die Seife, die Gläser, sich
                 die Hände, die Wäsche

b) waschen: den Pullover, die Wäsche, das Auto,
                 sich die Haare, sich die Zähne, die
                 Wohnung

c) spülen: den Teppich, das Geschirr, die Glä-
                 ser, die Messer, die Gabeln, den
                 Fußboden, die Töpfe

Müller/Bock (1991), 44

2. Wortfelder ergänzen

Was kann man waschen – spülen – putzen?

3. Blöcke bilden und den Oberbegriff finden

Hammer – Wasser – Auge – Ohr – Zange – Blut – Benzin – Hobel – Zahn

4. Entsprechungen finden

Augen : *sehen*   –   Ohren : ...
Tee : *trinken*   –   Brot : ...
Bild : *malen*   –   Text : ...

5. Wortfelder differenzieren

Unterstreichen Sie von den folgenden Synonymen diejenigen, die eine Wertung ausdrücken:

Geruch – Gestank – Duft
unwichtig – lächerlich – unbedeutend
Raserei – Schnelligkeit – Tempo

6. Wortgleichungen

kein Haus ohne *Dach*
kein Schrank ohne ...
kein Spiel ohne ...

(Im Lösungsschlüssel auf Seite 166 finden Sie zu den Übungen 1. – 6. Anmerkungen unter „Beispiele zu Wortfeldübungen".)

Ein vielfältiges Angebot an Wortfeldübungen enthält das *Aufgabenhandbuch Deutsch als Fremdsprache* von Häussermann/Piepho (1996).

„Geordnetes Lernen" ist ein didaktisches Prinzip aller Schulfächer. Es gilt auch für die Wortschatzarbeit. Die Fähigkeit, Wörter zu ordnen, erwerben wir durch Lernen und Erfahrung. Der jeweilige Sprachstand entscheidet, was ein Lehrer seinen Schülern abverlangen kann.

Aufgabe 81

Sehen Sie sich die folgende Aufgabe an:

1. *Ist die Aufgabenstellung klar?*

2. *Was setzt die Lösung der Aufgabe bei den Lernenden voraus?*

3. *Halten Sie eine solche Übung für sinnvoll? Begründen Sie bitte Ihre Entscheidung.*

Aufgabe: *Ordnen Sie die Sportarten in die Gliederung ein.*

Langlauf – Rennschlittensport – Nordische Disziplinen – Abfahrtslauf – Skispringen – Biathlon – Riesenslalom – Wintersport – Alpine Disziplinen

1 _____

1.1 _____

1.1.1 _____

1.1.2 _____

1.2 _____

1.2.1 _____

1.2.2 _____

1.2.3 _____

1.3 _____

Reflexion

➤ Jeder Mensch hat mit dem Erwerb seiner Muttersprache gelernt, wie der Wortschatz geordnet wird. Die Kategorien dafür sind nicht an eine bestimmte Sprache gebunden, sodass sie in der Fremdsprache nicht noch einmal gelernt werden müssen. Das Problem ist, dass eine direkte Übertragung auf die Fremdsprache auf Schwierigkeiten stößt. Zum einen ist der Umfang des Wortschatzes hier viel geringer, sodass größere Netze nicht entstehen können, denn um zu vernetzen und einordnen zu können, müssen Anknüpfungspunkte (= bekannte Wörter) vorhanden sein.

➤ Die Aufgabe, z. B. Oberbegriff-Unterbegriff-Relationen herzustellen, setzt voraus, dass die Schüler die Wörter dafür in der Fremdsprache bereits beherrschen (in Bedeutung und Form). Das aber ist in aller Regel erst das Ziel des Lernens.

➤ An eine weitere Schwierigkeit soll nur erinnert werden: Es gibt eine Reihe von Bedeutungsunterschieden zwischen Wörtern – das gilt schon für Synonyme innerhalb einer Sprache und noch stärker für verschiedene Sprachen und Kulturen. Dadurch kann die deutschsprachige „Ordnung" durcheinandergeraten.

➤ Wir sollten darauf achten, dass das Sortieren von Wörtern nicht zum Selbstzweck wird. Beschränken wir das Ordnen von Wörtern auf die Herstellung strenger, geschlossener Hierarchien, dann verstellen wir den Lernenden den Blick dafür, dass Wörter in sehr flexiblen funktionalen Zusammenhängen stehen können.

➤ Assoziogramme/Wortigel sind von den Lernenden selbst zu entwickeln. Vom Lehrer vorgegebene haben kaum einen Effekt. Die eigene Wortproduktion ist auch deshalb wichtig, weil Beziehungsnetze von den persönlichen Voraussetzungen der Lernenden bestimmt werden. Im Unterricht sollten solche individuellen Assoziationen deshalb öfter besprochen werden.

3.1.3 Mehrkanaliges und ganzheitliches Lernen

Wir haben bereits darauf hingewiesen, dass wir Wörter besser verstehen, lernen und behalten, wenn wir sie nicht nur lesen oder hören, sondern wenn wir möglichst viele Sinne (Kanäle) einbeziehen. Unser Gedächtnis ist dazu in der Lage, es kann Informationen sowohl nacheinander als auch gleichzeitig aufnehmen.

> „Unter mehrkanaligem Lernen verstehen wir einen mentalen Prozeß, der mehr ist als die Kombination von Lesen, Sprechen, Hören und Schreiben. Wir aktivieren dazu unsere Vorstellung von Klängen, Rhythmen, Melodien, Farben, Formen, Gerüchen, Geschmacks- und Tastempfindungen, Mimik und Gestik. Wir können sie dank unserer Einbildungskraft lebhaft wahrnehmen.“

Kleinschroth (1992), 76

Mit welchen Sinnen nehmen Sie vorwiegend wahr?

Aufgabe 82

Tragen Sie die folgenden Wörter spontan in die Tabelle ein.

Klavier – Wolke – Schnee – Feuer – Tisch – Mann – Wasser – Tee – Zigarette – Banane – Frau – Rose – Katze – Teppich – Nuss – Lippenstift – Straßenkreuzung – Lindenbaum

Was ich sehe	*Was ich höre*	*Was ich fühle*	*Was ich rieche*	*Was ich schmecke*

(Falls Sie den Test mit Ihren Schülern machen wollen, ist es besser, die Wörter zu diktieren.)

Der Anteil der Sinne an der Wahrnehmung ist individuell unterschiedlich: Mancher erfasst etwas schneller und behält es besser, wenn er das zu Lernende sieht, mancher, wenn er es hört usw. Je nachdem, welcher Sinn besonders an der Wahrnehmung beteiligt ist, unterscheidet man verschiedene Lernertypen:

➤ visuelle Lernertypen* (= Lernen über das Sehen/das Auge),

➤ auditive Lernertypen* (= Lernen über das Hören/das Ohr),

➤ haptische Lernertypen* (= Lernen über Anfassen/Berühren),

➤ olfaktorische Lernertypen* (= Lernen über Riechen/Schmecken).

Wenn Sie sich selbst – und Ihre Schüler sich gegenseitig – etwas genauer einschätzen wollen, so können Sie den „Test“ auf den Arbeitsblättern 3 a + 3 b auf Seite 88/89 machen – auch wenn dort das Riechen und Schmecken fehlt.

Arbeitsblatt 3 a

Lernertypen

Bearbeiten Sie die beiden Arbeitsblätter mit einer zweiten Person – Kollegin, Kollege, Mitschüler, Mitschülerin oder anderen Partnern.

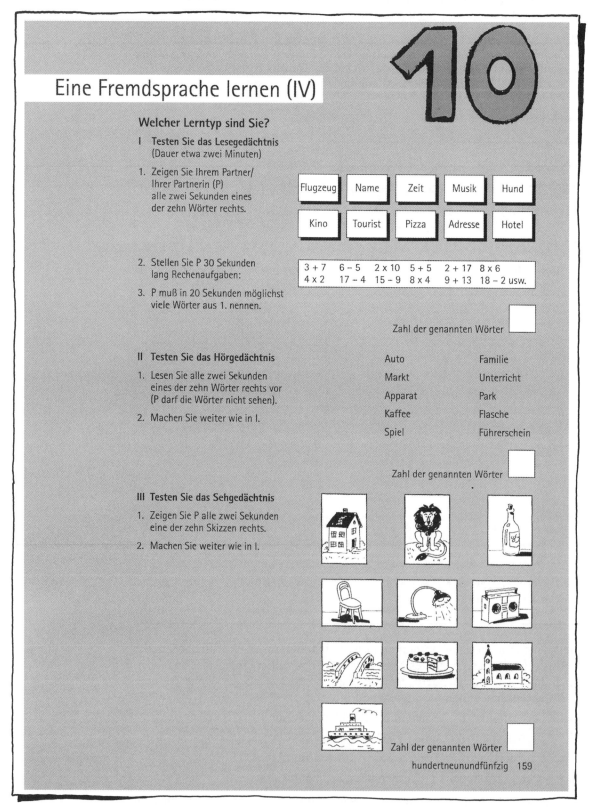

Eine Fremdsprache lernen (IV)

10

Welcher Lerntyp sind Sie?

I   Testen Sie das Lesegedächtnis
(Dauer etwa zwei Minuten)

1. Zeigen Sie Ihrem Partner/
Ihrer Partnerin (P)
alle zwei Sekunden eines
der zehn Wörter rechts.

Flugzeug	Name	Zeit	Musik	Hund
Kino	Tourist	Pizza	Adresse	Hotel

2. Stellen Sie P 30 Sekunden
lang Rechenaufgaben:

3. P muß in 20 Sekunden möglichst
viele Wörter aus 1. nennen.

```
3 + 7    6 – 5    2 x 10   5 + 5    2 + 17   8 x 6
4 x 2    17 – 4   15 – 9   8 x 4    9 + 13   18 – 2 usw.
```

Zahl der genannten Wörter ☐

II Testen Sie das Hörgedächtnis

1. Lesen Sie alle zwei Sekunden
eines der zehn Wörter rechts vor
(P darf die Wörter nicht sehen).

2. Machen Sie weiter wie in I.

Auto   Familie
Markt   Unterricht
Apparat   Park
Kaffee   Flasche
Spiel   Führerschein

Zahl der genannten Wörter ☐

III Testen Sie das Sehgedächtnis

1. Zeigen Sie P alle zwei Sekunden
eine der zehn Skizzen rechts.

2. Machen Sie weiter wie in I.

Zahl der genannten Wörter ☐

hundertneunundfünfzig 159

Vorderwülbecke/Vorderwülbecke (1995), 159

Arbeitsblatt 3 b

Lernertypen

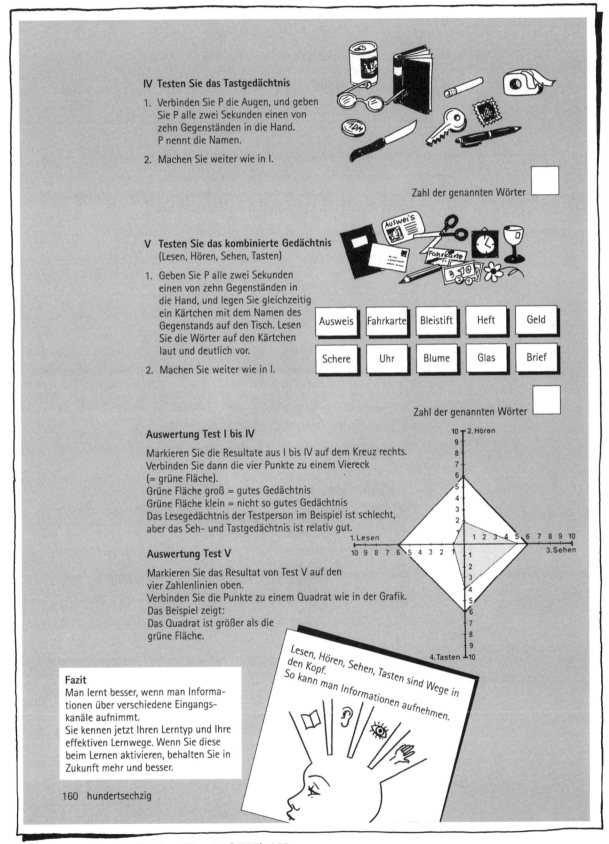

IV Testen Sie das Tastgedächtnis

1. Verbinden Sie P die Augen, und geben Sie P alle zwei Sekunden einen von zehn Gegenständen in die Hand. P nennt die Namen.

2. Machen Sie weiter wie in I.

Zahl der genannten Wörter

V Testen Sie das kombinierte Gedächtnis
(Lesen, Hören, Sehen, Tasten)

1. Geben Sie P alle zwei Sekunden einen von zehn Gegenständen in die Hand, und legen Sie gleichzeitig ein Kärtchen mit dem Namen des Gegenstands auf den Tisch. Lesen Sie die Wörter auf den Kärtchen laut und deutlich vor.

2. Machen Sie weiter wie in I.

Ausweis	Fahrkarte	Bleistift	Heft	Geld
Schere	Uhr	Blume	Glas	Brief

Zahl der genannten Wörter

Auswertung Test I bis IV

Markieren Sie die Resultate aus I bis IV auf dem Kreuz rechts.
Verbinden Sie dann die vier Punkte zu einem Viereck (= grüne Fläche).
Grüne Fläche groß = gutes Gedächtnis
Grüne Fläche klein = nicht so gutes Gedächtnis
Das Lesegedächtnis der Testperson im Beispiel ist schlecht, aber das Seh- und Tastgedächtnis ist relativ gut.

Auswertung Test V

Markieren Sie das Resultat von Test V auf den vier Zahlenlinien oben.
Verbinden Sie die Punkte zu einem Quadrat wie in der Grafik.
Das Beispiel zeigt:
Das Quadrat ist größer als die grüne Fläche.

Lesen, Hören, Sehen, Tasten sind Wege in den Kopf.
So kann man Informationen aufnehmen.

Fazit
Man lernt besser, wenn man Informationen über verschiedene Eingangskanäle aufnimmt.
Sie kennen jetzt Ihren Lerntyp und Ihre effektiven Lernwege. Wenn Sie diese beim Lernen aktivieren, behalten Sie in Zukunft mehr und besser.

160   hundertsechzig

Vorderwülbecke/Vorderwülbecke (1995), 160

Die Kombination verschiedener Kanäle und – eine methodische Binsenweisheit – das eigene Handeln stützen maßgeblich das Behalten. Schon die Form der Präsentation neuer Wörter ist demzufolge entscheidend für das Einprägen. Wir behalten Wörter besser, wenn sie sprachlich und nicht sprachlich präsentiert und geübt werden.

Konsequenzen daraus werden im Fremdsprachenunterricht berücksichtigt: Lehrbücher bieten meist ausreichend visuelle Hilfen an, Hörkassetten/Audio-CDs ergänzen die Lesetexte, und Videos und Computer – neuerdings kombiniert in Form von Multimediaprogrammen, d. h. Computerprogrammen, die neben der Schrift auch Bild und Ton haben – bedienen gleichzeitig mehrere Kanäle.

Weniger praktiziert wird dagegen die Möglichkeit, „Wörter" zu fühlen, zu schmecken, zu riechen oder in etwas anderer ungewöhnlicher Art mit ihnen umzugehen. Dazu gibt es durchaus positive Erfahrungen – wir zeigen Ihnen wieder einige Beispiele.

Einige Beispiele für Übungen zum mehrkanaligen Lernen

tasten

> Die Schüler geben (unter der Bank oder hinter dem Rücken versteckt) Gegenstände weiter, ertasten sie und notieren die Bezeichnungen.

schmecken

> Mit geschlossenen oder verbundenen Augen sollen Schüler sagen, was sie schmecken. Mit den Kostproben werden sie von ihren Mitschülern „gefüttert".

Die Erinnerung an die ungewöhnliche Situation dürfte bei diesem Vorschlag das Behalten besonders fördern.

sehen

> Auf dem Tisch liegen etwa 15 Gegenstände (Schere, Kreide, ein Lehrbuch, ein Apfel usw.). Die Lernenden haben 30 Sekunden Zeit zum Betrachten. Dann werden die Sachen mit einem Tuch abgedeckt. Nun sollen so viele Gegenstände wie möglich genannt oder notiert werden.
> (Auch Bilder, Fotos, Zeichnungen eignen sich hierzu.)

hören/sprechen

> Wörter werden nachgesprochen oder nach eigenem Rhythmus zu Paaren oder Gruppen gebündelt, z. B.
>
> | Zahlen | 1 – 2 und 1 – 2 – 3 (*eins, zwei* (Pause) *eins, zwei, drei*) |
> | | 3 – 4 und 3 – 4 – 5 |
> | | 5 – 6 und 5 – 6 – 7 usw. |
>
> | Farbadjektive | blau und gelb | (und) | gelb und blau |
> | | rot und grün | (und) | grün und rot |
> | | rot, grün und blau | (und) | blau, grün, rot u. Ä. |

Eine Variante des rhythmischen Sprechens ist das Singen. Durch die *Rapmusik* gibt es viele motivierende Formen der „Vertonung" von Wortschatz.

Reflexion

Wenn wir von Kommunikation sprechen, meinen wir im Allgemeinen die Verständigung durch die Sprache. Doch

> „dürfen wir nicht übersehen, daß der eigentlich sprachliche Gehalt unserer Mitteilungen nur 7 %, die prosodischen Elemente [das sind beim Sprechen die Akzente, die Intonation, das Tempo und die Pausen] schon 38 %, Mimik, Gestik und Körperhaltung gar 55 % ausmachen."
>
> Rohrer (1990), 12

Das ist sicher überraschend. Auch wenn es nicht wenige Situationen gibt, in denen der Anteil des Sprachlichen deutlich höher liegt, sollte man überlegen, wie die nicht sprachlichen Mitteilungsformen im Unterricht stärker aktiviert werden können. Es ist wohl nicht (mehr) richtig, von den Schülern zu verlangen, dass sie während der gesamten Unterrichtszeit diszipliniert – also still sitzend und bewegungslos – lernen. Die pantomimische Umschreibung von Wörtern ist auf allen Stufen eine reizvolle und nutzbringende Übung. Und es bietet sich geradezu an, die natürliche Motorik jüngerer Lernender in den Unterricht einzubeziehen. Die Ausdrucksformen der Körpersprache stimmen in vielen Kulturen weitgehend überein. Die Situationen, in denen Gestik und Mimik in anderen Kulturen anders sind, sind überschaubar, z. B. das verneinende Kopfnicken der Bulgaren, das Zählen mit den Fingern in afrikanischen Ländern, Begrüßungsformen in Asien. Die Lernenden interessieren sich natürlich besonders für die Unterschiede zwischen der eigenen und der Zielkultur. Solche interkulturellen Besonderheiten sind wiederum gute Gelegenheiten, darüber im Unterricht zu sprechen. Aber auch die vielen Gemeinsamkeiten sind oft überraschend. Solche universellen Verständigungsmittel im Fremdsprachenunterricht sollten daher zum Thema gemacht werden.

Gestik/Mimik: universelle Verständigungsmittel

Aufgabe 84

1. Wie würden Sie mit den Zeichnungen im Unterricht arbeiten?

Beispiel 56 a

Vorderwülbecke/Vorderwülbecke (1989), 159

2. Welches Ziel verfolgt die Aufgabe? Was setzt sie voraus?

Beispiel 56 b

Gestik – Mimik

Wie zeigt man das bei Ihnen?

‚Sehr gut.‘
‚Ein bißchen.‘
‚Du/Sie‘.
‚Da kann man nichts machen.‘

Vorderwülbecke/Vorderwülbecke (1986), 39

Beispiel 56 c

Wie zeigt man das bei Ihnen?

‚Kommen Sie!‘
‚Da drüben!‘
‚Geradeaus!‘
‚Das weiß ich nicht!‘

Vorderwülbecke/Vorderwülbecke (1986), 63

Angebote dieser Art sind in Lehrwerken für Deutsch als Fremdsprache noch selten. Aber es ist andererseits ohne großen Aufwand möglich, solche elementaren Formen des Bewegungslernens in den Unterricht einzubeziehen – es sollen ja keine Pantomimen ausgebildet werden. Wir sollten also nicht die enge Verbindung von sprachlichen und nicht sprachlichen Ausdrucksformen aus dem Auge verlieren. Außerdem helfen Mimik und Gestik lernschwachen Schülern, ihre Angst vor der Sprache abzubauen.

Über die Möglichkeit, Wortbedeutungen mimisch und gestisch zu erklären, haben wir schon in Kapitel 2.2.1 gesprochen. Die Rollen wechseln nun: Nicht der Lehrer, sondern die Schüler zeigen, stellen dar und sprechen.

Einige Beispiele für Übungen zu Gestik/Mimik

Erfahrungen zeigen, dass Aufgaben wie die folgenden den Unterricht auflockern und die Lernmotivation fördern.

– *Zeige es – die Klasse/Gruppe soll es erraten!*
Das gespielte Verb:
Du isst Eis/eine heiße Suppe/Spaghetti …
Du läufst im Dunkeln/im tiefen Schnee/auf Glatteis …
Du putzt einen Spiegel/einen Stiefel …

– Was bin ich? (Berufe raten)

– Mein Lieblingssport (Sportarten zeigen)

– Was ist das? (Gegenstände modellieren)

– Womit fahre ich? (Transportmittel)

– Wo bin ich? (*auf dem Mond, in der Arktis, im Wasser*)

– Wie sind die Dinge? (*rund, eckig, spitz, krumm, heiß* usw. andeuten)

– *sich*-Verben (*sich waschen, kämmen, schminken* usw.)

Mehrkanaliges Lernen bedeutet, dass wir gewissermaßen mit dem ganzen Körper lernen. Es wird deshalb auch als ganzheitliches Lernen bezeichnet, was noch einmal betont, dass wir Wörter nicht nur auf rationale Weise lernen, sondern sie auch emotional erfahren.

Wortschatz und Emotionen

Emotionen sind ein wichtiges Prinzip für die Organisation unseres Gedächtnisses und sie verändern die Assoziationen, die wir mit bestimmten Wörtern verbinden. Die Wörter *Zeugnis, Deutschunterricht* oder *Ferien* können in einer Klasse sehr unterschiedlich assoziiert werden. Hier aber zeigt sich ein Mangel unseres Fremdsprachenunterrichts:

> „Auffallend ist … das Fehlen von affektiven Netzen. Der Lerner verbindet mit den fremden Wörtern keine Emotionen, sie sind affektiv neutral, auf begrifflich-denotative Bedeutungen reduziert. Das Manko ergibt sich zwangsläufig, wenn man die Sprache nicht gelebt und erlebt hat."

Kielhöfer (1994), 218

Am Ende des obigen Zitats wird die Hauptschwierigkeit genannt. Sie dürfte für Anfänger, deren Wortschatz stark begrenzt ist, noch einmal um ein Mehrfaches größer sein als für Fortgeschrittene. Inzwischen gibt es aber Übungsmaterialien, die die Komponente *Emotionen* bei der Wortschatzarbeit verstärkt berücksichtigen.

Aufgabe 85

Was meinen Sie zu den folgenden Aufgaben? Würden Sie sie in Ihrer Klasse ausprobieren wollen? Haben Sie selbst schon ähnliche Übungen machen lassen?

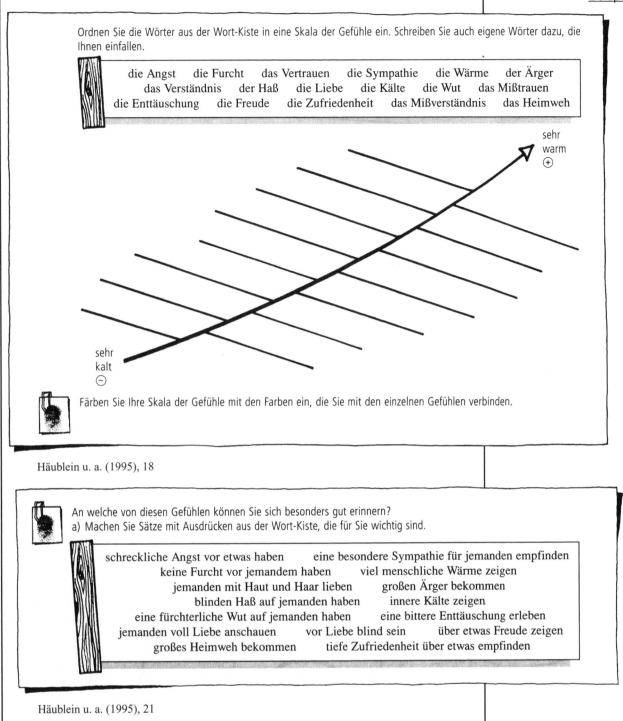

Ordnen Sie die Wörter aus der Wort-Kiste in eine Skala der Gefühle ein. Schreiben Sie auch eigene Wörter dazu, die Ihnen einfallen.

die Angst   die Furcht   das Vertrauen   die Sympathie   die Wärme   der Ärger
das Verständnis   der Haß   die Liebe   die Kälte   die Wut   das Mißtrauen
die Enttäuschung   die Freude   die Zufriedenheit   das Mißverständnis   das Heimweh

sehr
warm
⊕

sehr
kalt
⊖

Färben Sie Ihre Skala der Gefühle mit den Farben ein, die Sie mit den einzelnen Gefühlen verbinden.

Häublein u. a. (1995), 18

An welche von diesen Gefühlen können Sie sich besonders gut erinnern?
a) Machen Sie Sätze mit Ausdrücken aus der Wort-Kiste, die für Sie wichtig sind.

schreckliche Angst vor etwas haben   eine besondere Sympathie für jemanden empfinden
keine Furcht vor jemandem haben   viel menschliche Wärme zeigen
jemanden mit Haut und Haar lieben   großen Ärger bekommen
blinden Haß auf jemanden haben   innere Kälte zeigen
eine fürchterliche Wut auf jemanden haben   eine bittere Enttäuschung erleben
jemanden voll Liebe anschauen   vor Liebe blind sein   über etwas Freude zeigen
großes Heimweh bekommen   tiefe Zufriedenheit über etwas empfinden

Häublein u. a. (1995), 21

In den letzten Abschnitten haben wir gefragt, was Lehrerinnen und Lehrer tun können, um das Lernen von Wörtern bei ihren Schülern zu fördern – was sich aus den lernpsychologischen Ansätzen also für das Wortschatzlehren ergeben könnte. Die Wörter **lernen** müssen die Schüler. Da das in deren Kopf geschieht, sollten wir also auch fragen, ob und wie wir diesen subjektiven Prozess noch besser unterstützen können.

Bevor wir uns damit näher befassen, noch zwei Ergänzungen.

1. Wir wissen, dass es Wörter gibt, die wir uns unterschiedlich gut einprägen. Wir behalten Konkreta besser als Abstrakta, Nomen besser als Verben, leicht aussprechbare Wörter besser als komplizierte, dreisilbige besser als zweisilbige u. Ä. Tatsache ist, dass den Lernenden diese Erkenntnisse nicht viel helfen, weil der Wortschatz nicht danach, sondern letztlich nach kommunikativen Kriterien auszuwählen ist.

Wortschatz nach kommunikativen Kriterien auswählen

2. Die zweite Ergänzung betrifft alternative Lernkonzepte. Sie sind nicht neu, stoßen aber nach wie vor auf Vorbehalte. Inzwischen hat sich gezeigt, dass bestimmte Verfahren das Wortschatzlernen unterstützen können. So empfiehlt die Suggestopädie*

➤ das entspannte Lernen (Angst und Druck als Lernhemmnisse werden abgebaut),
➤ Lernen mit Musik (begleitende Barockmusik/sphärische Musik erhöhen die Aufnahmefähigkeit),
➤ bildhaftes Lernen (individuelle „innere" Visualisierungen erleichtern das Wiedererkennen von Wörtern).

Das sind keine Rezepte, die den Lernerfolg garantieren können, aber es sind Möglichkeiten, die man mit seinen Schülern einmal ausprobieren sollte.

3. 2 Autonomes Wortschatzlernen und Lernstrategien

3.2.1 Lernerautonomie – warum und wozu?

Im Zusammenhang mit der Forderung nach einem verstärkt lernerorientierten Unterricht wird immer wieder betont, dass der Anteil autonomer Lernformen zu erhöhen ist. Dieser Appell wird noch sehr unterschiedlich befolgt. Auf die Gründe dafür können wir hier nicht eingehen.

Aufgabe 86

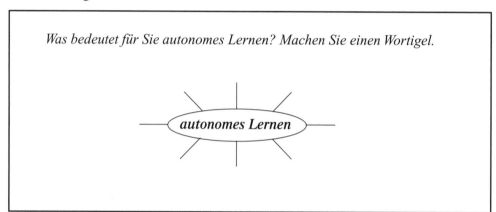

Was bedeutet für Sie autonomes Lernen? Machen Sie einen Wortigel.

autonomes Lernen

Eine sehr allgemeine Definition des autonomen Lernens lautet: Die Lernenden besitzen die Möglichkeit und die Fähigkeit, das Lernziel und den Lernweg selbst zu bestimmen sowie das eigene Lernverhalten zu beurteilen. Eine solche Formulierung klingt unrealistisch, denn noch bestimmen nicht die Schüler über das Was und Wie, und um diese Fähigkeiten zu entwickeln, muss die Möglichkeit dazu vorhanden sein. Und trotzdem: Auch wenn es den vollständig autonomen Lerner in der Schule nicht geben wird, zwingen objektive Entwicklungen (z. B. zunehmende Internationalisierungstendenzen, Wissensexplosion) dazu, dieses Ziel ernst zu nehmen – auch bei der Wortschatzarbeit.

Autonomes Wortschatzlernen meint die Fähigkeit, sich Wörter einer fremden Sprache weitgehend selbstständig (selbsttätig, selbstbestimmt) anzueignen. Das setzt voraus, dass wir wissen, wie wir Wörter am besten lernen. Dieses Wissen hat zwei Quellen: den Unterricht und die eigene Erfahrung. Lernen lernen heißt also für den Bereich des Wortschatzes, dass der Unterricht Raum gibt, über Möglichkeiten des hirngerechten, vernetzten und mehrkanaligen Lernens zu sprechen und sie auszuprobieren. Die Impulse sollten vom Lehrer kommen, dessen Rolle sich damit mehr in Richtung eines Lernhelfers und -organisators verschiebt, weil autonomes Lernen über den Unterricht und die Schulzeit hinausreicht. Es stellt sich die Frage, wie hilfreich Lehrbücher für diese Zielsetzung sind.

Aufgabe 87

Die folgende Übersicht gibt an, welche Forderungen an ein Lehrbuch/ Lehrmaterial gestellt werden, das die Autonomie fördern soll. Beurteilen Sie bitte – bezogen auf den Wortschatz – das Lehrbuch, das Sie zurzeit im Unterricht verwenden.

AKTIVIEREND	Erhält der Lerner die Möglichkeit, aktiv tätig zu werden? Werden Anregungen gegeben, wie er im täglichen Leben seine Sprachkenntnisse trainieren kann?
UNTERSTÜTZEND	Beraten die Materialien die Lerner? Werden Lernstrategien und Arbeitstechniken vermittelt? Geben sie Entscheidungshilfen für das Lernen? Wird der Lerntyp ermittelt und berücksichtigt?
TRANSPARENT	Ist das Lernmaterial bezogen auf Aufbau, Struktur, Zielsetzung für den Lerner transparent? Gibt es Übersichten, Zusammenfassungen, Register? Gibt es Lernzielangaben, Lernerhinweise? Ermöglicht es dem Lerner, seinen Lernprozeß und Kenntnisstand zu ermitteln?
OFFEN	Ist das Material flexibel? Ist es offen für eigene Interessen? Können Probleme und Materialien von den Lernern eingebracht werden? Ist es durch den Lerner gestaltbar? Ist es polyvalent?
NATÜRLICH	Wird der Lebensalltag und die Lebensumwelt des Lerners für den Spracherwerbsprozeß nutzbar gemacht?
OBJEKTIVIEREND	Hat der Lerner die Möglichkeit, seine Kenntnisse selber einzuschätzen? Macht das Buch Evaluationsangebote?
MOTIVIEREND	Ist das Material so angelegt, daß es Spaß macht, damit zu arbeiten? Ermöglicht es Erfolgserlebnisse? Liefert es Identifikationsangebote?

Gick (1989), 166

Es ist anzunehmen, dass erst in wenigen Lehrbüchern dem (individuellen) Lernprozess als Thema genügend Raum gegeben wird.

Sie werden bei der Analyse Ihres Lehrwerks bemerkt haben,

– dass für den Wortschatz Beispiele selbstbestimmten Lernens wiederum die Ausnahme sind, obwohl in anderen Lernbereichen des DaF-Unterrichts solche Formen häufiger praktiziert werden (Projekte, Gruppenarbeit, Textarbeit usw.),

– dass Wörter zwar methodisch vielfältig eingeführt und erklärt werden, die „Wortschatzverarbeitung jedoch wird aus dem Unterricht ausgeblendet, [sie] wird dem häuslichen Fleiß überantwortet …" (Wilms 1989, 158),

– dass die Schüler kaum die Chance bekommen, ihr eigenes Lernverhalten zu analysieren.

Aber schon mit einfachen Verfahren können subjektive Lernerfahrungen bewusst gemacht werden, indem man z. B. die Lernenden dazu anregt, ihr eigenes Lernverhalten zu überprüfen und es sich so bewusst zu machen. Das folgende Beispiel (S. 95/96) bezieht sich auf das Einprägen von Wörtern.

Aufgabe 88

1. Machen Sie den folgenden Test für sich selbst – vergleichen Sie Ihre Ergebnisse dann in der Gruppe.

Ich kann Wörter besonders gut behalten,

	ja	nein
1. die ich oft nachspreche	☐	☐
2. die ich fünfmal schreibe	☐	☐
3. die ich auf Bildern wiedererkenne	☐	☐
4. die komisch klingen/aussehen	☐	☐

	ja	nein
5. die mich interessieren	☐	☐
6. die ich für eine Kontrolle lerne	☐	☐
7. die ich rhythmisch lerne	☐	☐
8. die ich in der Gruppe lerne	☐	☐
9. die ich in Sätzen verwende	☐	☐
10. die mir andere erklären	☐	☐
11. die ich anderen erkläre	☐	☐
12. die ich nur veranschauliche	☐	☐
13. _____	☐	☐
14. _____	☐	☐

2. Entwickeln Sie für Ihre Klasse/Ihren Kurs einen Fragespiegel.

Die größten Schwierigkeiten für mich sind,

☐ *die Wörter im Glossar des Lehrbuches zu lernen*

☐ *das richtige Wort im Wörterbuch zu finden*

☐ _____

☐ _____

☐ _____

☐ _____

☐ _____

Reflexion

Die Beispiele in diesem Kapitel zeigen Möglichkeiten, wie Schüler ihre Lernleistungen im lexikalischen Bereich verbessern können. Ebenso wichtig ist, dass die Schüler zum Nachdenken über die Ökonomie des Lernens angehalten und so für die eigenen Lernprozesse sensibilisiert werden. Das ist ein Thema, über das im Unterricht gesprochen werden sollte – gegebenenfalls auch in der Muttersprache.

3.2.2 Strategien für das Wortschatzlernen

Autonomes Lernen – so hatten wir gesagt – ist eine Fähigkeit, die die Lernenden ausbilden müssen. Als wesentliches Mittel hierfür wird die Beherrschung von *Lernstrategien* und *Lerntechniken* angesehen. Obwohl in der sprachdidaktischen Literatur die Bezeichnungen *Lernstrategie* und *Lerntechnik* häufig synonym gebraucht werden, scheint uns die Unterscheidung zwischen der Zielsetzung (Strategie) und der Umsetzung (Technik) sinnvoll.

Lernstrategie: bewusster Plan, um ein Ziel zu erreichen

➤ Eine Lernstrategie ist „ein Plan (mentalen) Handelns, um ein Lernziel zu erreichen" (Bimmel/Rampillon 2000, 53). Wesentlich dabei ist, dass der Plan dem Lernenden bewusst ist. Strategien können gut mit der *wenn ..., dann*-Formulierung ausgedrückt werden, z. B.:
Wenn es mein Ziel ist, die Bedeutung eines Wortes zu ermitteln, dann schlage ich das Wort im Wörterbuch nach. (Bimmel/Rampillon 2000, 54)

Lerntechnik: Fertigkeit, um ein Ziel zu erreichen

➤ Eine Lerntechnik bezeichnet „Fertigkeiten, die Lernende einsetzen können, um etwas zu lernen, z. B. die Fertigkeit, etwas im Wörterbuch nachschlagen zu können" (Bimmel/Rampillon 2000, 54).

Ausführliches dazu finden Sie in der Fernstudieneinheit *Lernerautonomie und Lern-strategien*.

⟹

Zunehmend werden in den neueren Lehrmaterialien für Deutsch als Fremdsprache Lernstrategien und Lerntechniken berücksichtigt – unter verschiedenen Bezeichnungen. Das erste Lehrwerk, das Strategien als festen Bestandteil enthält, ist wohl das holländische Buch *So isses* (Bimmel u. a. 1991): Im Lehrbuch gibt es ein eigenes Kapitel *Stratego*, in dem Lernstrategien auf Holländisch aufgelistet sind. Im Arbeitsbuch wird dann an entsprechender Stelle explizit dazu aufgefordert, die jeweilige Strategie im Lehrbuch nachzulesen. Beispiele dafür zeigen wir Ihnen im Abschnitt „Lerntipps geben" auf Seite 108ff.

Hinweis

Aufgabe 89

Welche der unten angegebenen Lerntechniken unterstützen in besonderem Maß das Behalten? Denken Sie an Ihre eigenen Erfahrungen und kreuzen Sie an. Sie können andere Techniken, die Sie vielleicht bevorzugen, hinzufügen.

☐ *übersetzen* ☐ *mit Vorwissen verknüpfen*

☐ *Regeln lernen* ☐ *aufschreiben*

☐ *Wörterbuch benutzen* ☐ *Beispielsätze merken*

☐ *Vokabeln abfragen lassen* ☐ *sprachlich Ähnliches zusammenbringen*

☐ *Wörter in Gruppen ordnen*

_____

_____

Aufgabe 90

Beispiel 58

Welche Strategie soll hier angewendet werden?

Verändern Sie bitte die Arbeitsanweisung so, dass die Schüler nicht nur üben, sondern sich auch die Strategie aneignen.

Was paßt wo?

a) Verkehr   d) Wetter   g) Natur   j) Betrieb

b) Zeit   e) Post   h) Familie   k) Technik

c) Politik   f) Tiere   i) Schule   l) Geld

Briefumschlag	Lehrer	Schwester	Kollege	Unfall	Päckchen
Eltern	Briefmarke	Monat	Partei	Rechnung	Baum	Wald	Nebel
Paket	Kinder	Industrie	Uhr	Prüfung	Panne	Schnee	Krieg
Zeugnis	Versicherung	Maschine	Angestellter	Katze	Schwein	Sonne
Tag	Gewerkschaft	Gewitter	Pflanze	Verwandte	Elektromotor	Steuer
Datum	Vogel	Führerschein	Bank	Werkstatt	Betriebsrat	Fahrplan
Stunde	Fisch	Regierung	Unterricht	Konto	Kilometer	Regen	Arbeiter
Telegramm	Bruder	Klasse	Hund	Wahl	Apparat	Abteilung	Meer	Blume

Doyé (1988), 161

In den folgenden Abschnitten sollen nun verschiedene Möglichkeiten diskutiert werden, wie bei der Wortschatzarbeit Lernstrategien eingesetzt werden, um das Gelernte besser zu behalten. Wir möchten Sie ermutigen, diese Strategien anzuwenden, auch wenn wir sie selbst noch nicht alle ausprobiert haben.

● Lernstrategien – Beispiel: Mnemotechniken

Mnemotechniken* (von griech. *mnemo* = Gedächtnis) gehören zu den kognitiven, also bewussten Strategien. Es sind Verfahren, mit deren Hilfe die Lernenden etwas, was sie gelernt haben, besser behalten sollen. Im Fremdsprachenunterricht wurden Mnemotechniken schon früher häufig verwendet. Das bekannteste Beispiel für solche „Eselsbrücken" ist der Merkvers – so lernen deutsche Schüler z. B.:

---
753 – Rom kroch aus dem Ei (= Gründung Roms)
---

oder, um die gleichlautenden französischen Wörter *ou* (= oder) und *où* (= wo?) unterscheiden zu können:

Auf dem „wo" sitzt ein Floh. (mit Floh ist das Zeichen ` gemeint)

Aufgabe 91

Kennen Sie solche „Eselsbrücken" aus eigener Erfahrung als Fremdsprachenlehrerin/Fremdsprachenlehrer? Welche benutzen Sie in Ihrem Unterricht? Fragen Sie Ihre Kolleginnen und Kollegen, auch die, die andere Fremdsprachen unterrichten.

Mnemotechniken sind, wie gesagt, für die Lernenden gedacht, es sollen *Lernstrategien* sein. Das setzt voraus, dass der Lehrer nur eine Anleitung, vielleicht auch ein Beispiel gibt, aber dass der Lernende die freie Wahl haben muss, mit ihnen individuell umzugehen und sie umzugestalten. Diese Techniken sind also in ihrem Umfang und ihrer Qualität stark individuell geprägt.

Merkverse

Die meisten Merkverse haben das Einprägen von Funktionswörtern zum Ziel. So gibt es zum Abrufen der Präpositionen und ihrer Rektion (Akkusativ, Dativ …) mehr als einen Merkvers, z. B.:

– *mit, nach, von, zu, aus, seit, bei* –
  bestimmen stets den Fall Nummer drei.
– *aus, bei, mit, von, seit, nach, zu* –
  demand the dative, always do!
– *aus, bei, mit, nach, seit, von, zu*
  finden Dativ immerzu.
---

nach: Sperber (1989), 209

Die Lernenden entscheiden, welchen Vers sie sich am besten merken.

Die Zahl der Merkverse für den Wortschatz ist insgesamt gering, hier ein Beispiel:

-chen und *-lein* machen alles klein.

Der Behaltenseffekt beruht auf dem Reim. Klangähnlichkeiten und Rhythmik sind hier die Gedächtnisstützen. Bei isolierten Inhaltswörtern wirken dann weniger semantische als lautliche Assoziationen, z. B.:

Hund – Mund – rund – bunt – …
Maus – Haus – aus – raus – …

In Kontexten stützen und aktivieren Reime das Erinnerungsvermögen:

> Einen Drachen bau ich mir
> aus zwei Leisten und … (Papier)
> Male ihm mit Tusche bunt,
> einen riesengroßen … (Mund),
> auch die Augen fehlen nicht
> und die Nase im … (Gesicht).
> …

nach: Bohn/Schreiter (1989), 104

Reflexion

Das letzte Beispiel ist natürlich kein Merkvers im obigen Sinne, sondern der Anfang eines Gedichts. Bekannt ist, dass Reime durch ihre „akustische Kraft" fehlende Wörter vorprogrammieren. Nicht wenige Schüler konnten die Substantive in Klammern, die sie in anderem Zusammenhang gelernt hatten, ergänzen.

Man sagt, dass die Wirkung von Mnemotechniken auf der Kombination von sprachlich und nicht sprachlich gespeicherten Informationen (visuellen, akustischen, motorischen, rhythmischen) beruht. Ihr Gebrauch ist aber nicht unumstritten. Das vor allem deshalb, weil es trotz der Erfahrung vieler Lernender noch sehr wenig verbindliche Untersuchungen über ihren Lernerfolg gibt. Viele Lehrer lehnen sie auch als unzeitgemäß und kindisch ab.

Die Schlüsselwortmethode (= *keyword method*)

> „Bei der Schlüsselwortmethode geht es darum, daß man ein zu lernendes Fremdsprachenwort an ein ähnlich klingendes muttersprachliches ‚bindet', vom muttersprachlichen Anbindewort eine Brücke zum neu zu lernenden Wortinhalt schlägt und von diesem eine zu dem Wort, das dem Fremdsprachenwort entspricht, vgl.:
>
> cech. *spáti* → (dt. *spät* → spät: *schlafen gehen*) → dt. *schlafen*
>
> Der Schlüsselwortmethode werden bei Lernexperimenten große Erfolge nachgesagt."

Latzel (1993), 193

Diese Methode funktioniert so: Das neu zu lernende Wort – in unserem Beispiel das tschechische Wort *spáti*) wird an ein ähnlich klingendes Wort in der Muttersprache gebunden (in unserem Beispiel – bei der Muttersprache Deutsch – an das deutsche Wort *spät*). Die Brücke ist von *spät* zu (spät) *schlafen gehen*. Die Bedeutung des zu lernenden fremden Wortes entspricht dem deutschen *schlafen*.

Sperber (1989, 117f.) beschreibt bei diesem Prozess noch die Unterstützung durch das visuelle Gedächtnis: Nach der Anbindung des zu lernenden Wortes an ein ähnlich klingendes Wort in der Muttersprache entstehe eine visuelle Vorstellung (= „interaktives Gedächtnisbild"), in dem obigen Beispiel könnte das z. B. die Vorstellung eines schlafenden Menschen im Bett sein.

> *Sind Sie beim Vergleich Ihrer Muttersprache mit anderen Sprachen schon auf solche Schlüsselwörter gestoßen?*

Aufgabe 92

Die Loci-Methode

Die Bezeichnung geht zurück auf das lateinische Wort *loci* = Plätze/Orte. Die Loci-Methode ist eine stark bildhafte Gedächtnistechnik. Sie nutzt unser ausgeprägtes räumliches Vorstellungsvermögen zum Behalten/Erinnern von Begriffen und Gedanken.
1. Man stellt sich einen Weg vor, den man genau kennt, z. B. einen Weg durch das eigene Haus, zur Arbeit usw.
2. Dann geht man diesen Weg in Gedanken und verbindet dabei die eigenen bildhaften Vorstellungen von den Wörtern, die man lernen möchte, mit markanten Punkten/ Gegenständen auf diesem Weg. Man legt sozusagen die unbekannten Wörter an bekannten Orten ab und stellt sich die „vergegenständlichten" Lernwörter in einer Situation vor – vor ungewöhnlichen Situationen braucht man nicht zurückzuschrecken …

3. Man geht denselben Weg in Gedanken noch einmal und „trifft" die (ungewöhnlichen) Gegenstände an dem bekannten Ort.

Das folgende Beispiel verdeutlicht, wie auf diese Weise die Wörter *Badewanne*, *Schiff*, *Tiger* und *Diamant* eingeprägt werden sollen.

Beispiel 59

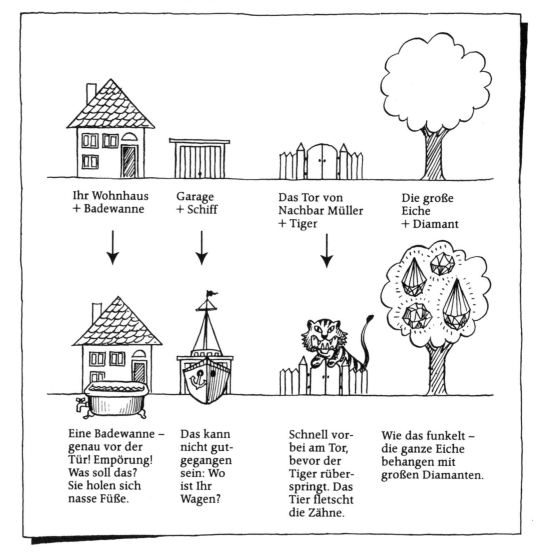

nach: Vollmer/Hoberg (1988), 52

Die Wirksamkeit dieser Technik besteht darin, dass die einzuprägenden Begriffe an Assoziationen geknüpft werden, die im Gedächtnis bereits existieren. Bei abstrakten Begriffen wird es schwieriger.

Die Geschichtentechnik

Beliebig aneinandergereihte Begriffe werden vom Lernenden zu einer Geschichte verknüpft, wobei der Fantasie keine Grenzen gesetzt sind. Kostrzewa berichtet von einem Experiment:

> „In einem Experiment [...] wurde ein Teil der Versuchspersonen aufgefordert, eine Liste von zehn Wörtern zu memorisieren [zu erinnern], indem sie eine Geschichte konstruierten. Die präsentierten Wörter lauteten: *Ente, Hausfrau, Hecke, Holzfäller, Kissen, Kolonie, Möbelstück, schlittern, Strümpfe, stürzen.* Die Geschichte eines Probanden [Teilnehmers] lautete: ‚Der Holzfäller stürzte aus dem Wald, schlitterte um eine Hecke hinter einer Kolonie von Enten. Er stolperte über ein Möbelstück, zerriß sich seine Strümpfe, während er zu dem Kissen hastete, auf dem die Hausfrau lag.' "

Kostrzewa (1994), 226

Aufgabe 93

Wie beurteilen Sie die Geschichte des Lernenden?

Akronyme* (= Kennwörter)

Die Anfangsbuchstaben eines Wortes (oder eines Fantasiewortes) sollen helfen, sich andere Wörter oder Zusammenhänge besser zu merken. So wurden Fahrschüler mit dem Wort *Wolke* daran erinnert, was sie vor Beginn einer Fahrt kontrollieren sollten.

W **W**asser
O **O**el
L **L**icht
K **K**raftstoff (= Benzin)
E **E**lektrik

Akronyme sind oft individuelle Bildungen. Ein Schüler merkte sich die Namen von Laubbäumen mit dem Kurzwort *Belak* (**B**uche, **E**iche, **L**inde, **A**horn, **K**astanie).

Visualisierungen

Sie helfen besonders den Lerntypen, deren Erinnerungsvermögen stark an bildliche Darstellungen gebunden ist. In Lehrmaterialien findet man viele Beispiele dafür. Sehr bekannt sind die **Wortschatz-Memorys**, bei denen Bilder und Begriffe einander zugeordnet werden müssen. Diese Übungen sind vielfältig variierbar.

Verstärkend wirkt, wenn die Lernenden ihre eigenen Zeichnungen machen. Bekannt ist auch, dass Farben unsere Gedächtnisspur für Wortassoziationen verstärken können (*weiß wie Schnee, rot wie Blut*) bzw. das Erinnern stützen (farbige Markierungen).

Beispiel 60

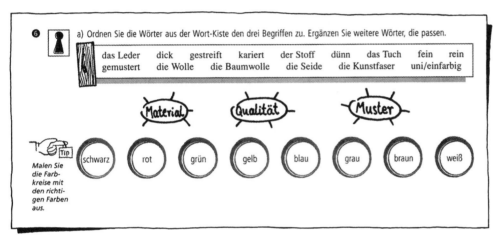

Häublein u. a. (1995), 48

Lernende sollten also die Gelegenheit haben, zu malen oder auszumalen. Wichtiger als die gewählte Farbe ist das Selbst-Machen.

„Gute Freunde"

In Kapitel 1.3 (Seite 18) haben wir auf die „falschen Freunde" aufmerksam gemacht – Wörter, die in der Ausgangs- und Zielsprache formal gleich oder ähnlich sind, aber eine andere Bedeutung haben. Wir warnen die Schüler zu Recht vor diesen „falschen Freunden", wir machen ihnen aber andererseits zu wenig Mut, die „guten Freunde" zu suchen. Die mehr oder weniger großen Gemeinsamkeiten zwischen Sprachen (z. B. den europäischen) sind in erster Linie lautliche, grafische und semantische Ähnlichkeiten im Wortbestand. Die Möglichkeit, über diese Verbindung Wörter abrufbar zu halten, ist sicher größer als die Gefahr, einem „falschen Freund" zu vertrauen. Deren Zahl ist zwischen jeweils zwei Sprachen zwar unterschiedlich groß, aber letztlich dürfte sie den Umfang einer lernbaren Liste nicht übersteigen.

Aufgabe 94

> 1. *Welche Erfahrungen haben Sie mit Mnemotechniken als Schüler/in, Student/in und Lehrer/in gemacht?*
>
> 2. *Probieren Sie nun einmal einige der beschriebenen Mnemotechniken aus.*
>
> 3. *Welche anderen Techniken oder Beispiele können Sie hinzufügen? Denken Sie auch an Ihre Muttersprache.*

Die vorangegangene kurze Darstellung sollte zeigen, dass Mnemotechniken keine unintelligenten „Eselsbrücken" sind. Sie nutzen die kognitiven Voraussetzungen der Lernenden nur in besonderer Weise aus und sind so eine Alternative zum herkömmlichen Vokabelpauken. Das Üben des Wortschatzes können sie aber nicht ersetzen.

Mnemotechniken sind Lernerstrategien. Über ihren Erfolg entscheidet also nicht der Lehrer oder die Lehrerin. Was sie tun können, ist, Erfahrungen und Wissen über Mnemotechniken zu vermitteln. Sie sollten sich aber nicht darauf beschränken. Unterrichtende sollten alles tun, um mit ihren Lehrstrategien das Einprägen zu unterstützen.

● Lehrstrategien

Im Folgenden wollen wir auf einige Möglichkeiten hinweisen, wie Lehrerinnen und Lehrer ihren Schülern beim Lernen des Wortschatzes helfen können.

Wortschatzkartei/Vokabelkartei

Das Anlegen einer solchen Kartei durch die Lernenden gilt als Alternative zum Führen eines Vokabelheftes.

Beispiel 61

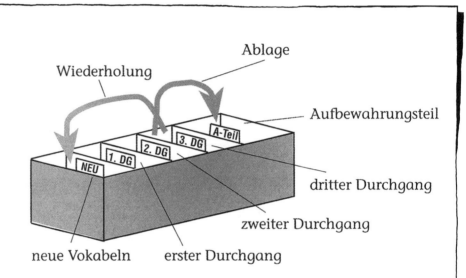

Die Arbeit mit einer Vokabelkartei

1. Schreiben Sie jede neue Vokabel, die Sie lernen möchten, auf eine Karteikarte. Fügen Sie ggf. Hinweise zur Grammatik oder zur Aussprache hinzu.

2. Wenn möglich, ergänzen Sie Wendungen mit dem betreffenden Wort.

3. Schreiben Sie die Übersetzung in Ihrer Muttersprache auf die Rückseite.

4. Nehmen Sie zum Lernen die gewünschte Menge an Vokabelkarten und prägen Sie sich diese konzentriert ein.

5. Die Vokabeln, die Sie nicht behalten können, sortieren Sie aus und arbeiten eine Zeit lang nur mit diesen weiter. Die übrigen legen Sie im hinteren Teil Ihrer Lernkartei ab.

6. Bei der Wiederholung der Vokabeln zu einem späteren Zeitpunkt prüfen Sie, welche Vokabeln Sie noch nicht beherrschen, und sondern wieder diejenigen aus, bei denen Sie sich ganz sicher sind.

7. Mit den übrigen Karten arbeiten Sie nun weiter. Nach dem mündlichen Wiederholen sollten Sie die Wörter nun auch aufschreiben und danach auf ihre Richtigkeit hin überprüfen. Eventuell müssen Sie diese Übung mehrfach wiederholen.

8. Zu einem viel späteren Zeitpunkt könnten Sie wie folgt weiterüben:
   - sinngemäß zueinander passende Wörter zusammensuchen
   - zu jeder der gewählten Karten (mündlich und/oder schriftlich) Sätze bilden
   - vielleicht sogar eine Geschichte erfinden
   - neue und alte Karten gemeinsam wiederholen.

9. Sobald Sie alle Vokabeln sicher beherrschen, können Sie sie alphabetisch einordnen.

10. Nach einem Lernjahr sollten Sie eine Generalwiederholung machen und dabei alle Karten aussortieren, die Sie nicht mehr wiederholen und üben müssen.

nach: Rampillon (1995), 90, 92

Aufgabe 95

Welche Vorteile hat die Arbeit mit der in Beispiel 61 beschriebenen Wortschatzkartei gegenüber dem herkömmlichen Vokabelheft? Notieren Sie bitte einige Vorteile.

_____

_____

_____

_____

_____

_____

Mindmapping*/Gedächtniskarte

Den didaktischen Grundsatz, wonach Textarbeit auch Wortschatzarbeit ist, haben wir schon mehrfach erwähnt. Seit einigen Jahren wird eine Textverarbeitungstechnik empfohlen, die das bildhafte und verbale Denken miteinander verbindet.

Ihr Ziel ist es, das Verstehen und das Reproduzieren eines Textes zu sichern. Das Mittel dazu ist ein individuelles Wortnetz, das die Gedanken so strukturiert, wie die Lernenden die Wörter am besten behalten können.

Die beiden folgenden Beispiele 62 und 63 zeigen, dass man thematisch geordneten Wortschatz nicht immer nur linear reproduzieren lassen muss.

Beispiel 62

Notieren Sie alle Wörter, die Sie zum Thema „Schule und Bildung" kennen, in der Gedächtnis-Karte:

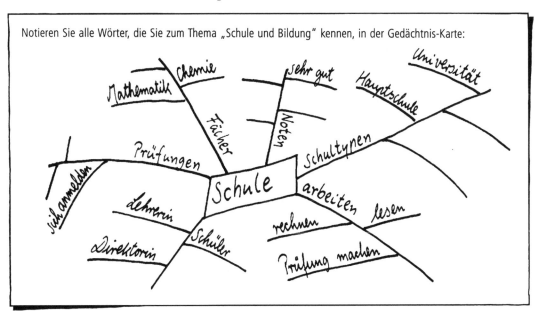

Häublein u. a. (1995), 95

Eine Variante zu den Gedächtniskarten sind Wortnetze: Vergleichbar mit Assoziogrammen und Wortigeln gehen sie von einem Wort/Begriff aus, der dann geordnet wird.

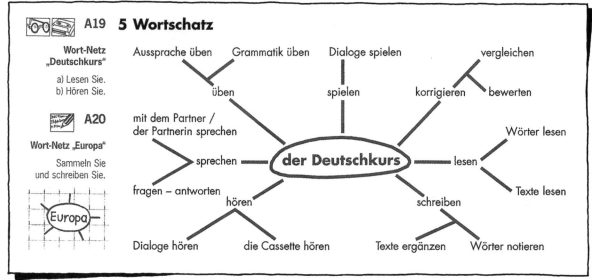

Beispiel 63

Müller u. a. (1996), 10

Gedächtniskarten können eine Alternative oder Ergänzung zum Vokabelheft sein. Die Aufgabe für die Schüler besteht darin, Wortschatz systematisch zu ordnen. Der Behaltenseffekt beruht vor allem auf der kartografischen Anordnung der Wörter. Auch nach längerer Zeit sind die Wörter noch ohne Schwierigkeit abrufbar (vgl. Holtwisch 1993).

Anregungen zur Nutzung von Gedächtniskarten für den produktiven Bereich finden Sie in der Fernstudieneinheit *Fertigkeit Schreiben*.

Ich-Wortschatz

Weil wir wissen, dass persönlich bedeutsame Wörter besser behalten werden, sollten die Schüler neben solchen kognitiven Verfahren wie den oben beschriebenen verstärkt mit dem Wortschatz arbeiten können, der sie besonders interessiert. So schlägt Kleinschroth (1992) vor, dass die Schüler Blätter anlegen, auf die sie ihren persönlichen *Ich*-Wortschatz notieren, z. B.:

> *Ich sehe mich so …*
> *Meine Familie …*
> *Meine Wohnung …*
> *Meine Hobbys …*
> *Meine Leibgerichte …*

Kleinschroth (1992), 62

In dem erwähnten Übungsbuch *Memo* (Häublein u. a. 1995) ist der Umgang mit solchen ichbezogenen Wortfeldern Teil einer jeden Lektion.

Beispiel 64

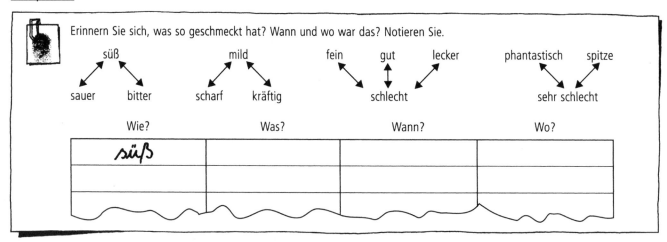

Häublein u. a. (1995), 46

Wörter im Raum

Ein etwas außergewöhnliches, aber dadurch einprägsames Verfahren ist es, Wörter in einen Raum zu „hängen": Den Lernenden wird empfohlen, Wörter auf Haftzettel zu schreiben und diese in der Wohnung anzubringen, möglichst an einer Stelle, wo sie ins Auge fallen oder wo die Schüler oft vorbeigehen. Auch Gegenstände in der Wohnung können mit ihrem Namen „behaftet" werden (Gardinenleiste, Steckdose usw.).

Dem könnte vorausgehen oder folgen, dass man Bezeichnungen/Begriffe, die auf einem Bild zu sehen sind oder in einem Text vorkommen, in einen vorgestellten oder vorstellbaren Raum schreibt – wie im folgenden Beispiel.

Beispiel 65

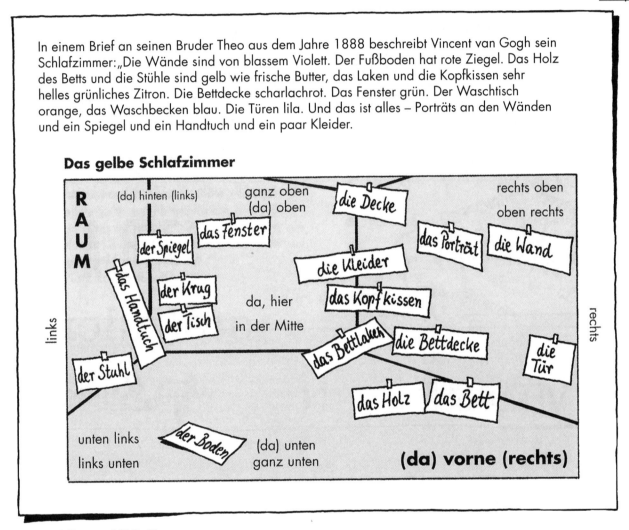

In einem Brief an seinen Bruder Theo aus dem Jahre 1888 beschreibt Vincent van Gogh sein Schlafzimmer: „Die Wände sind von blassem Violett. Der Fußboden hat rote Ziegel. Das Holz des Betts und die Stühle sind gelb wie frische Butter, das Laken und die Kopfkissen sehr helles grünliches Zitron. Die Bettdecke scharlachrot. Das Fenster grün. Der Waschtisch orange, das Waschbecken blau. Die Türen lila. Und das ist alles – Porträts an den Wänden und ein Spiegel und ein Handtuch und ein paar Kleider.

Das gelbe Schlafzimmer

Müller u. a. (1996), 52

Wörter interessant machen

Weil wir uns Ungewöhnliches besser merken als Normales, sollten wir versuchen, dass wir die Wörter für die Lernenden gelegentlich interessant machen. Solche Auffällig-keiten können mit verschiedenen Mitteln erzeugt werden, wie die folgenden Beispiele zeigen (siehe zu den Beispielen 66 a/b und 67 auch Lösungsschlüssel, S. 168).

Beispiel 66 a

In den 1950er- bis 1970er-Jahren entwickelte sich eine experimentelle Poesieform als Gegenpol zur traditionellen, in sich geschlossenen Lyrik: die konkrete Poesie. Besonders ihre Variante – die Wortbedeutung auch grafisch, visuell darzustellen (Wortbilder) – hat Eingang in den Deutsch-als-Fremdsprache-Unterricht gefunden.

<u>Beispiel 66 b</u>

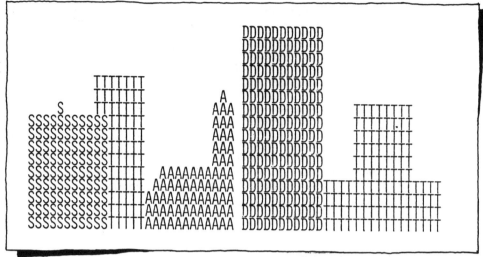

<u>Beispiel 66 c</u>

Garbe/Garbe (1982), 56

MAGENBITTER   KNÖPFE   REISSVERSCHLUSS

SIEG**ERPO**DEST

ZEBRA

STÜTZE

PINGP O NG   MÄUSEFALLE

ste(h)len

Punkte

VERLASSE   N

U_{NORD}NUNG

nach: Boog u. a. (1989), 5

<u>Aufgabe 96</u>

1. Stellen Sie die folgenden Wörter (oder Wörter Ihrer Wahl) als Wortbilder dar:

Angst, heben, ich, Baum ...

2. Regen Sie Ihre Schüler an, Wortbilder zu entwickeln.

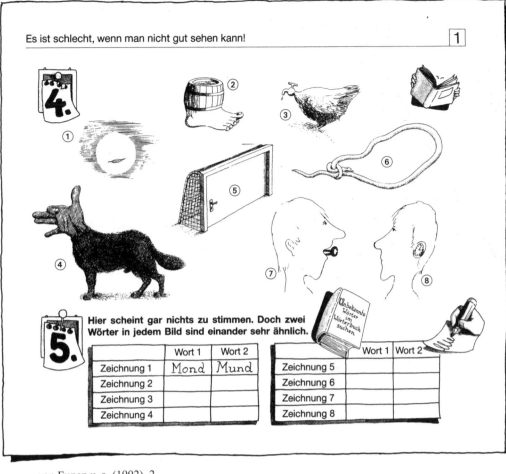

Es ist schlecht, wenn man nicht gut sehen kann! |1|

Hier scheint gar nichts zu stimmen. Doch zwei Wörter in jedem Bild sind einander sehr ähnlich.

	Wort 1	Wort 2
Zeichnung 1	Mond	Mund
Zeichnung 2		
Zeichnung 3		
Zeichnung 4		

	Wort 1	Wort 2
Zeichnung 5		
Zeichnung 6		
Zeichnung 7		
Zeichnung 8		

van Eunen u. a. (1992), 2

Welche Wörter sollen mit den folgenden Zeichnungen interessant gemacht werden? Notieren Sie bitte.

Spritze

Igel

Fingernägel

nach: Vester (1975/78), 162

Lerntipps geben

Explizite Hinweise und Anregungen zu Lernstrategien und -techniken findet man inzwischen in fast allen neueren Lehrwerken. Häufig sind solche Kapitel und Abschnitte lediglich anders bezeichnet, z. B. mit *Lerntipp*, *Lernen lernen* oder *eine Sprache lernen*. Wir zeigen Ihnen hier einige Beispiele zum Wortschatzlernen.

Aufgabe 98

Sehen Sie sich bitte die Beispiele 69 a – 69 c an: Welche Lerntipps werden gegeben? Sind Sie Ihrer Meinung nach hilfreich? Begründen Sie Ihre Meinung.

Beispiel 69 a

Lerntip Nomen, Artikel und Bilder verbinden.

der

das

die

6 Eine Liste machen. Die Wörter aus 3 und 4 ordnen.

der Elefant, der Kuli   das Haus, das Buch   die Tänzerin, die Gitarre

Funk u. a. (1994 a), 19

Beispiel 69 b

15 WÖRTER
WORT-GRÜPPCHEN

SO IST ES (VIEL ZU OFT):
Viele, die Deutsch lernen, lernen die Wörter isoliert, als Einzelwörter. Aber die Wörter sitzen nicht isoliert irgendwo im Wörterbuch. Sie stehen in verwandtschaftlicher oder freundschaftlicher Verbindung mit anderen Wörtern, sie bilden „Wortgrüppchen". So soll man sie auch lernen.

WAS TUN?
Wer ein Wort lernt, soll seine Aufmerksamkeit nicht nur auf das einzelne Wort konzentrieren, sondern auf die ganze Wortgruppe richten.

WIE GEHT DAS?
Suche die anderen Wörter, die mit deinem Wort in Beziehung stehen. Mache dir verschiedene Beziehungen klar.

GANZ KONKRET:
Bei Verben: Wie heißt die Nominalisierung; bei Nominalisierungen: Wie heißt das Verb dazu? (unterschreiben/Unterschrift)
Bei Nomen: Was kann man damit machen? (Schloß oder Kirche: besichtigen/restaurieren/renovieren...)
Viele Wörter haben Gegenteile oder Negationen (erlauben/verbieten; erledigt/unerledigt; Arbeit/Freizeit oder Muße).
Viele Wörter stehen in einer Gruppe von Alternativen (Regen/Schnee/Sturm/Gewitter).

Rug u. a. (1991), 20

Gute Bedingungen für das Lernen: Ergänze die Lerntipps.

1. Wenn ich … lerne, arbeite ich immer mit der Wortschatzkiste.
2. Wenn ich Dialoge …, dann arbeite ich oft mit einem Partner.
3. Wenn ich einen …, versuche ich es zuerst ohne Wörterbuch.
4. Wenn ich müde bin, dann mache ich eine …
5. … Test vorbereite, mache ich mir einen Plan.
6. … Aussprache übe, dann arbeite ich meistens … Kassettenrecorder.
7. …

Funk u. a. (1997), 16

Reflexion

Wie die Beispiele zeigen, sollten wir die Lernenden nicht nur informieren, sondern mit ihnen auch darüber sprechen, ob und welche Empfehlungen ihnen geholfen haben. Auf jeden Fall aber sollten wir die Schüler zum Ausprobieren anregen.

Die Erfahrungen besagen allgemein, dass Mnemotechniken das Lernen und Behalten von Wörtern verbessern. Was aber auch gesagt werden muss, ist Folgendes: Erfolgreiches Wortschatzlernen hängt nicht allein von bestimmten Techniken (Tricks) oder spektakulären Strategien ab, sondern von der Gesamtheit der Unterrichtsbedingungen. Wir sollten also nie vergessen, dass ohne die Motivation der Schüler zum Lernen alle unterrichtlichen Bemühungen umsonst sind. Auch die Fähigkeit, Gelerntes zu behalten, zu verstehen und produktiv anwenden zu können, hängt letztlich von der Einstellung zur Fremdsprache, von den sozialen Beziehungen in der Gruppe, von der Lernatmosphäre und anderen Faktoren ab.

● **Arbeit mit dem Wörterbuch**

Aufgabe 99

Eine didaktische Regel im heutigen Fremdsprachenunterricht lautet: „Der Griff zum Wörterbuch ist prinzipiell immer nur die zweitbeste Möglichkeit der Bedeutungserschließung".

Sind Sie auch dieser Meinung? Warum – warum nicht?

_____

_____

_____

_____

_____

_____

_____

_____

Das Schema in Aufgabe 100 (S. 110) zeigt Ihnen ein Frageverfahren für die Worterschließung, das Sie anwenden können, bevor Sie zum Wörterbuch greifen.

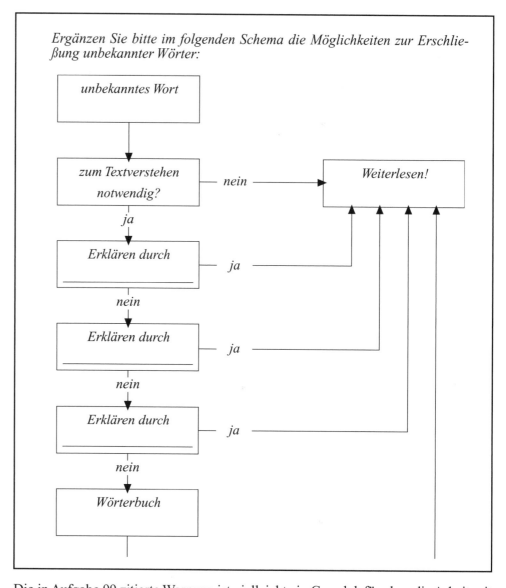

Ergänzen Sie bitte im folgenden Schema die Möglichkeiten zur Erschließung unbekannter Wörter:

Die in Aufgabe 99 zitierte Warnung ist vielleicht ein Grund dafür, dass die Arbeit mit dem Wörterbuch im Unterricht vernachlässigt wird – mit der Folge, dass Schüler (und Lehrer) den Nutzen von Wörterbüchern unterschätzen. Wenn dann doch zum Wörterbuch gegriffen werden muss, führt die mangelnde Fertigkeit im Nachschlagen schnell zu Enttäuschungen und verstärkt die Abneigung gegenüber dem Wörterbuch.

gegen schnelles Nachschlagen im Wörterbuch

Die Über- und Unterschätzung von Wörterbüchern sind Extreme, die nicht die Lösung sein können. Gegen den vorschnellen Griff zum Wörterbuch spricht, dass die Schüler auch andere Strategien der Bedeutungserschließung nutzen können und sollen.

für Nachschlagen im Wörterbuch

Für die Verwendung des Wörterbuches spricht, dass es in nicht wenigen Fällen der einzige und sicherste Ratgeber bleibt. Als Kulturtechnik ist das Nachschlagen auch über die Schulzeit hinaus akzeptiert. Im Unterricht ist es ein Hilfsmittel, um Texte zu verstehen und sich sprachlich angemessen, variabel und korrekt auszudrücken.

Lernstrategien

Zwei Lernstrategien stehen dabei im Vordergrund:
➤ der Umgang mit dem Wörterbuch selbst, also die Technik des Nachschlagens,
➤ und die zielgerichtete Verwendung beim Verstehen und Sich-Äußern.

Beide müssen trainiert werden. Dabei ist das Nachschlagen die Voraussetzung für die zielgerichtete Verwendung.

welches Wörterbuch?

Eine wichtige Entscheidung ist, welches Wörterbuch im Unterricht benutzt wird. Die Zahl der Wörterbücher ist groß und ihre Funktionen und Adressaten sind sehr unterschiedlich. Während Anfänger vorwiegend mit zweisprachigen Wörterbüchern lernen, kommen auf der Mittelstufe zunehmend einsprachige hinzu, z. B. Lernerwörterbücher. Erst im Unterricht mit Fortgeschrittenen werden einsprachige Spezialwörterbücher wichtig.

Vorbereitende Übungen zum Gebrauch des Wörterbuches

Die Glossare der Lehrbücher – vorausgesetzt, es wird damit gearbeitet – bilden die Vorstufe für den Umgang mit **zweisprachigen** Wörterbüchern. Als Erstes sollten die Schüler selbst entdecken, was bei solchen Wörterbüchern anders ist als in dem Glossar ihres Lehrbuchs.

Aufgabe 101

Zu welchem Ergebnis werden Lernende beim Vergleich folgender Einträge mit den herkömmlichen Glossaren kommen? Notieren Sie bitte.

Beispiel 70 a

Prüfung 1. *von Kenntnissen:* exam [△ ɪg-'zæm], test, *förmlich* examination; **schriftliche** (*bzw.* **mündliche**) **Prüfung** written (*bzw.* oral) exam; *eine Prüfung machen* take* an exam; *eine Prüfung bestehen* (*bzw.* **nicht bestehen**) pass (*bzw.* fail) an exam **2.** (≈ *Untersuchung*) examination, investigation **3.** (≈ *Überprüfung*) checking **4.** (≈ *Erprobung*) trial, test

prüfen 1. examine [△ ɪg'zæmɪn], test (*Bewerber, Schüler usw.*) **2.** (≈ *kontrollieren*) check (*Ölstand usw.*) **3.** **etwas prüfen** (≈ *erproben*) test something, (≈ *untersuchen, genau betrachten*) examine (*oder* study) something **4.** consider (*Vorschlag, Angebot*) **5.** investigate, look into (*Beschwerde usw.*) **6.** *auf Richtigkeit:* check (*Behauptung, Angaben usw.*)

Langenscheidt's Power Dictionary (1997), 728

Beispiel 70 b

Prüfung ['pryːfʊŋ] *f, -, -n*
Die schriftliche Prüfung war schwieriger als die mündliche.

exam *n*
The written exam was harder than the oral exam.

Basic German Vocabulary (1991), 265

Beispiel 70 c

Prüfung *f* **1.** (*Sch, Univ*) exam, examination. **eine ~ machen** to take *or* do an exam.
2. (*Überprüfung*) check. checking *no indef art*; (*Untersuchung*) examination, checking *no indef art*; (*durch Ausprobieren*) test, testing *no indef art*; (*von Geschäftsbüchern*) audit, examination, checking *no indef art*; (*von Lebensmitteln, Wein*) inspection, testing *no indef art*. **eine gründliche ~ einer Maschine vornehmen** to check *or* examine *or* test a machine thoroughly, to give a machine a thorough check *or* examination *or* test; **bei nochmaliger ~ der Rechnung** on re-checking the account; **er führt (Wirtschafts)~en bei Firmen durch** he audits firms' books; **nach/bei ~ Ihrer Beschwerde/dieser Sache ...** after/on looking into *or* investigating your complaint/ the matter.
3. (*Erwägung*) consideration. **die ~ seiner Entscheidung** the reconsideration of one's decision.
4. (*Heimsuchung*) test, trial.

Breitsprecher u. a. (1983), 885

Wörterbücher verwenden bestimmte Zeichen, Abkürzungen, Hervorhebungen usw. Deshalb ist als Nächstes zu klären, was diese Zeichen, Abkürzungen und zusätzlichen Hinweise bedeuten. Das geschieht an konkreten Beispielen, schrittweise und unter Anleitung des Lehrers.

Abkürzungen und Zeichen erklären

Aufgabe 102

> *Wie würden Sie die folgenden von Lernenden gestellten Fragen zur Zeichen-erklärung in Wörterbüchern beantworten? Sie können für Ihre Antworten die Beispiele 70 a – 70 c in Aufgabe 101 heranziehen.*
>
> 1. *Warum findet man bei manchen Wörtern (a), (b), (c) bzw. **1., 2., 3.** usw.?*
>
> 2. *Was heißt f, m, n bei den Substantiven?*
>
> 3. *Wo steht, wie das Wort ausgesprochen wird?*
>
> 4. *Was bedeutet ~ , was bedeutet ≈ ?*
>
> 5. *Stichwörter sind fett gedruckt – nennen Sie sie.*
>
> 6. *Welche Informationen findet man bei Verben?*

Natürlich entscheidet das jeweils verwendete Wörterbuch über den Umfang solcher Aufgaben. Wichtig ist aber, dass ohne die Kenntnis dieser Hinweise das Nachschlagen nur die Hälfte wert ist. Die Symbole und Abkürzungen sollten den Schülern am besten als (kopierte) Übersicht zur Verfügung gestellt werden.

Ein entscheidender Faktor im Umgang mit dem Wörterbuch ist die Zeit. Langes und erfolgloses Suchen kann sehr demotivierend sein. Ein häufiger Grund für den hohen Zeitaufwand ist, dass die Lernenden das deutsche Alphabet nicht genügend automatisiert haben. Auch hierfür sind vorbereitende Übungen sinnvoll.

➤ **Beispiele für alphabetisches Ordnen (ohne Wörterbuch)**

> 1. Ordnen Sie die Buchstaben nach dem Alphabet: *f – r – b – k – ...*
>
> 2. Ordnen Sie die Wörter alphabetisch:
>   *Prüfung – Diktat – Landkarte – ...* (erster Buchstabe)
>   *Prüfung – Poster – Pullover – ...* (die ersten beiden Buchstaben)
>
> 3. Ordnen Sie die zusammengesetzten Wörter:
>   *Mittelgebirge – Mitteleuropa – Mittelfinger – ...*
>
> 4. Wie ist die alphabetische Reihenfolge?
>   *Mühle – Muster – Märchen – Möhre – Mond – ...*

➤ **Beispiele für alphabetisches Ordnen (mit Wörterbuch)**

> 1. Welches Wort steht nach *Rauch, kurvig, lenken*? Schreiben Sie die Lösungen in die Tabelle.
>
> | Wort | danach | Seite | / | Spalte |
> |---|---|---|---|---|
> | Rauch | Raucher | (217) | / | (2) |
> | kurvig | | | | |
> | lenken | | | | |
>
> 2. Welches Wort steht vor *Rauch, kurvig, lenken*?
>
> 3. Welches Wort steht zwischen
>   *tragen* und *Träger*, *Franzose* und *französisch*, *reif* und *Reifen*?
>
> 4. Ergänzen Sie die fehlenden Buchstaben. Wo steht das Wort? (S. = Seite)
>
>   *B-ötchen* (S. _____), *Fahr-rad* (S. _____), *be-sitzen* (S. _____)
>
> 5. Wo schlagen Sie bei folgenden Wörtern nach?
>   *Würmer – rief – gesprochen – ...*

Für den Unterricht sind **einsprachige** Lernerwörterbücher besonders hilfreich.

1. *Wo liegt der besondere Nutzen eines einsprachigen (Lerner-)Wörterbuchs für die Schüler?*

2. *Welcher der beiden Auszüge stammt aus einem Lernerwörterbuch? Warum?*

tröp·feln; *tröpfelte, hat / ist getröpfelt*; Vt *(hat)* **1 etw. irgendwohin t.** e-e Flüssigkeit in kleinen Tropfen langsam irgendwohin fallen lassen ≈ träufeln: *Medizin in ein Glas Wasser t.*; Vi **2 etw. tröpfelt** *(hat)* ein Wasserhahn *o. Ä.* ist undicht **3 j-s Nase tröpfelt** *(hat)* j-d ist erkältet *o. Ä.* u. seine Nase läuft **4 etw. tröpfelt irgendwoher / irgendwohin** *(ist)* etw. fällt in kleinen Tropfen (langsam u. in kleinen Abständen) herunter: *Aus deinem Tank tröpfelt Benzin*; Vimp *(hat)* **5 es tröpfelt** es regnet schwach

Götz u. a. (Hrsg.) (1998), 997

⟨Adv.⟩: **1.** *in kleinen Tropfen:* eine Medizin t. verabreichen. **2.** *(ugs.) in kleinen, [zögernd] aufeinander folgenden Teilen; nach u. nach:* ein Manuskript t. abliefern; **tröp|feln** ⟨sw. V.⟩ [spätmhd. trepflen, Weiterbildung zu ↑tropfen]: **1.** *in kleinen Tropfen schwach [u. langsam] niederfallen od. an etw. herabrinnen* ⟨ist⟩: Blut tröpfelt auf die Erde, aus der Wunde; Regen tröpfelte von den Blättern der Bäume. **2.** *(irgendwohin) tröpfeln (1) lassen* ⟨hat⟩: die Medizin auf den Löffel, in die Wunde t. **3.** ⟨unpers.⟩ *(ugs.) in vereinzelten kleinen Tropfen regnen* ⟨hat⟩: es tröpfelt schon, nur; **trop|fen** ⟨sw. V.⟩ [mhd. tropfen,

Drosdowski u. a. (Hrsg.) (1996), 1564

Inhaltliche Übungen zur Verwendung des Wörterbuches

Hier soll geübt werden, wie das Wörterbuch den rezeptiven und produktiven Sprachgebrauch unterstützen kann. Dabei sind vielfältige Übungen mit jeweils anders akzentuierten Lernzielen möglich.

Ihre Schüler sollen die folgenden unterstrichenen Wörter auf S. 113 und 114 im Wörterbuch nachschlagen. Dabei finden sie verschiedene Informationen. Ergänzen bzw. korrigieren Sie die folgenden Übungen und notieren Sie, welches Lernziel (LZ) dabei jeweils im Vordergrund steht?

1.

   Nadel   *an Bäumen*   _____   _____

   LZ: _____

2. *hoch* – *tief* *hoch* – _____   *hoch* – _____

   LZ: _____

3. Gestern beobachtete ich im Garten ein *Eichhörnchen*.

   LZ: _____

4. hoch   – _____ – *am höchsten*

   _____ – *heiser* – _____

   laut   – _____ – _____

   LZ: _____

5. Ich wollte den Schnellzug um fünf *fangen*.
   Der Arzt *durchsuchte* meinen Magen.
   Am Sonntag wollen viele Leute *stadtbummeln*.

   LZ: _____

6. *Ein <u>Stück</u> Butter/Käse/* _____

   LZ: _____

7. *„Lügen haben* _____ *Beine.“*
   (lange, krumme, dicke, kurze, dünne)

   LZ: _____

8. *<u>Marokko</u>*   *Marokkaner/in*   *marokkanisch*
   <u>Russland</u>
                    _____   _____
   _____   *<u>Däne</u>*
   _____   _____   *<u>japanisch</u>*

   LZ: _____

9. *Pirat*   *der,*   *- en,*   *-en*
   Koffer ___, ___, ___
   Uhr   ___, ___, ___

   LZ: _____

10. *Mar•me•la•de – Ta•bel•le – Deutschunterricht – …*

    LZ: _____

Die Übungsreihe lässt sich ohne Schwierigkeit verlängern. Spielerische Formen (z. B. Gruppenwettbewerbe, Rätsel) können die Motivation der Lernenden zusätzlich steigern.

Arbeit mit Fortgeschrittenen

Wer mit Fortgeschrittenen arbeitet, sollte die Besonderheit zusätzlicher einsprachiger Wörterbücher verdeutlichen – wir zeigen Ihnen hier nur drei Beispiele.

Beispiel 72 a – c

a)
Korb, der; Gen. *Korb[e]s*, Pl. *Körbe* od. *Korb* **1. (zum Plural)** Bei Maßangaben kann der Plural *Körbe*, auch *Korb* lauten: *es wurden zehn Körbe* od. *Korb Äpfel aufgesammelt.* In der fachspr. Bedeutung der Fischerei 'Fischfang von 50 kg' ist nur der Plural *Korb* üblich: *es wurden 10 Korb Dorsch angelandet*; ↑ auch Maß-, Mengen- und Geldbezeichnungen (1.1.1.1.) – **2. (zum Kasus nach „Korb")** Nach *Korb* steht das Gemessene gewöhnlich im Nominativ: *ein*

b)
einsitzig
viersitzig
witzig
wahnwitzig
unwitzig
aberwitzig
vorwitzig
fürwitzig
großkotzig
glotzig
klotzig
motzig

c)
Grünanlage, die: ↗ Park (1)
Grund, der: **1.** ↗ Veranlassung (1), Ursache – **2.** ↗ Erdboden (1), Meeresboden – **3.** ↗ Tal (1)– **4.** ↗ Grundlage (1), Hintergrund (1) – **5.** ↗ Grundstück (I) – **6.** ↗ Kaffeesatz – **7.** auf G.: ↗ wegen; auf G. dessen, aus diesem [kühlen] / dem einfachen Grunde: ↗ deshalb; mit [gutem] G.: ↗ Recht (6); ohne G.: ↗ gegenstandslos; aus welchem G.: ↗ warum; im Grunde [genommen]: ↗ eigentlich (1); auf den G. gehen: ↗ untersuchen (1); G. und Boden: ↗ Grundbesitz; von G. auf: ↗ gründlich (2); bis in den G. hinein, bis auf den G.: ↗ ganz (1); den G. legen |zu|: ↗ gründen (I, 2); auf den G. gehen / kommen: ↗ ergründen (1); auf G. laufen / geraten: ↗ stranden (1); in den

Dückert/Kempcke (Hrsg.) (1984), 306   Mater (1970), 171   Görner/Kempcke (Hrsg.) (1973), 289

Beispiel 72 a erklärt die Grammatik und Verwendungsschwierigkeiten bestimmter Wörter.

Beispiel 72 b ist ein rückläufiges Wörterbuch, das vom Wortende her alphabetisch geordnete Wörter einer bestimmten Wortart auflistet, z. B. Adjektive auf *-ig* und Wortfamilien, z. B. *-witz*.

Beispiel 72 c, ein Synonymwörterbuch, benennt Synonyme und Bedeutungsgruppen und gibt Verweise dazu.

Zusammenfassung

Das didaktische Ziel der Arbeit mit dem Wörterbuch lässt sich so zusammenfassen: Die Lernenden sollten im Wörterbuch ein Mittel erkennen, das ihnen gute Dienste leisten kann – nicht nur bei der Bedeutungserschließung, sondern auch bei der Überprüfung der Orthografie, der Aussprache und der Grammatik der Wörter. Parallel dazu sind sie zu ermutigen, nicht sofort beim ersten unbekannten Wort nachzuschlagen. Die häufig geforderte kritische Distanz dem Wörterbuch gegenüber kann aber erst mit einem ausreichenden Maß an Erfahrung entstehen. Ein bloßes Wörterbuchverbot hat wenig Sinn.

3.3 Wortschatz üben

Das Üben wird nicht selten als das Herzstück des Fremdsprachenunterrichts bezeichnet. Tatsache ist, dass der Wortschatz bei allen Sprachübungen immer (mit)geübt wird.

Aufgabe 105

> *Was meinen Sie: Müssen Sie dennoch mit Ihren Schülern den Wortschatz noch extra üben? Was bedeutet für Sie, Wörter zu üben?*

Bekannt ist auch, dass wir Wörter erst dann beherrschen, wenn wir sie „richtig" verwenden, also im doppelten Sinne **gebrauchen** können. Übungen hängen von vielen Faktoren ab, unter anderem

– vom Übungsziel,
– vom Gegenstand,
– von den Lernenden,
– vom Übungsmaterial selbst.

Die Vielfalt der Faktoren dürfte auch der Grund dafür sein, warum in der Fachliteratur unterschiedlich bestimmt wird, was eine Übung ist und wie sie sich von einer Aufgabe unterscheidet. An dieser Diskussion wollen wir uns hier nicht beteiligen.

3.3.1 Übungsformen – die Qual der Wahl?

1. Können Ihrer Meinung nach mit der folgenden Darstellung Wörter erklärt, geübt oder kontrolliert werden?

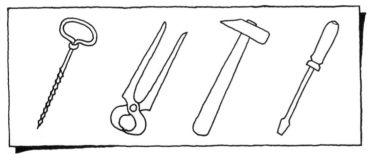

Zingel (1981), 97

2. Wie würden Sie mit dieser Abbildung die Wörter
 – *erklären?*
 – *üben?*
 – *kontrollieren?*

Aufgabe 106

Beispiel 73

Bekanntlich gibt es viele Möglichkeiten, den Wortschatz zu üben. Solche Übungen sind in verschiedenen Übungstypologien zusammengestellt:

Literaturhinweise

– Doyé (1988): *Typologie der Testaufgaben für den Unterricht Deutsch als Fremdsprache.*
– Heyd (1991): *Deutschlernen. Grundwissen für den Unterricht in Deutsch als Fremdsprache.*
– Löschmann (1993): *Effiziente Wortschatzarbeit. Alte und neue Wege.*
– Häussermann/Piepho (1996): *Aufgabenhandbuch Deutsch als Fremdsprache. Abriß einer Aufgaben- und Übungstypologie.*

Hier sind nahezu alle herkömmlichen Übungsformen zu finden. Das Problem ist weniger die Vielfalt der Übungsformen als die Klassifizierung nach Übungszielen.

Kriterien der Gliederung von Wortschatzübungen

Wortschatzübungen können nach sehr unterschiedlichen Kriterien gegliedert werden.

Nach dem zu übenden Bereich/Gegenstand unterscheidet man z. B.:

➤ Übungen zur Phonetik

Systematische Übungen zur Phonetik und auch zur Rechtschreibung gibt es in den Unterrichtsmaterialien für Deutsch als Fremdsprache eher selten. In *Tangram* (Dallapiazza u. a. 1998) findet man Beispiele für Phonetik, in *Stufen international* (Vorderwülbecke/Vorderwülbecke 1995) für Phonetik und Orthografie.

Beispiel 74

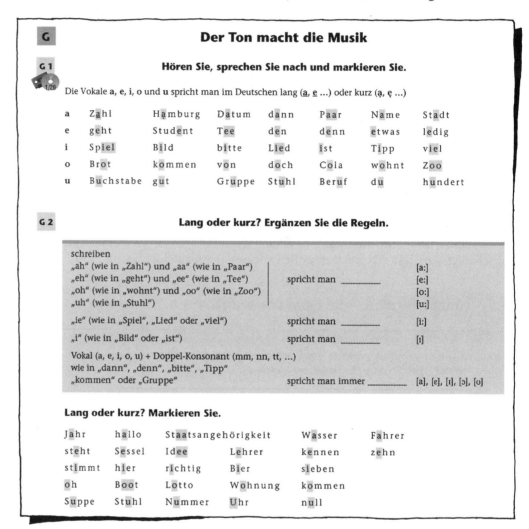

Dallapiazza u. a. (1998), Arbeitsbuch, 27

➤ Übungen zur Orthografie

Beispiel 75

> **Ortogravieh** *phie*
>
> **11. EXPERIMENT-Bericht über Japan**
> **a) Ergänzen Sie die Nachsilben -ig, -lich, -isch.**
> 1. Schon immer wollte ich Japan kennenlernen und natür_____ auch Japan_____ lernen.
> 2. Meine Gastfamilie war sehr freund_____ und herz_____. 3. Sprach_____ war es am Anfang etwas problemat_____ für mich, weil ich leider nur sehr wen_____ Japan_____ konnte. 4. Aber die Leute waren sehr höf_____, auch wenn mein Japan_____ für die Japaner zieml_____ unverständ_____ und kom_____ war. 5. Gewohnt habe ich in einem typ_____en Haus. 6. Es ist dort wicht_____, daß man am Eingang die Schuhe auszieht.
> 7. Das habe ich am Anfang regelmäß_____ vergessen, aber am Ende schon ganz automat_____ gemacht. 8. Das Essen war zunächst auch etwas exot_____ für mich, aber jetzt mag ich vieles gern. 9. So bald wie mög_____ möchte ich wieder nach Japan fahren.

Vorderwülbecke/Vorderwülbecke (1995), 131

- Übungen zur Morphologie, z. B. zu Strukturwörtern und Partikeln
- Übungen zur Lexik und Semantik (Bedeutung), z. B. zu Antonymen, zu Synonymen und zu Wortfamilien
- Übungen zur Wortbildung
- Übungen zur Umschreibung
- Übungen zu stilistischen Varianten und idiomatischen Wendungen

Nach der Art der Bedeutungserschließung unterscheidet man z. B.:

- das Definieren
- das Umschreiben
- das Assoziieren
- das Vergleichen
- das Erschließen aus dem Kontext

Nach kognitiven Kriterien unterscheidet man z. B.:

- das Zuordnen
- die Reihenbildung
- das Aussondern

In den Lehrmaterialien sind als Ordnungskriterien **rezeptive** und **produktive** Übungen sowie Übungen auf der **Wort-, Satz- oder Textebene** weit verbreitet. Eigene Gliederungskriterien wären Übungen mit dem Wörterbuch und dem Computer und kontrastive Übungen, wenn wir die Beziehungen zwischen Ausgangs- und Zielsprache bewusst machen.

Man erkennt, dass sich die einzelnen Einteilungsgesichtspunkte überschneiden und vermischen. Das liegt in der Natur von Wortschatzübungen.

Kriterien
überschneiden sich

Was wird in dem folgenden Beispiel verlangt?

Aufgabe 107
Beispiel 76

22. Ergänzen Sie.

> Ap – barn – Dach – de – ~~Er~~ – fort – gel – haus – Hoch – Hof – Kom – Krach – Lärm – l~~aub~~ – ment – Mi – Mie – mie – Nach – ~~nis~~ – nu – par – Platz – Streit – te – te – ten – ter – Ver – Vö – Wän

a) Es ist nicht verboten, wir haben die ____*Erlaubnis*____ .
b) Auf dem Haus ist das _____.
c) Eine Stunde hat 60 _____.
d) Dort kann man wohnen: _____ und _____.
e) Hier spielen die Kinder manchmal: _____.
f) Auch ein Ehepaar hat manchmal _____.
g) Die Miete bekommt der _____.
h) Beide Familien wohnen im zweiten Stock, sie sind _____.
i) Morgens singen die _____.
j) Ein Zimmer hat vier _____.
k) Beide Kinder haben ein Zimmer, wir haben viel _____.
l) Eine Wohnung mit _____ ist teuer.
m) Die Wohnung kostet 570 Mark _____ pro Monat.
n) Das ist sehr laut und stört die Nachbarn: _____ und

_____.

Bock u. a. (1993), 63

117

Die bisher betrachteten Übungstypologien bieten vielfältige Übungsmöglichkeiten. Sie konzentrieren sich stark auf den Übungsgegenstand. Wichtig ist, dass wir dabei nicht die Orientierung auf die Lernenden vernachlässigen. Übungen zum Wortschatz sollten also auch solche Komponenten berücksichtigen wie Autonomie, Sozialformen, Lernertypen und Kreativität.

3.3.2 Übungsgrundsätze

Übungen sind Mittel zum Zweck: Die Lernenden entwickeln zunehmend Sprachkompetenz, in unserem Fall ist es eine Teilkompetenz im Gebrauch lexikalischer Mittel. Auf dem Wege dorthin sollten wir uns an einige Grundsätze halten, die den Übungsprozess insgesamt betreffen. Wir rücken drei davon in den Vordergrund.

➤ **Der Wortschatz ist systematisch zu üben.** Das meint keine strenge Ordnung und Abfolge von Einzelübungen, sondern eine Vielfalt, die kommunikative und kognitive Anforderungen umfasst und die den Verstehens- und Mitteilungswortschatz gleichermaßen (nicht in gleicher Weise) entwickeln hilft.

➤ **Der Wortschatz sollte wirklichkeitsnah geübt werden**, d. h. so oft wie möglich in thematische, situative und Handlungszusammenhänge eingebettet werden. Wirklichkeitsnah heißt nicht, dass die jeweilige Übungssituation unbedingt real sein muss, der Lernende muss sie sich aber als real vorstellen können.

➤ **Den Wortschatz üben die Schüler.** Da diese unterschiedliche Voraussetzungen und Bedürfnisse haben, sind auch differenzierende Übungen notwendig. Außerdem erfordern Übungen in aller Regel etwas Anstrengung und Mühe. Deshalb sollten wir möglichst auch Aufgaben anbieten, die zum Wortschatzüben anregen.

Zur Systematik der folgenden Übungen

Wie schon erwähnt, überschneiden sich die Einteilungskriterien der Übungen und es gibt eine große Vielfalt von Übungsmöglichkeiten. Wir haben als übergeordnete Kriterien das verstehensorientierte Üben, das mitteilungsorientierte Üben, das motivierende und individuelle Üben und abschließend das thematisch und situative Üben gewählt – und dies jeweils mit Beispielen auf der Wort-, Satz- und Textebene verdeutlicht. Damit sollen die rezeptive und die produktive Seite der Wortschatzarbeit, die Rolle der Lernenden und die Sprachwirklichkeit in den Vordergrund gerückt werden.

● Verstehensorientiertes Üben

Über die Bedeutung des Verstehenswortschatzes haben wir ausführlich gesprochen. Erinnern wir uns nur an eine Tatsache: Die Menge der Wörter, die wir verstehen, ist um ein Mehrfaches größer als die Zahl derjenigen, die wir produktiv gebrauchen. Die didaktische Konsequenz kann nur sein, dass wir es nicht den Schülern allein überlassen, mit dieser Menge fertig zu werden. Gerhard Neuner hat mehrfach darauf hingewiesen, dass es notwendig ist, Verstehens- und Entschlüsselungsstrategien zu vermitteln, und das bezogen auf die Wort-, Satz- und Textebene (vgl. Neuner 1991, 81).

Übungen auf der Text- und Satzebene

1. *Notieren Sie, welche Übungen Sie zum Verstehen auf der Textebene und auf der Satzebene kennen.*

   _____

   _____

   _____

   _____

2. *Sehen Sie sich noch einmal die Beispiele 2 (S. 19), 5 (S. 25) und 47 (S. 65) an. Welche Übungsformen zum Textverstehen werden dort angeboten?*

Übungen auf der Text- und Satzebene können in besonderem Maße zur Entfaltung des Verstehenswortschatzes beitragen, weil unbekannte Wörter aus dem Sinn- und Strukturzusammenhang verstanden werden müssen. Zur Ausbildung dieser analytischen Fähigkeit zeigen wir Ihnen einige wenige Übungen.

Aufgabe 109

Wie könnten Sie die Wörter „Grenze", „Leiter", „ernten" und „obwohl" aus dem Kontext erklären?

Beispiel 77

Heinrich Hannover:
Herr Böse und Herr Streit

Es war einmal ein großer Apfelbaum. Der stand genau auf der Grenze zwischen zwei Gärten. Und der eine Garten gehörte Herrn Böse und der andere Herrn Streit.

Als im Oktober die Äpfel reif wurden, holte Herr Böse mitten in der Nacht seine Leiter aus dem Keller und stieg heimlich und leise-leise auf den Baum und pflückte alle Äpfel ab.

Als Herr Streit am nächsten Tag ernten wollte, war kein einziger Apfel mehr am Baum. „Warte!" sagte Herr Streit, „Dir werd ich's heimzahlen."

Und im nächsten Jahr pflückte Herr Streit die Äpfel schon im September ab, obwohl sie noch gar nicht reif waren. „Warte!" sagte Herr Böse, „Dir werd ich's heimzahlen."

Und im nächsten Jahr pflückte Herr Böse die Äpfel schon im August, obwohl sie noch ganz grün und hart waren. „Warte!" sagte Herr Streit, „Dir werd ich's heimzahlen."

Und im nächsten Jahr pflückte Herr Streit die Äpfel schon im Juli, obwohl sie noch ganz grün und hart und sooo klein waren. „Warte!" sagte Herr Böse, „Dir werd ich's heimzahlen."

Und im nächsten Jahr pflückte Herr Böse die Äpfel schon im Juni, obwohl sie noch so klein wie Rosinen waren. „Warte!" sagte Herr Streit, „Dir werd ich's heimzahlen."

Und im nächsten Jahr schlug Herr Streit im Mai alle Blüten ab, so daß der Baum überhaupt keine Früchte mehr trug. „Warte!" sagte Herr Böse, „Dir werd ich's heimzahlen."

Und im nächsten Jahr im April schlug Herr Böse den Baum mit einer Axt um. „So", sagte Herr Böse, „jetzt hat Herr Streit seine Strafe." Von da an trafen sie sich häufiger im Laden beim Äpfelkaufen.

Neuner u. a. (1987), 69

Aufgabe 110

1. Haben Sie einen Vorschlag, wie man mit diesem Text das Wiedererkennen von Wörtern üben kann?

WieEulenspiegeleinPaarSchuheohneGeldkaufte.Eulenspiegelgingeinmal
inErfurtdurchdieSchuhmachergasse.DariefihmeineSchustersfraunach,
ersolleihrenPaarSchuheabkaufen.TillprobiertedieSchuheanundsiepass
tenihm.DieFrauschrie:HaltetdenDieb.EulenspiegelabersagtedenLeuten,
dassereinenWettlaufmachenwürde.Sieglaubtenihmundsobekamereinpaar
neueSchuhe,dieernichtbezahlthatte.DieSchuheschenkteereinemarmen
ManninderHerberge.

2. Stellen Sie sich vor, es würden alle Satzzeichen fehlen und alle Wörter wären kleingeschrieben: Wohin verlagert sich dann der Übungsschwerpunkt?

Ein gängiges Verfahren bei Verstehensübungen sind Fragen zum Text. Interessant ist die Variante, die die Rezeption der Lesenden einbezieht, sie z. B. auffordert, das Verhalten von Personen zu charakterisieren und dafür Textbelege zu finden.

Beispiel 78

<table>
<tr><td colspan="2">Gröger und Schlock</td><td>3.</td></tr>
</table>

Gröger und Schlock

3.
a) *Wer sagt das?*

Gröger			
	„Also los …"		Schlock
	„Wir haben keine Chance."		
	„Ich habe eine Idee."		
	„Aber natürlich ist sie das …"		
	„Vielleicht, vielleicht auch nicht."		

b) *Was bedeutet das?*

Gröger ist: **Schlock ist:**

_____   optimistisch/pessimistisch   _____
_____   skeptisch/enthusiastisch   _____
_____   dynamisch/passiv   _____   **c)** *Suchen Sie dafür noch*
_____   kreativ/phantasielos   _____   *andere Beispiele im Text.*

Eismann u. a. (1993), 35

Weitere Übungsmöglichkeiten finden Sie in den Fernstudieneinheiten *Lesen als Verstehen* und *Fertigkeit Lesen*.

Bei den bisherigen Beispielen haben wir uns noch nicht mit der Frage beschäftigt, zu welchem Zeitpunkt die Übungen eingesetzt werden sollen: Als Vorentlastung vor der Textlektüre, während oder nach der Textarbeit?

Aufgabe 111

1. Lesen Sie den folgenden Textauszug.

> Die Zeit vergeht. Es ist elf Uhr. Es regnet. Schlock schläft ein. „Aufwachen!" ruft Gröger. „Da kommt Zaza durch den Park!" Schlock ist sofort ganz wach.

Eismann u. a. (1993), 54

2. Wann würden Sie die folgende, zum obigen Text gehörige Übung machen lassen: vor, während oder nach der Lektüre des Textes?

Beispiel 79

Die Situation

a) *Was bedeuten die Hinweise?*
Ordnen Sie zu.

Diese Hinweise kommen im Text:

1. Die Zeit vergeht. _e_	a. Er war sehr müde.
2. Es ist elf Uhr. ___	b. Das Wetter ist schlecht.
3. Es regnet. ___	c. Er schläft gar nicht mehr.
4. Schlock schläft ein. ___	d. Jetzt ist es Nacht.
5. Schlock ist sofort ganz wach. ___	e. Es ist 8 Uhr, es ist 9 Uhr, … aber nichts passiert.

Eismann u. a. (1993), 53

Für Übungen auf der Satzebene gelten vergleichbare Möglichkeiten wie auf der Textebene. Viele davon haben Sie in den vorangegangen Kapiteln schon kennengelernt.

1. *Welche Möglichkeiten zur Bedeutungserschließung haben Sie bei den folgenden Beispielen? Zu erschließen sind die unterstrichenen Wörter.*

   a) *Rom ist die <u>Hauptstadt</u> von Italien.*

   b) *Sie hatte <u>weiche Knie</u> gehabt, weil sie Angst vor den Fragen hatte, die man ihr stellen würde.*

   c) *Die <u>Kiefer</u> ist ein Nadelbaum. Der <u>Kiefer</u> ist ein Teil des Gesichts.*

   d) *Bei null Grad wird Wasser zu <u>Eis</u>.*

   e) *Erst nachdenken, <u>dann</u> sprechen.*

   f) *Er arbeitet gern mit dem <u>Computer</u>.*

2. *Welche weiteren Möglichkeiten fallen Ihnen noch ein?*

   _____

   _____

   _____

Abschließend zeigen wir Ihnen noch zwei Beispiele, die die Übungsvielfalt in neueren Lehrwerken andeuten.

rund um die Luft

Piepho (1996), 64

27 Heinrich Hoffmann: „Die Geschichte vom fliegenden Robert"

Lies und höre den Text.

Wenn der Regen niederbraust,
Wenn der Sturm das Feld durchsaust,
Bleiben Mädchen oder Buben
Hübsch daheim in ihren Stuben. –
5 Robert aber dachte: Nein!
Das muß draußen herrlich sein! –
Und im Felde patschet er
Mit dem Regenschirm umher.
[...]

28 Lesetipp: unbekannte Wörter durch bekannte ersetzen. Wohin passen diese Wörter?

Strophe 1: fällt, läuft, Jungen, Zimmern

[...]

nach: Funk u. a. (1997), 19

Wir haben in diesem Teilkapitel bewusst keine Beispiele für sehr verbreitete Verstehensübungen auf der Textebene gezeigt, wie etwa den *Multiple-Choice*-Übungstyp, bei dem die richtige Antwort ausgewählt werden muss, oder die *Richtig-Falsch-Entscheidung* mit zwei Antwortmöglichkeiten – die Fragestellung ist dann: Steht das im Text? Wir wollten andere Möglichkeiten zeigen, und zwar:

➤ Erklärungen aus dem Kontext – auch bei Funktionswörtern, die als Signalwörter erkannt werden sollen, z. B. Konjunktionen zur Textverknüpfung (Beispiel 77, S. 119),

➤ Texte ohne Wort- und Satzgrenzen,

➤ Belege für Aussagen im Text finden (Beispiel 78, S. 120),

➤ Textstellen Umschreibungen zuordnen (Beispiel 79, S. 120).

Übungen auf der Wortebene

Zu den wichtigsten Strategien für das Verstehen von Einzelwörtern gehören die Nutzung des Kontextes, der Einsatz von Wortbildungskenntnissen, der Rückgriff auf die Muttersprache oder schon gelernte Fremdsprachen und das Nachschlagen in Wörterbüchern.

Für unsere Diskussion haben wir Übungen zur Wortbildung ausgewählt.

Aufgabe 113

> 1. *Haben Sie Ihre Schüler von Anfang an für das Phänomen „Wortbildung" sensibilisiert?*
>
>   ☐ *ja*　　☐ *manchmal*　　☐ *kaum*
>
> 2. *Wie sind die Wortbildungskenntnisse Ihrer Schüler? (Das ist natürlich relativ und hängt von der Ausbildungsstufe ab.)*
>
>   ☐ *gut*　　☐ *ausreichend*　　☐ *(zu) gering*
>
> 3. *Notieren Sie bitte so konkret wie möglich, was Ihre Schüler über die Bildung zusammengesetzter Substantive wissen.*
>
>   _____
>
>   _____
>
>   _____
>
> 4. *Welche Lernprobleme gibt es aus Ihrer Sicht bei der Wortbildung?*
>
>   _____
>
>   _____
>
>   _____
>
> 5. *Nennen Sie bitte drei Übungen, mit denen Sie in Ihrem Unterricht erfolgreich Wortbildung üben.*
>
>   _____
>
>   _____
>
>   _____

Die nachfolgenden Übungen sind Beispiele, mit denen Sie arbeiten sollen. Die Liste ist keine für den Unterricht gedachte Übungsfolge. Die Übungen sind wahllos aneinandergereiht – und Sie sollen hier nach Möglichkeit etwas „Ordnung schaffen".

Ihre Aufgaben:

1. *Wählen Sie aus den folgenden Beispielen die Übungen aus, die vorrangig dem Erschließen und (Wieder-)Erkennen von Wörtern dienen.*

   Beispiel: _____

2. *Welche Übungen haben mehr produktiven Charakter, dienen also der Wortbildung selbst?*

   Beispiel: _____

3. *Markieren Sie die Übungen danach, ob zusammengesetzte oder abgeleitete Wörter den Schwerpunkt bilden.*
   Versuchen Sie dann, jede Gruppe in eine progressive Reihe zu bringen (vom Leichten zum Schweren).

   Zusammensetzungen, Beispiel: _____

   Ableitungen, Beispiel: _____

4. *Welche Übungen scheinen Ihnen wenig sinnvoll und hilfreich zu sein? Warum?*

   Beispiel: _____

Die Beispiele:

(1) Sagen Sie es kürzer.

Ein Haus, in dem man wohnt, ist ein Wohnhaus.
Ein Haus, in dem man das Wochenende verbringt, ist ein ...
Ein Haus, das aus Holz gebaut ist, ...

(2) Ordnen Sie die Wörter zu Dreiergruppen.
Begründen Sie Ihre Entscheidung.

schreiben – Frost – abfliegen – erfrieren – Schrift – fliegen
beschreiben – frostig – Flug – ...

(3) Nur ein Adjektiv passt zum Substantiv. Kombinieren Sie.

herzlich oder *herzhaft*   – _____ Grüße

kostbar oder *köstlich*   – _____ Pudding

schmerzhaft oder *schmerzlich*   – _____ Unglück

(4) Erklären Sie den Unterschied.

Blumengarten   –   *Gartenblume*
Geldtasche   –   *Taschengeld*
Reisebus   –   *Busreise*
Spielkarte   –   *Kartenspiel*

(5) Wie heißen die Personenbezeichnungen?
Bilden Sie Nomen mit den Endungen *-eur, -ent, -ant* oder *-ist.*

frisieren – musizieren – komponieren – absolvieren – ...

(6) Können Sie die Tabelle ausfüllen?

groß	Größe	
tief		vertiefen
	Höhe	
		verlängern

(7) Was ist ...?

Eine Afrikareise ist eine Reise nach Afrika.
Eine Schiffsreise ist eine Reise ...
Eine Weltreise ist eine Reise ...
Eine Traumreise ist eine Reise ...

(8) Suchen Sie aus dem Wörterbuch Verben mit den Vorsilben *ent-* oder *ver-*. Welche davon kennen Sie schon?

(9) Mit welchen Vorsilben lassen sich folgende Verben verbinden?

	be-	ent-	er-	ver-
arbeiten	+		+	+
fahren				
kaufen				
schreiben				
helfen				

(10) Verwenden Sie für *öffnen* ein Verb mit der Vorsilbe *auf-*. Gebrauchen Sie möglichst nicht *machen*.

das Buch öffnen	=	*aufschlagen*
den Wasserhahn öffnen	=	_____
den Schrank öffnen	=	_____
den Mantel öffnen	=	_____

(11) Welche Farben gefallen Ihnen am besten, welche überhaupt nicht? Welche haben Sie noch nie gesehen? Markieren Sie die Gruppen unterschiedlich!

flaschengrün – moosweiß – rabenschwarz – himmelblau – weinrot – zitronenblau – giftgrün – schokoladenbraun – ...

(12) Welches Verb passt zu welchem Substantiv?

aufblasen	*die Mütze*
anzünden	*den Ballon*
aufsetzen	*das Buch*
aufschlagen	*den Freund*
anrufen	*das Holz*

(13) Welcher Schein ist nicht aus Papier?

Fahrschein – Mondschein – Lichtschein – Lottoschein – ...

(14) Unterstreichen Sie bei den folgenden Wörtern die Vorsilben (einmal) und die Nachsilben (zweimal). Kreuzen Sie die Wörter an, die Sie kennen.

☐ *aufteilen* ☐ *beteiligen*
☐ *teilbar* ☐ *unteilbar*
☐ *Unteilbarkeit* ☐ *verteilen*
☐ *Einteilung*

● **Mitteilungsorientiertes Üben**

Schon mit Beginn des Fremdsprachenunterrichts wissen die Schüler, dass sie Wörter lernen, um Sätze und Texte verstehen und formulieren zu können. Im Unterricht selbst erleben sie den Unterschied zwischen Verstehens- und Mitteilungswortschatz nicht als Trennung, sondern eher als Einheit. Wir üben nicht eine Stunde lang nur das Verstehen, eine andere Stunde nur das Verwenden von Wörtern. Wir üben aber akzentuiert, d. h. einmal mehr verstehensorientiert, einmal mehr mitteilungsorientiert, wobei diese Übungsrichtungen ineinander übergehen können: Viele Übungen in Lehrbüchern sind eine Mischung von rezeptiven, reproduktiven und produktiven Anforderungen, wie das folgende Beispiel 82 zeigt: Vor dem Text sind auf der Seite in dem Lehrbuch acht Fotos von bekannten Personen abgebildet, denen die folgenden Berufe zugeordnet werden sollen.

Beispiel 82

Ärztin ◆ ~~Flugbegleiterin~~ ◆ Fotograf ◆ Fotomodell ◆ Fußballspieler ◆
Journalistin ◆ Schauspieler ◆ Lokführer

● *Ich glaube, Nina Ruge ist Journalistin.*

■ *Vielleicht ist sie ja auch Fotomodell.*

▲ *...*

Was passt zu welchen Berufen? Sprechen Sie über die Berufe.

Stress haben ◆ wenig Zeit für die Familie haben ◆ den Menschen helfen ◆
wenig Freizeit haben ◆ lange Arbeitszeiten haben ◆ alleine arbeiten ◆
keine festen Arbeitszeiten haben ◆ nachts arbeiten ◆ im Team arbeiten ◆
mit vielen Leuten arbeiten ◆ viel unterwegs sein ◆ viel reisen ◆ viele Fans haben ◆
viel Geld verdienen ◆ ein festes Einkommen haben ◆ freiberuflich arbeiten ◆ ...

● *Den Beruf Fotomodell finde ich interessant.* ↘

■ *Ein Fotomodell reist viel→ und verdient viel Geld.* ↘

▲ *Ja,→ aber ein Fotomodell hat auch viel Stress.* ↘ *Das finde ich nicht so gut.* ↘

▼ *...*

● *Den Beruf Fußballspieler finde ich ...*

Dallapiazza u. a. (1998), Kursbuch, 57

Übungen, bei denen die Lernenden vorgegebene Wörter ergänzen, einsetzen, verändern, austauschen usw., sind solche reproduktiv-produktiven Übungen. Wörter produktiv zu beherrschen, heißt streng genommen, sie „im Kopf zu haben" und sie für unterschiedliche kommunikative Bedürfnisse abrufen zu können, etwa wenn die Schüler über ihre Hobbys sprechen, über einen Film diskutieren oder einen Brief schreiben. Diese Fertigkeiten können nur schrittweise über die Entwicklung von Teilfertigkeiten erreicht werden, und zwar wiederum auf der Text-, Satz- und Wortebene.

Produktive Übungen auf der Text- und Satzebene

Zu Beginn von Kapitel 2 (S. 37ff.) haben wir Ihnen zwei Lektionen vorgestellt, um zu zeigen, in welcher Phase des Unterrichts das Üben des Wortschatzes erfolgt. Sinnvollerweise ist der Ablauf im Unterricht ja so:

– einen Text hören/lesen,

– Textverständnis herstellen,

– Wortschatz ordnen, variieren, Übungen zur Wortbildung usw.

Sehen Sie sich bitte das folgende Beispiel 83 an.

1. *Welche Möglichkeiten zum mitteilungsorientierten Üben werden angeboten?*

2. *Was würden Sie tun, um Punkt 3.4 des Beispiels vorzubereiten?*

3. *Welche Detailarbeit zum Wortschatzüben bietet der Text?*

4. *Welche Übungen zur freien Produktion bieten sich nach der Textarbeit an?*

Aufgabe 115

3.3 Hören Sie den Dialog noch einmal und lesen Sie mit.

Julian: Hallo, wie geht's?
Norma: Danke, gut, und dir?
Julian: Jetzt sehr gut. Was nimmst du? Trinkst du was?
Norma: Ja, gerne – äh – was trinkst du?
Julian: Einen Campari mit Orangensaft. Du auch?
Norma: Das kenne ich nicht, aber o.k., ich probiere es.
Julian: Möchtest du auch was essen?
Norma: Ja, ich hab einen Bärenhunger. Was gibt es denn?
Julian: Die haben ganz tolle Sandwichs mit Salami, Käse, Salat usw.
Norma: Gute Idee, das nehme ich auch.
Julian: Das Kino beginnt erst um neun. Wir haben also noch viel Zeit.

im Café nach Wünschen fragen		seine Wünsche sagen
Was nimmst du?	Was möchten Sie?	Ich möchte einen Campari.
Was möchtest du?	Was nehmen Sie?	Ich nehme ein Sandwich.
Trinkst du …?	Trinken Sie …?	Ein Bier, bitte.
Isst du …?	Essen Sie …?	Einen Orangensaft, bitte.
Möchtest du …?	Möchten Sie …?	Ja, gerne. / Nein, lieber …

3.4 Lesen, variieren und spielen Sie den Dialog.

Funk/Koenig (1996), 49

Sehen Sie sich bitte das Lehrwerk an, mit dem Sie arbeiten (oder die Lehrwerke, die Ihnen zugänglich sind), und prüfen Sie, welche Möglichkeiten von produktiven Übungen angeboten werden.

Auf der Satzebene werden Wörter zueinander in Beziehung gesetzt, sie werden strukturiert und nach Satzbauplänen organisiert – sie werden zu zusammenhängenden Mitteilungen. Bekanntlich kann erst auf dieser Ebene die Bedeutung von Wörtern eindeutig gemacht werden. Sie haben dazu bereits vielfältige Übungsmöglichkeiten kennengelernt. Hier geht es noch einmal darum,

– mit welch unterschiedlichen Aufgabentypen man ein Thema üben kann – wir haben Antonyme, also Gegensatzpaare gewählt,

– welche Übungsanweisungen man geben kann,

– welche spezifischen Lernziele die Übungen haben.

Wir bitten Sie, die Übungsanweisungen in den Beispielen selbst durchzuspielen, also die Lernerrolle zu übernehmen.

➤ **Lernbereich Gegensätze (Antonyme)**

Welche der nachfolgenden Übungsformen zum Lernbereich „Antonyme" würden Sie bevorzugen – warum?

Bewerten Sie bitte die Übungen (bei gleicher „Wertigkeit" nehmen Sie gleiche Zahlen).

B 84	B 85	B 86	B 87	B 88	B 89	B 90 a	B 90 b	B 90 c

Wie heißt das Gegenteil?

Beispiel: Ist das nicht eine Nebensache? – Nein, das ist die Hauptsache.

1. Ist das der Haupteingang? 2. Wollen Sie ein Doppelzimmer? 3. Bedeutet das blaue Schild eine Höchstgeschwindigkeit von 50 km/h? 4. Haben wir heute Halbmond? 5. Gehen wir durch die Vordertür? 6. Befinden Sie sich auf dem Hinflug? 7. Kommt jetzt eine Rechtskurve? 8. Lieben Sie Norddeutschland? 9. Ist der Hinterreifen platt? 10. Ist die Außentemperatur höher? 11. Studieren Sie Deutsch als Hauptfach? 12. Ist er Rechtsextremist? 13. Schlafen Sie lieber im Einzelbett? 14. Ist das der Innenminister?

Schumann (1992), 13

I. Herr Müller ist immer anderer Ansicht.

1. Macht seine Frau morgens starken Kaffee, will er ihn *schwach*.

2. Kocht sie weiche Eier, dann hätte er sie gerne _____

3. Kauft sie mageres Fleisch, hätte er _____ vorgezogen.

4. Findet sie die Soße scharf, findet er sie _____

5. Setzt sie ihm gekochtes Obst vor, sagt er, _____ sei gesünder.

6. Freut sie sich über die frischen Blumen, sagt er sie seien _____

7. Schlägt sie einen kurzen Spaziergang vor, will er einen _____

   machen.

8. Geht sie langsam, geht er _____

Ferenbach/Schüßler (1990), 9

b) Beschreiben Sie, wie es in Ihrem Dorf, Ihrer Stadt, Ihrer Gegend ist.
   Beispiel: Die *Brücke* über den *breiten Fluß* ist ziemlich *schmal*.
   Die *Kirche* ist viel *höher* als die kleinen *niedrigen Häuser*.
   In meiner Heimatstadt gibt es zwar viele *schmutzige Fabriken*, aber die *Umgebung* ist sehr *sauber*. ...

Häublein u. a. (1995), 69

127

Beispiel 87

Scherling/Schuckall (1992), 160

Beispiel 88

Nuancen oder Gegensätze   W 4

meistens – fast nie	später – sofort	ziemlich – nicht besonders
auf jeden Fall – auf keinen Fall	genau – ungefähr	auch – vor allem

✍ *Ergänzen Sie die Sätze:*

1. _____ kommt er zu spät. Er ist _____ pünktlich.
2. Wenn man etwas _____ machen kann, soll man nicht bis _____ warten.
3. Es waren _____ 30 Personen, aber ich konnte sie nicht _____ zählen.
4. Das Buch ist _____ dick, aber _____ interessant.
5. Mir gefallen _____ die Menschen, aber die Stadt ist _____ sehr schön.
6. Wir kommen _____, aber wir können _____ sehr lange bleiben.

Eismann u. a. (1994), 145

Beispiel 89

C. *Manches ist „nicht glatt":*

1. Eine glatte Straße ist nicht _____

2. Glattes Papier ist nicht _____

3. Ein glattes Kinn ist nicht _____

4. Glatte Worte sind nicht _____

5. Glatte Haut ist nicht _____

6. Glatte Haare sind nicht _____

a) holprig, b) lockig, c) rauh, d) runzelig, e) stoppelig, f) unbeholfen

Ferenbach/Schüßler (1990), 13

Beispiel 90 a

Wie heißt das Gegenteil?

tief	– _____	klug	– _____
breit	– _____	wild	– _____
glatt	– _____	weit	– _____
klar	– _____	stark	– _____

Wie heißt das Gegenteil?

vorn, bergauf, ungenießbar, die Länge, der Gestank

die Kürze _____

der Duft _____

bergab _____

hinten _____

genießbar _____

🖉 **Spielen Sie mit Extremen!**

⚁ unsympathisch ⟷ nett ⚃
⚁ sehr unsympathisch ⟷ sehr nett ⚄
⚀ sehr sehr unsympathisch ⟷ sehr sehr nett ⚅

dumm ⟷ intelligent	ruhig ⟷ nervös	langsam ⟷ schnell
⚀ eins = *sehr sehr dumm*	⚂ drei = _____	⚄ fünf = _____
vier = _____	sechs = _____	eins = _____
freundlich ⟷ aggressiv	dunkel ⟷ hell	falsch ⟷ richtig
fünf = _____	zwei = _____	drei = _____

Eismann u. a. (1994), 25

Die Beispiele 90 a – c üben nur auf der Wortebene, während die anderen Beispiele die Satzebene mit einbezogen haben. Üben auf der Wortebene ist wenig sinnvoll, wie die Synonyme z. B. von *klug* zeigen: *begabt, schlau, gelehrig, gescheit, gewitzt, gerissen, listig, scharfsinnig, helle, geistvoll, weise* usw. sind Nuancen, die einen bestimmten Kontext verlangen.

➤ **Übungsanweisungen**

Führen Sie die folgenden Übungen in den Beispielen 91 – 96 selbst durch. Formulieren Sie bitte dazu möglichst genaue Übungsanweisungen (ÜA) für die Lernenden. Entscheiden Sie, bei welchen Übungen ergänzende Hilfen notwendig sind.

a) Ich nehme einen Wein.
  Ⓐ Ich bezahle einen Wein.
  Ⓑ Ich trinke einen Wein.
  Ⓒ Einen Wein, bitte.

b) Was möchten Sie?
  Ⓐ Bitte schön?
  Ⓑ Was bekommen Sie?
  Ⓒ Was bezahlen Sie?

c) Bitte bezahlen!
  Ⓐ Getrennt bitte.
  Ⓑ Wir möchten bitte bezahlen.
  Ⓒ Und was bezahlen Sie?

d) Wie schmeckt die Suppe?
  Ⓐ Schmeckt die Suppe nicht?
  Ⓑ Schmeckt die Suppe?
  Ⓒ Wie ist die Suppe?

Bock u. a. (1993), 36

ÜA: _____

aber	dann	deshalb	oder	und	trotzdem	sonst

a) Deutsch spricht man in Deutschland _____ in Österreich, _____ auch in einem Teil der Schweiz.

b) Das Elsaß gehört zu Frankreich, _____ viele Menschen sprechen dort einen deutschen Dialekt.

c) Der Süden von Dänemark war früher manchmal deutsch und manchmal dänisch. _____ sprechen dort noch viele Menschen Deutsch.

d) Seit mehr als 100 Jahren leben deutsche Familien in der UdSSR. Sie hatten wenig Kontakt zu Deutschland. _____ haben sie die deutsche Sprache nicht vergessen. Ihr Deutsch ist nicht sehr modern, _____ jeder Deutsche kann sie gut verstehen.

e) Sie möchten die deutsche Sprache und ihre Dialekte kennenlernen? _____ machen Sie am besten eine Reise durch Deutschland!

f) Herr und Frau Raimund möchten Französisch lernen. _____ machen sie beide einen Sprachkurs. Im Juli ist der Kurs zu Ende. _____ wollen sie in Frankreich Urlaub machen.

Bock u. a. (1993), 116

ÜA: _____

Die Kinder sammeln die Muscheln in plastischen Eimern.
Ich spiele gern Sport.
Du bekommst das Medikament nur auf Konzept.
Der Park ist ganz desertiert und still.
Viele finnländische Schüler sind gute Skiläufer.

ÜA: _____

a ① – Wann <u>gehen</u> wir ins Kino?　　② – Wann gehen wir ins <u>Kino?</u>
　　 – <u>Am</u> Samstag.　　　　　　　　　 – Am <u>Samstag.</u>

b ① – Kommst du am <u>Donnerstag?</u>　② – Kommst <u>du</u> am Donnerstag?
　　 – Ja, um <u>halb neun.</u>　　　　　　 – Ja, <u>um</u> halb neun.

c ① – Kommst <u>du</u> am Sonntag?　　② – Kommst du am <u>Sonntag?</u>
　　 – Nein, meine <u>Schwester.</u>　　　 – Nein, <u>meine</u> Schwester.

d ① – Gehen wir am <u>Samstag</u> schwimmen?　② – Gehen <u>wir</u> am Samstag schwimmen?
　　 – Nein, am <u>Sonntag.</u>　　　　　　　 – Nein, <u>am</u> Sonntag.

e ① – Komm doch um <u>fünf!</u>　　　② – Komm <u>doch</u> um fünf!
　　 – Geht es um halb sechs <u>auch?</u>　 – <u>Geht</u> es um halb sechs auch?
　　 – <u>O.k.,</u> halb <u>sechs.</u>　　　　　 – O.k., <u>halb</u> sechs.

Funk u. a. (1994b), 35

ÜA: _____

Bücher haben _____　　Füße haben _____

Treppen haben _____　　Zimmer haben _____

Bäume haben _____　　Staaten haben _____

Wörter haben _____　　Hände haben _____

ÜA: _____

Da der bleiche Mond von allen Himmelskörpern der Erde am nächsten ist, hat seine Schwerkraft noch einen meßbaren Einfluß. In den großen, gefährlichen Wassergebieten der Erde (Ozeane) hat dies zur Folge, daß der kühle Wasserspiegel in dem Bereich, über dem der Mond gerade steht, aufgrund seiner phantastischen Anziehungskraft etwas angehoben ist (Flut), während er in den anderen Gebieten etwas unter der Norm liegt (Ebbe). Diese beiden Phasen sind besonders an den Küsten der Meere und Ozeane meßbar. An manchen romantischen Küsten gibt es Gezeitenunterschiede von zehn Metern und mehr.

KARL-HEINZ AHLHEIM et al.: Die Umwelt des Menschen

Häussermann u. a. (1992), 195

ÜA: _____

➤ **Übungsziele**

Was sind die Lernziele (LZ) der folgenden Übungen?

1.

Sie staunen oder ärgern sich über etwas. Benutzen Sie *ja* oder *vielleicht*.

Du hast ein neues Auto! – Du hast *ja* ein neues Auto!

Du hast ein Pech! – _____

Dein Telefon ist immer besetzt! – _____

Der Clown war lustig! – _____

Du wirst ganz rot! – _____

---

nach: Schumann (1992), 40

LZ: _____

2.

Setzen Sie die in Klammern stehenden Substantive in die Lücken ein. Was bedeuten die Sätze?

(Auge – Nase – Mund – Haare)

a) Mir standen die _____ zu Berge.

b) Der Redner nahm kein Blatt vor den _____ .

c) Das hätte ins _____ gehen können.

d) Er führte seinen Freund an der _____ herum.

LZ: _____

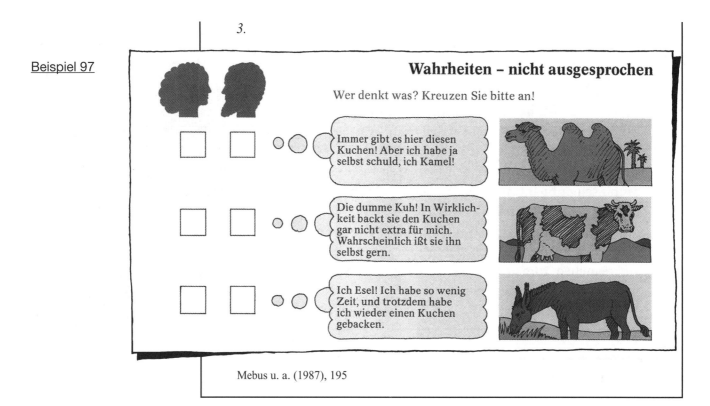

3.

Wahrheiten – nicht ausgesprochen

Wer denkt was? Kreuzen Sie bitte an!

Immer gibt es hier diesen Kuchen! Aber ich habe ja selbst schuld, ich Kamel!

Die dumme Kuh! In Wirklichkeit backt sie den Kuchen gar nicht extra für mich. Wahrscheinlich ißt sie ihn selbst gern.

Ich Esel! Ich habe so wenig Zeit, und trotzdem habe ich wieder einen Kuchen gebacken.

Mebus u. a. (1987), 195

➤ Bei den produktiven Übungen auf der Textebene geht es nicht um Verständnisfragen zum Text, die der Lehrer stellt und die die Schüler beantworten sollen, sondern um einen produktiven Umgang mit dem Text. In Beispiel 83 (S. 126) finden Sie direkt auf den Inhalt des Textes bezogene Übungen, die übergeordnete Redemittel aus dem Text filtern, d. h. sprachliche Mittel, die man in verschiedenen Situationen anwenden kann.

➤ Bei den verschiedenen Übungsformen zu den Antonymen (S. 126ff.) haben Sie sehen können, dass die Einbettung in den Satzkontext eine sehr viel differenziertere Spracharbeit ermöglicht als die Arbeit mit isolierten Wörtern.

➤ Partikeln (Aufgabe 119.1., S. 131), idiomatische Wendungen (Aufgabe 119.2), Jugendsprache (Aufgabe 119.3) und Umgangssprache (z. B. Unhöflichkeiten, Schimpfwörter, „Kraftausdrücke") sind sehr unterschiedliche Wortschatzbereiche. Sie spielen in Lehrwerken und im DaF-Unterricht eine untergeordnete Rolle, obwohl sie in der gesprochenen Sprache häufig verwendet werden.

Was meinen Sie zu Partikeln, Schimpfwörtern, Umgangssprache usw.:

– *Soll im Unterricht diese Sprachwirklichkeit vernachlässigt werden?*

– *Sollen die Lernenden von solchen sprachlichen Mitteln „verschont" bleiben?*

– *Sollen sie sie verstehen lernen oder sollen sie sie sogar verwenden können?*

– *Welche Erfahrungen haben Sie gemacht und welche Position vertreten Sie?*

Produktive Übungen auf der Wortebene

Sie haben bereits sehr viele Beispiele gesehen, die sich auch für den produktiven Bereich auf der Wortebene eignen. Deshalb konzentrieren sich die nachfolgenden Übungen auf bestimmte Schwerpunkte. Das sind insbesondere das Klassifizieren, die Reihenbildung, die Wortbildung und das Assoziieren.

Führen Sie die Übungen bitte wieder selbst durch. Die Lösungen finden Sie im Lösungsschlüssel auf Seite 172ff.

➤ **Klassifizieren**

Übungen dieser Art haben das Gruppieren von Wörtern nach semantischen, strukturellen oder formalen Gesichtspunkten zum Ziel.

Beispiel 98 a

Notieren Sie mindestens drei Vertreter aus jeder Gruppe.

Vögel – Fische – Fahrzeuge – Kleidungsstücke – Körperteile – …

Beispiel 98 b

Wie nennt man die Personen?

Ein Arzt hat Patienten.
Eine Bibliothek hat …
Ein Museum hat …
Eine Stadt hat …
Ein Verein hat …

nach: Ferenbach/Schüßler (1990), 53

Beispiel 98 c

Welche Wörter gehören zum Wortfeld „Straßenverkehr"?
Unterstreichen Sie sie und bilden Sie Sätze, die verdeutlichen, was das Wort bedeutet, z. B. „Die Ampel ist rot."

Kreuzung – landen – links abbiegen – Hafen – Ampel – kassieren – Stau – fliegen – kreuzen – Fußgänger – Passagiere – segeln – anfahren – Waggon – Stewardess – Fahrkarte – Ticket

Beispiel 99

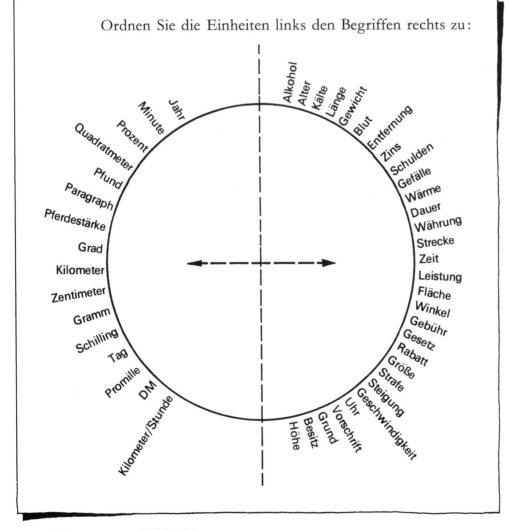

Ordnen Sie die Einheiten links den Begriffen rechts zu:

Häussermann u. a. (1992), 111

W 2 Kleidungsstücke

🖉 **a) Kleidungsstücke sind aus Wolle, Seide, ...** *Ergänzen Sie die Tabelle.*

Das ist aus ...	**Leder:**	**Wolle:**	**Baumwolle:**	**Seide:**	**Kunstfaser:**
	Stiefel				

Eismann u. a. (1994), 108

➤ **Reihenbildungen**

Solche Übungen sind dort möglich, wo Wörter in Abstufungen, Rangfolgen und Graduierungen einzuordnen sind (z. B. bei Zeitabläufen, Mengen, Qualitäten, Bewertungen).

Ordnen Sie die Wörter.

a) [3] gleich [2] sofort [1] jetzt ☐ später ☐ bald

b) ☐ um 11.00 Uhr ☐ gegen 11.00 Uhr ☐ nach 11.00 Uhr

c) ☐ gestern früh ☐ heute mittag ☐ gestern abend ☐ heute morgen
☐ morgen nachmittag ☐ morgen abend ☐ morgen früh

d) ☐ später ☐ dann ☐ zuerst ☐ danach

e) ☐ immer ☐ nie ☐ oft ☐ manchmal

f) ☐ viel ☐ alles ☐ etwas ☐ ein bißchen

Bock u. a. (1993), 86

Von *langsam* zu *schnell*. Wer kennt passende Wörter für die Reihen? Ergänzen Sie.

langsam	Schnecke	Fahrrad	Auto	Flugzeug	*schnell*
groß	Elefant				*klein*
hart				Watte	*weich*
süß		Bonbon			*sauer*
schwach			Sturm		*stark*

➤ Wortbildung

In der deutschen Sprache gibt es sehr viele zusammengesetzte und abgeleitete Wörter – nicht selten sehr lange. Weil das im Sprachgebrauch manchmal als unökonomisch empfunden wird, kürzt man solche Wörter, indem man bestimmte Teile weglässt. Wörter, bei denen wir nur den Anfang verwenden, heißen „Kopfwörter". Im folgenden Beispiel können Sie die Wörter wieder zusammensetzen.

Häussermann u. a. (1993), 107

Das folgende Beispiel zeigt Wortbildung von Nomen und Adjektiv.

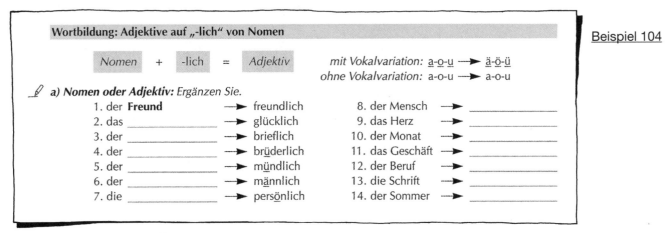

Wortbildung: Adjektive auf „-lich" von Nomen

Nomen + -lich = Adjektiv   mit Vokalvariation: a-o-u ➝ ä-ö-ü
                                            ohne Vokalvariation: a-o-u ➝ a-o-u

a) Nomen oder Adjektiv: *Ergänzen Sie.*

1. der **Freund** ➝ freundlich   8. der Mensch ➝ _____
2. das _____ ➝ glücklich   9. das Herz ➝ _____
3. der _____ ➝ brieflich   10. der Monat ➝ _____
4. der _____ ➝ brüderlich   11. das Geschäft ➝ _____
5. der _____ ➝ mündlich   12. der Beruf ➝ _____
6. der _____ ➝ männlich   13. die Schrift ➝ _____
7. die _____ ➝ persönlich   14. der Sommer ➝ _____

Eismann u. a. (1994), 109

➤ Assoziieren

Zu einem verbalen Stimulus stellen die Lernenden spontan Wortfelder zusammen. Sie haben dazu einige Beispiele gesehen (S. 84f.), ebenso zu den Gedächtniskarten (S. 103ff.), bei denen ein Begriff in seinen verschiedenen Dimensionen berücksichtigt wird. Bei den freien Assoziationen ist die innere Logik häufig nur demjenigen klar, der die Assoziationen geäußert hat – z. B. wenn jemand *Weihnachten* mit *Sommer* und *baden* verbindet oder *Ärger* mit *Magenschmerzen*. Aber das ist auch der Sinn, nämlich individuelle Assoziationen zu fördern. Die gelenkten Assoziationen hingegen haben das (Neu-)Strukturieren von früher gelernten Wörtern zum Ziel:

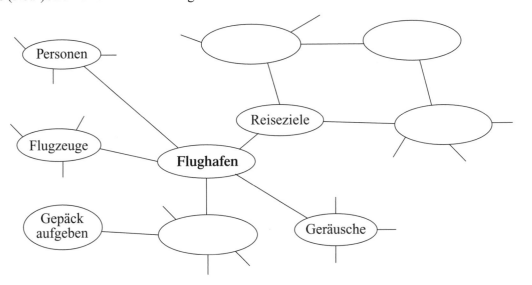

1. *Worin unterscheiden sich die folgenden Übungen a) bis e) von den vorangegangenen?*

2. *Wie könnten die Übungsanweisungen (ÜA) lauten? (Sie fehlen hier absichtlich.)*

a)

> Zuerst überlege ich, dann schreibe ich.
>
> Zuerst probiere ich, dann ＿＿＿＿＿＿＿ ich.
>
> Zuerst ＿＿＿＿＿＿＿ ich, dann ＿＿＿＿＿＿＿ ich.

ÜA: ＿＿＿＿＿＿＿＿＿＿＿＿＿＿＿＿＿＿＿＿＿

Beispiel 106

b) wenn ..., dann

Scherling/Schuckall (1992), 162

ÜA: ＿＿＿＿＿＿＿＿＿＿＿＿＿＿＿＿＿＿＿＿＿

c)

> Ein Flugzeug ist schneller als ein Auto.
>
> Ein Elefant ist größer als ＿＿＿＿＿＿＿
>
> ＿＿＿＿＿＿＿ ist stärker als ＿＿＿＿＿＿＿
>
> ＿＿＿＿＿＿＿ ist langweiliger als ＿＿＿＿＿＿＿

ÜA: ＿＿＿＿＿＿＿＿＿＿＿＿＿＿＿＿＿＿＿＿＿

Beispiel 107

d)

> falsch ⟶ richtig
>
> Stiefel sind **nicht** aus Wolle , **sondern** aus Leder .
>
> 1. Jungen tragen **keine** Röcke, **sondern** ＿＿＿＿＿＿＿
> 2. Im Büro trägt man **kein** Nachthemd, ＿＿＿＿＿＿＿
> 3. ＿＿＿＿＿＿＿＿＿＿＿＿＿＿＿＿＿＿＿＿＿
> 4. ＿＿＿＿＿＿＿＿＿＿＿＿＿＿＿＿＿＿＿＿＿
> 5. ＿＿＿＿＿＿＿＿＿＿＿＿＿＿＿＿＿＿＿＿＿
> 6. Hosen sind **nicht nur** für Männer, ＿＿＿＿＿＿＿ auch ＿＿＿＿＿
> 7. ＿＿＿＿＿＿＿＿＿＿＿＿＿＿＿＿＿＿＿＿＿

Eismann u. a. (1994), 109

ÜA: ＿＿＿＿＿＿＿＿＿＿＿＿＿＿＿＿＿＿＿＿＿

e)

> Obwohl sie sich ärgerte, lächelte sie.
> Obwohl _____ , gingen wir zu Fuß.
> Obwohl _____ , öffnete niemand die Tür.
> Obwohl _____ , ziehe ich keinen Mantel an.

ÜA: _____

➤ Es ist eine Binsenweisheit, dass der produktive Wortschatz nicht durch einmaliges Üben gefestigt wird. Übungen sind zu wiederholen und – was noch wichtiger ist – zu variieren. Vor allem durch dieses „Umwälzen" in unterschiedlichen Übungsformen wird der Wortschatz gefestigt und verfügbar gehalten.

➤ Produktive Übungen zur Wortbildung sind dann sinnvoll, wenn die Lernenden Wortbildungsregeln beherrschen, die Semantik der Bildungselemente kennen und weitgehend analoge Bildungen möglich sind. Dabei bietet es sich an, die Schüler Wortbildungsmittel an Beispielen selbst erkennen zu lassen, z. B. *-lich* als Adjektivendung. Vorsicht ist jedoch bei der selbstständigen Neuproduktion von Wörtern durch die Schüler geboten, da es oft nicht einsichtig ist, warum manche Bildungen möglich sind, andere aber nicht, z. B. *arbeitslos, humorlos*, aber nicht **rostlos*. Hier bietet es sich an, mit dem Wörterbuch zu arbeiten.

Ergänzen Sie die auf Seite 132 – 137 vorgeschlagenen produktiven Übungen auf der Wortebene (Klassifizieren, Reihenbildungen, Synonyme und Antonyme, Wortbildung, Assoziieren).

1. Sehen Sie dazu in Ihrem Lehrbuch oder in Ihnen zugänglichen Lehrwerken nach, welche Übungen dort dazu angeboten werden.

2. Entwickeln Sie zu den in diesem Kapitel vorgestellten Übungen für Ihre Schüler Übungsvarianten, indem Sie die Anforderungen verändern, Hilfen geben, die Übungs- und Sozialform wechseln usw.

● Üben – motivierend und differenzierend

Diese Empfehlung soll eine Brücke schlagen zwischen den objektiven Lernzielen des Unterrichts und den subjektiven Voraussetzungen der Lernenden, denn Lernschwierigkeiten oder Lernmisserfolge sind oft auf den Widerspruch zwischen beiden zurückzuführen. Mit anderen Worten: Wer die Lernerperspektive im Unterricht ernst nimmt, muss sich auch bei der Arbeit am Wortschatz verstärkt an den Bedürfnissen und Erwartungen der Lernenden orientieren. Die praktische Konsequenz kann nur sein, dass wir vor dem Hintergrund allgemein verbindlicher Lernziele möglichst differenzierte Übungen für die Gruppe, für Teilgruppen oder auch für einzelne Schüler anbieten.

Die folgenden Übungen sind für den Unterricht am Beginn der Mittelstufe vorgesehen. Wir wollen annehmen, dass einige Schüler damit überfordert sind. Bitte entwickeln Sie für diese Teilgruppe Übungsvarianten.

1. Was ist richtig?

   etwas Gekochtes noch einmal kurz kochen lassen
   ☐ überkochen
   ☐ aufkochen
   ☐ dünsten

   Zwiebeln in Fett braun werden lassen
   ☐ rösten
   ☐ anbraten
   ☐ braten

2. *ab-, zu-, an-, um-, auf-?*

   Man brät das Fleisch _____

   Man deckt den Topf _____

   Man dreht das Fleisch _____

3. Viele Köche verderben _____

   Probieren _____

   Voller Bauch _____

nach: Eppert (1989), 20, 48, 85

nach: Eppert (1989), 20, 48, 85

Nur wenn die Übungen die Lernenden auch interessieren und sie zum Üben anregen, werden sich wirkliche Lernerfolge einstellen. Dafür gibt es mehrere Möglichkeiten. Bekanntlich sind Übungen motivierend, wenn sie für die Schüler in Inhalt und Form ungewöhnlich sind und wenn sie Spaß machen.

Aufgabe 124

Finden Sie die folgenden Übungen interessant? Wenn ja, was ist das Interessante daran? Haben Sie Ideen zur Veränderung der Beispiele?

Beispiel 108

Ü10 **Setze die richtigen Formen ein:**

gern = ♡   gut = ✚

1. Ich habe Claudia ♡ . 2. Ertürk hat Petra ♡♡ . 3. Bayern München spielt ✚.
4. Nottingham spielt ✚✚ . 5. Ich finde, Amsterdam spielt ✚✚✚ . 6. Ich spiele
♡♡ Handball. 7. Judo mag ich ♡♡♡ . 8. Ich finde Fußball ✚, aber Handball
ist ✚✚✚ .

1. *Ich habe Claudia gern.* _____

_____

_____

_____

Neuner u. a. (1983 b), 42

Beispiel 109

Wer ist das?
– der Sohn meiner Schwester
– der Bruder des Bruders meiner Mutter
– die Schwester meiner Mutter
– die einzige Tochter meiner Oma
– die Tochter der Tochter meiner Tochter

nach: Bohn/Schreiter (1989), 54

Beispiel 110

1 Tier-Abc

A Schreibe ein Tier-Abc auf! Schwierige Buchstaben dürfen weggelassen werden.

Beispiel: Affe – Bär – Chamäleon – ...

Varianten
(1) Gruppenarbeit schriftlich. Sieger ist, wer in einer festgelegten Zeit die meisten Tierbezeichnungen findet.
(2) Das Spiel wird mündlich durchgeführt. Die Spieler nennen der Reihe nach möglichst schnell das nächste Tier. Wer keins weiß, scheidet aus.
(3) Bei dem Spiel können auch Blumennamen, Länderbezeichnungen, Namen von Städten und Flüssen oder auch beliebige Wörter (bei Anfängern) verlangt werden.

Bohn/Schreiter (1989), 23

Unaussprechliche Sprichwörter

Den folgenden Sprichwörtern fehlen die Vokale. Finde sie!

–ll–r g–t–n D–ng– s–nd dr––.
–lt– L––b– r–st–t n–cht.
D–s –– w–ll kl–g–r s––n –ls d–– H–nn–.
D–r –pf–l f–llt n–cht w––t v–m St–mm.
Fr–h –bt s–ch, w–s ––n M––st–r w–rd–n w–ll.
Gl––ch –nd gl––ch g–s–llt s–ch g–rn.
J–d–r –st s––n–s Gl–ck–s Schm––d.
J–ng g–fr––t h–t n–– g–r––t.
Pr–b––r–n g–ht –b–r St–d––r–n.
–ll–r –nf–ng –st schw–r.
–m –b–nd w–rd–n d–– F––l–n fl––ß–g.
–nd–r– L–nd–r, –nd–r– S–tt–n.
D–rch Sch–d–n w–rd m–n kl–g.
–nd– g–t, –ll–s g–t.
–s –st n–ch k––n M––st–r v–m H–mm–l g–f–ll–n.
H–ng–r –st d–r b–st– K–ch.

Bohn/Schreiter (1989), 99

Das folgende Bild wird auf eine Folie kopiert und mit dem Tageslichtprojektor an die Wand projiziert.

Die Klasse sammelt, was die Schüler alles bei ihrer Säuberungsaktion in der Natur gefunden haben.

Die Schüler haben drei Minuten Zeit, sich die Gegenstände auf der Deponie einzuprägen. Dann wird der Projektor abgeschaltet.

Anschließend wird die Klasse in fünf Gruppen eingeteilt. Jede Gruppe schreibt die Gegenstände auf ihrer Mülldeponie auf, an die sie sich erinnern kann.

Gewonnen hat die Gruppe mit den meisten Wörtern.

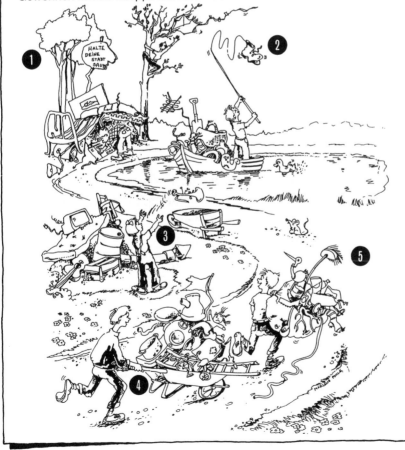

nach: Kaminski (1990), 64

Kofferpacken

Nenne immer neue Gegenstände, die du in deinen Koffer packst! Wiederhole dabei die bisher genannten in der richtigen Reihenfolge!

Die Spieler sitzen im Kreis, einer beginnt: „Ich packe meinen Koffer und packe . . . hinein." Ein Gegenstand wird genannt. Der nächste Spieler wiederholt und nennt einen weiteren. Wer keinen Gegenstand weiß, nicht die bisher genannten Gegenstände in der richtigen Reihenfolge und vollständig wiederholt, scheidet aus.

Bohn/Schreiter (1989), 42

Thema Musik: Suche hier 11 Wörter und schreibe sie auf.

K	A	F	T	A	N	G	U	M	M
H	I	R	N	E	T	A	L	U	F
F	A	N	P	H	O	R	N	S	G
A	S	T	L	E	U	K	B	I	I
N	L	O	R	N	R	O	C	K	T
S	I	N	G	E	N	N	R	E	A
L	I	E	D	B	E	Z	I	R	R
C	D	L	T	U	E	E	L	U	R
R	O	M	K	S	I	R	O	B	E
F	L	U	P	L	A	T	T	E	Q

CD

Funk u. a. (1994 b), 48

Wie soll denn das schmecken?

Bei den folgenden Bezeichnungen für Zutaten zu einem Kuchen sind die Buchstaben durcheinandergekommen. Wie müssen die Zutaten wirklich heißen, damit der Kuchen schmeckt? Schreibe die richtige Bezeichnung auf!

Der Spielleiter hat schriftlich etwa folgendes Wortmaterial vorbereitet:

Mhel	→	Rettub →
Kuczer	→	Evallin →
Nirosen	→	Feeh →
Chlim	→	Senüs →
Erie	→	Nohm →
. . .		

Bohn/Schreiter (1989), 33

Sprich möglichst schnell und ohne Fehler.

Beispiel 116

– Bürsten mit schwarzen Borsten bürsten besser als Bürsten mit braunen Borsten.

– Esel fressen Nesseln nicht, Nesseln fressen Esel nicht.

– Kleine Kinder können keine kleinen Kirschkerne knacken.

– Blaukraut bleibt Blaukraut, und Brautkleid bleibt Brautkleid.

Bohn/Schreiter (1989), 72

Beispiel 117

Wer findet die meisten Wörter?
Alles, was man verlieren kann
Alles, was man gewinnen kann
Alles, was rund ist
Alles, was in einem Klassenzimmer zu finden ist
Alles, was mit Wetter zu tun hat

● Üben – spielerisch

Einige dieser Übungen sind sogenannte „Sprachlernspiele", d. h., hier dominiert der spielerische Umgang mit Wörtern, und der Wettbewerb zwischen den Schülern gilt als zusätzliche Motivation. Es gibt mittlerweile eine Reihe von Spielesammlungen für den Fremdsprachenunterricht, speziell auch für Deutsch als Fremdsprache (siehe Literaturhinweise 6.3.1).

Aufgabe 125

Kennen Sie solche Spielesammlungen? Arbeiten Sie mit Spielen im Unterricht?

1. Wenn ja, welche Sprachlernspiele können Sie für das Üben des Wortschatzes empfehlen?
Wenn nein, wie begründen Sie Ihre Ablehnung?

2. Was meinen Sie zu den folgenden Vorbehalten gegenüber Sprachlernspielen? Kreuzen Sie die Argumente an, denen Sie zustimmen.

Sprachlernspiele ☐ *haben keinen Lerneffekt*

☐ *schaffen Unruhe*

☐ *sind nur Lückenfüller*

☐ *kosten viel Vorbereitungszeit*

☐ *sind nur für Kinder geeignet.*

In den Spielesammlungen findet man auch ein mehr oder weniger umfangreiches Angebot an Spielen zum Wortschatz. Die zu Gruppen zusammengefassten Spiele tragen Bezeichnungen wie *Buchstabenspiele, Memory, Domino, Bilder und Wörter, Idiomatisches, Kettenspiele, Bingo, Rätsel, Reime* usw.

Aufgabe 126

Welcher dieser Gruppen würden Sie die folgenden Spielübungen zuordnen?

1. Wer weiß es?

Wie schreibt man getrocknetes Gras mit drei Buchstaben?
Was steht mitten in Rom?
Was brennt und verbrennt doch nicht?
…

2. *Welchen Beruf haben die Personen?*

Inge Särn   = Sängerin
Reni Lehr   = ...
Ina Borntal   = ...
...

3. *Wer macht weiter?*

Deutschbuch – Buchseite – Seitenzahl – ...

4. Welches A ist immer leicht?   (Anfang)
   Mit welchem G spielt man als Erstes?   (Geige)
   Welches I ist menschlich?   (irren)
   Welches H findet man in der Suppe?   (Haar)

nach: Bohn/Schreiter (1989)

● Üben – thematisch und situativ

Themen und Situationen bilden den wesentlichen Ausgangs- und Zielpunkt für Übungen zum Wortschatz. Themen sind traditionell die Grundbausteine von Unterrichtskonzeptionen und Lehrwerken. In Themen/Subthemen lassen sich linguistische Lernziele (pragmatische, grammatische, vor allem aber lexikalische) inhaltlich zusammenfassen und didaktisch und linguistisch ordnen. Erst diese Ordnung ermöglicht es, dass die Gliederung des Wortschatzes für den Lernenden durchschaubar wird und Wörter systematisch geübt werden können. Das übergeordnete Übungsziel ist neben dem korrekten der angemessene Gebrauch lexikalischer Mittel in gegebenen Situationen, Rollen, Texten usw.

Fazit:
Verstehensorientierte, mitteilungsorientierte und differenzierte Wortschatzübungen werden hier zusammengeführt und gebündelt.

Im Allgemeinen werden Themen als wesentliche Lebensbereiche und Lebensfunktionen des Menschen bestimmt: *Arbeit, Lernen, Ernährung, Kunst* usw. Solche Themen werden exemplarisch durch Texte, Bilder, Statistiken, Realien u. Ä. repräsentiert. Zugleich werden damit landeskundliche Informationen angeboten.

Aufgabe 127

Welche der Themen halten Sie für den DaF-Unterricht in Ihrem Land für wichtig?

Kreuzen Sie 12 Themen an.

- [ ] *Natur und Umwelt*
- [ ] *Reisen und Verkehr*
- [ ] *Beruf und Arbeit*
- [ ] *Schule und Bildung*
- [ ] *Musik und Musikanten*
- [ ] *Städte und Landschaften*
- [ ] *Geld und Wirtschaft*
- [ ] *Bilder und Maler*
- [ ] *Essen und Trinken*
- [ ] *Mode und Kleidung*
- [ ] *Freizeit und Unterhaltung*
- [ ] *Sport und Fitness*
- [ ] *Gesundheit und Krankheit*
- [ ] *Staat und Gesellschaft*

☐ *Zeitung, Rundfunk, Fernsehen*

☐ *Haus und Wohnen*

☐ *Privatleben und Familie*

☐ *Sprachen lernen*

☐ *Theater und Film*

☐ *Ausländer und Deutsche*

☐ *Feste und Bräuche*

Aufgabe 128

Nachfolgend sind Wortschatzübungen zum Thema „Freizeit und Unterhaltung" aus Lehr- und Übungsbüchern abgedruckt. Die Reihenfolge stimmt mit der in den Lehrwerken nicht immer überein.

1. *„Freizeit und Unterhaltung" ist das Hauptthema. Welche Subthemen können Sie anhand der Übungen erkennen?*

2. *Ordnen Sie die Übungen nach mehr mitteilungsorientierten und mehr verstehensorientierten. Wo sind beide Übungsrichtungen kombiniert?*

3. *Welche Übungen finden Sie besonders anregend und interessant?*

Beispiel 118

a) Was paßt? Ordnen Sie die Schlagzeilen den Wort-Ketten zu. Notieren Sie die Zahl vor jeder Wort-Kette.

① **Das aktuelle Theaterstück**   ⑤ Die klassische Platte des Monats

② **Das Fußballereignis des Jahres**   ⑥ **Neu im Museum**

③ **Ein einmaliges Jazzkonzert**   ⑦ *Wieder mal in die Oper*

④ **Der Kinohit**

___ A die Karte ——— die Leinwand ——— die erste Reihe ——— die Regie
___ B die CD ——— die Aufnahme ——— die Geige ——— der Dirigent
___ C der Eintritt ——— die Gitarre ——— das Schlagzeug ——— das Publikum
___ D die Kasse ——— die Schauspieler ——— die Pause ——— der Applaus
___ E das Ereignis ——— das Bild ——— die Kunst ——— der Erfolg
___ F die Garderobe ——— der Eingang ——— das Lied ——— die Sängerin
___ G das Spiel ——— die Pfiffe ——— die Zuschauer ——— der Ausgang

b) Bilden Sie Sätze mit den Wort-Ketten. Vergleichen Sie mit Ihrem Partner / Ihrer Partnerin.

Häublein u. a. (1995), 166

Beispiel 119

2. **Was machen die Leute?**

a) *Musik hören* b) _____ c) _____ d) _____

e) _____ f) _____ g) _____ h) _____

Bock u. a. (1993), 43

Beispiel 120

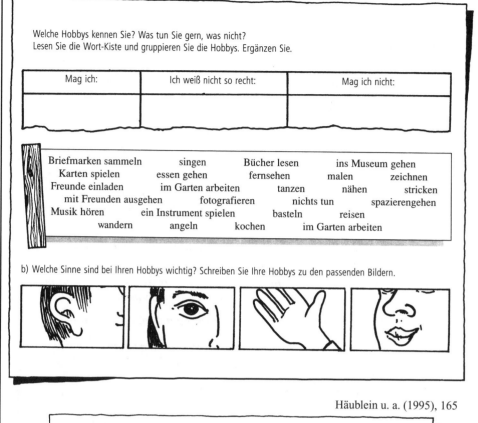

Welche Hobbys kennen Sie? Was tun Sie gern, was nicht?
Lesen Sie die Wort-Kiste und gruppieren Sie die Hobbys. Ergänzen Sie.

Mag ich:	Ich weiß nicht so recht:	Mag ich nicht:

Briefmarken sammeln   singen   Bücher lesen   ins Museum gehen
Karten spielen   essen gehen   fernsehen   malen   zeichnen
Freunde einladen   im Garten arbeiten   tanzen   nähen   stricken
mit Freunden ausgehen   fotografieren   nichts tun   spazierengehen
Musik hören   ein Instrument spielen   basteln   reisen
wandern   angeln   kochen   im Garten arbeiten

b) Welche Sinne sind bei Ihren Hobbys wichtig? Schreiben Sie Ihre Hobbys zu den passenden Bildern.

Häublein u. a. (1995), 165

Beispiel 121

Was paßt nicht?

a) Reise – Achtung – Ausflug – fahren – Auto
b) Musik – Mannschaft – Konzert – Orchester
c) Pause – Gast – einladen – essen – trinken
d) Mensch – Leute – Person – Frauen
e) Tanz – Musik – Film – Diskothek
f) Geschäft – geöffnet – geschlossen – anfangen
g) stattfinden – Konzert – geöffnet – Veranstaltung – anfangen

Bock u. a. (1993), 48

● Üben – computerunterstützt

Seit Anfang der 1980er-Jahre werden die Möglichkeiten des Computers auch für den Fremdsprachenunterricht genutzt. Programme aus dieser Zeit basieren auf Texten (deshalb: textbasierte Programme), d. h., sie bieten Text- und Wortschatzarbeit ohne Bild, Ton oder Filmsequenzen an. Die Programme übernehmen die aus den Büchern bekannten Übungen, jedoch findet man in ihnen selten die Vielfalt der Übungstypen der gedruckten Materialien. Bei den Übungstypen der Computerprogramme dominieren Lückentext-Übungen und *Multiple-Choice*-Verfahren (in unterschiedlichen Varianten). Die Übungen sind eher reproduktiv, befassen sich oft mit morphologischen Aspekten, sind stark gesteuert (vgl. Breindl 1998) und entsprechen meistens nicht dem Niveau der gegenwärtigen didaktischen Diskussion.

textbasierte Programme:
Multiple-Choice
Lückentexte

Ohne Zweifel ist der computerunterstützte Unterricht sinnvoll und bietet unter anderem den Vorteil der direkten Rückmeldung. Wie allerdings dieser Vorteil genutzt werden kann, hängt nicht nur von der Unterrichtsphase ab – die Übungsphase eignet sich besonders gut –, sondern auch davon, welche Rückmeldungen und Hilfen den Lernenden von den Programmen gegeben werden (vgl. Hassert 1998). Das soll kurz an einer Lückentextübung gezeigt werden.

direkte Rückmeldung

Auf dem Bildschirm erscheint ein Text mit Lücken, in die die Schüler Wörter einfügen sollen:

> Ein Moslem, ein Christ und ein alter Jude ░░░1░░░ zusammen und
> ░░░░░░░░░ über die Frage, welche Religion die richtige ist.
>
> Ein Moslem, ein Christ und ein alter Jude ░░░1░░░ zusammen …
> Welches Wort fehlt hier wohl?

Die Lernenden können verschiedene Antworten eintippen und erhalten eine Rückmeldung. Die lautet jedoch nicht einfach „Ja, richtig!" oder „Nein, leider falsch", sondern differenziert, lässt auch andere Möglichkeiten als die des Originaltextes zu und gibt Hilfestellungen, z. B.:

> Es wurde *sitzen* eingegeben.
> Kommentar: *Die Geschichte spielt in der Vergangenheit.*
>
> Es wurde *standen* eingegeben.
> Kommentar: *Da wären die aber schnell müde. Versuchen Sie es mit einer weniger ermüdenden Tätigkeit.*
>
> Es wurde *lagen* eingegeben.
> Kommentar: *Das gab es wohl im Römischen Reich, trifft hier aber nicht zu.*
>
> Es wurde *waren* eingegeben.
> Kommentar: *Das ist der Sinn, aber stilistisch nicht so schön.*

Hassert (o. J.)

Mit dem programmatischen Titel *Klicken statt Pauken* hat Röllinghoff (1990) bereits früh eine Alternative zur herkömmlichen Wortschatzarbeit formuliert: das computerunterstützte Wörterlernen. Er beschreibt die Erfahrungen, die er mit einem von ihm entwickelten Computerprogramm gemacht hat. Das Programm

> „bietet zwei Arbeitsweisen an: ein Quizspiel und die Eingabe von neuen Wörtern. Zu einzelnen Wortbedeutungen werden ‚Karteikarten' angelegt, in die die Lernenden eintragen, was sie auf ihrer Lernstufe von einem Wort wissen sollten, und arbeiten zu diesem Zweck eventuell mit einem oder mehreren anderen Lernern zusammen. Die Benutzer haben die Möglichkeit, eine unbegrenzte Anzahl von solchen Karten anzulegen. ‚Wörterquiz' kann also die Lernenden während ihrer ganzen Schul- oder Lernzeit begleiten. […]
>
> Die Lernenden werden durch die verschiedenen während der Eingabe gestellten Fragen angeregt, sich intensiv mit einem Wort auseinanderzusetzen."

Röllinghoff (1990), 47, 52

Neben Röllinghoff gibt es noch andere Programme für die Wortschatzarbeit, wie etwa

– Watcyn-Jones (1994): *Spiele mit Wörtern*
  Die drei Disketten bieten 72 Spiele – eingeteilt in drei Gruppen – für die obere Mittelstufe. In Gruppe 1 können vor allem Synonyme von Adjektiven, Verben und Substantiven sowie Vergleiche und Redewendungen geübt werden. In der zweiten Gruppe dominieren Ordnungs- und Korrekturübungen und in der dritten Gruppe sind klassische Lückentextübungen zu Präpositionen, Komposita und verschiedenen Wortfeldern zusammengestellt. Eine Reihe der Spiele ist für Partnerarbeit gedacht.

– Friedrich u. a. (1995): *PC-Programm. Zertifikatstraining Deutsch – Wortschatz*
  Ein Programm zum Lernen, Üben und Wiederholen des Wortschatzes aus *Das Zertifikat Deutsch als Fremdsprache* (ca. 2000 Wörter). Die 130 Übungen können in drei Schwierigkeitsstufen abgerufen werden. Die Wörter werden kontextuell präsentiert. Das Programm wird für systematisches und selbstständiges Lernen empfohlen.

– Schumann/Breitsameter (1986): *Interaktives Testpaket*
  Die Übungen sind nicht nach Lernbereichen, sondern nach Übungsformen zusammengestellt: Multiple-Choice, Richtig-Falsch-Entscheidungen, Zuordnungen, Lückentext. Jede Gruppe umfasst hinsichtlich des Schwierigkeitsgrades und der Themen sehr Unterschiedliches. Dem Benutzer werden Lösungshilfen, Sofortwiederholungen und eine Bewertung angeboten. Insgesamt sind die Wortschatzübungen in die Entwicklung des Leseverstehens und des Schreibens integriert.

– Hansson/Widmark (1997): *Wort im Bild. Ein Vokabelprogramm für Deutsch*
Das Programm ist für Jugendliche und Erwachsene auf der Grundstufe gemacht. An 38 farbigen Bildtafeln zu sechs Alltagsthemen können ca. 1000 Wörter aktiv geübt werden. Dies erfolgt in Phasen vom Betrachten (Welches Wort passt zu welchem Bild?) zum Üben (Multiple-Choice, Lückentext, Schreiben) bis zum Testen.

Reflexion

Die Arbeit mit diesen PC-Programmen zeigt, dass der Computer eine sinnvolle und flexibel einsetzbare Ergänzung zu anderen Lehr- und Lernmitteln ist. Bei allen Unterschieden regen die einzelnen Programme zum Lernen an. Hauptgrund dafür dürfte die Möglichkeit zu selbstbestimmtem Lernen sein, also die Freiheit, über das Thema, die Übungsform, die Schwierigkeit und die Übungsdauer selbst zu entscheiden. Hinzu kommen die verschiedenen Angebote, das Wortmaterial spielerisch zu bearbeiten, die schnelle „objektive" Bewertung und wohl auch der Reiz, den diese Technik für den Benutzer insgesamt hat.

Multimediaprogramme: Bild, Ton und Videos

Ein großer Einschnitt für die computerunterstützte Arbeit ist die zunehmende Entwicklung von Computerprogrammen auch für den Deutsch-als-Fremdsprache-Unterricht, die nicht nur Texte, sondern auch Ton, Bild und Filmsequenzen (= Multimedia, mehrere Medien) anbieten. Dadurch eröffnen sich für die Lernenden ganz neue, selbstbestimmte Lernmöglichkeiten. Der Einstieg in ein Programm enthält meistens ein Menü, aus dem der Lernende auswählen kann, ob er z. B. zuerst eine Filmsequenz sehen oder einen Text hören möchte, ob er gleich Grammatik- oder Wortschatzübungen macht, ob er sich landeskundliche Informationen ansieht usw. Aber er entscheidet nicht nur, über welches Medium er einsteigt, sondern auch, wie er mit dem gewählten Medium weiterarbeiten möchte oder zu einem anderen Medium wechseln will.

Reflexion interaktives Lernen

Ein Teil der Fremdsprachendidaktik widmet sich den neuen technischen Möglichkeiten, schnell und gleichzeitig mit verschiedenen Lernzugängen zu arbeiten und dabei die Rolle von Lehrenden und Lernenden neu zu bestimmen. Das technisch Machbare muss sich mit didaktisch Sinnvollem verbinden. Für die Wortschatzarbeit sind sehr viel differenziertere Übungen als bei den textbasierten Programmen zu finden; Übungen, die auch Ton und Bild einbeziehen. Die Programme auf CD-ROM enthalten in der Regel Glossare, manche zeigen die Wörter in dem Kontext, in dem sie vorkommen.

Das Schlagwort vom „interaktiven Lernen" bezieht sich (noch?) nicht auf Sozialformen im Unterricht, sondern meint ausschließlich den Kontakt zwischen Mensch und Computer.

Internet

Selbst bei den DaF-spezifischen Angeboten im Internet ist die Auswahl groß und verändert sich ständig. Die sprachlichen Lernziele sind selten didaktisch begleitet (vgl. Breindl 1998), sodass das Material inhaltlich zwar eine Fundgrube ist, aber noch für den Unterricht aufbereitet werden muss. Andererseits gibt es bereits Lehrbuchautoren, die Zusatzübungen zu ihrem Buch anbieten. Man muss also selbst auf die Suche gehen und aufpassen, dass man nicht verloren geht – ein Einstieg könnte das Angebot des Goethe-Instituts sein, das auch auf andere Anbieter hinweist: http://www.goethe.de

3.3.3 Wiederholen – aber wie?

Die Tatsache, dass wir beim Erlernen einer Fremdsprache – bezogen auf den Wortschatz – im Durchschnitt nur etwa 60 % von dem behalten, was vermittelt wird, hat zu der Devise geführt: „Kampf dem Vergessen!" Der Umfang des Vergessens hängt auch davon ab, wie Wörter präsentiert, erklärt und geübt werden. Trotzdem wird das Wiederholen als didaktisches Hauptmittel gegen das Vergessen eingesetzt – mit unterschiedlichem Erfolg.

Aufgabe 129

> *Welche Bedeutung messen Sie dem Wiederholen von Wörtern in Ihrem Unterricht bei?*
>
> *Wie gehen Sie methodisch vor? Welche Erfahrungen haben Sie gesammelt?*

Natürlich kann und muss nicht alles, was vergessen wurde, reaktiviert werden, sondern nur das, was teilweise oder zeitweise in Vergessenheit geriet. Andererseits ist das mehrfache Üben und Anwenden schon eine immanente Form der Wiederholung. Hier geht es um das bewusste Wiederholen, d. h. das Wiederholen als Lehr- und Lernstrategie. Das setzt mindestens Folgendes voraus: Die Lehrer und (noch mehr) die Lernenden müssen die Lücken im Wortschatz kennen. (Den Lernenden sollten ihre Defizite aber nicht ständig vorgehalten werden!) Weil Wortschatzlücken bei den Einzelnen unterschiedlich groß sind, sollten die Schüler befähigt werden, individuelle Formen des Wiederholens zu praktizieren. Dazu gehört ausreichendes Wissen, wie am besten wiederholt werden kann, aber auch, wie man falsch wiederholt.

Hier möchten wir an dreierlei erinnern:

➤ Wir haben Sie auf das Anlegen einer Wortschatzkartei (Beispiel 61, S. 102) aufmerksam gemacht, die in starkem Maße dem Wiederholungsprinzip folgt. Sie ermöglicht individuelles Lernen und Wiederholen, weil der Benutzer über das Was und Wie selbst entscheidet.

➤ Wir haben Ihnen verschiedene Lerntipps und Beispiele gezeigt, mit denen sich die Schüler selbst in ihrem Lernverhalten einschätzen können.

➤ Wir haben mit Ihnen den Umgang und die Arbeit mit Wörterbüchern (Beispiele 70 bis 72, S. 111ff.) und Hilfen zum Umgang mit Wörterbüchern diskutiert. Die Vermittlung der Technik, wie man sinnvoll mit einem Wörterbuch arbeiten kann, fördert die Autonomie der Lernenden und ermöglicht das selbstständige Wiederholen.

Wann müssen wir wiederholen?

„Für das Wiederholen gilt wie für das Lernen: nicht klotzen, sondern kleckern, nicht gehäuft, sondern gestaffelt wiederholen. Also lieber acht Tage jeden Tag eine Viertelstunde üben als zwei Stunden an einem Tag.

Eine Faustregel lautet:
1. Wiederholung nach ein paar Stunden
2. Wiederholung nach einem Tag
3. Wiederholung nach einer Woche
4. Wiederholung nach einem Monat
5. Wiederholung nach einem halben Jahr.“

„Wir wiederholen falsch, weil wir
– zu viel auf einmal wiederholen,
– in falschen Abständen wiederholen,
– mechanisch nach derselben Methode wiederholen,
– Wortschatz, der schon gefestigt ist, nochmals lernen.“

Kleinschroth (1992), 84/85

Wie müssen wir wiederholen?

„Die weitaus meisten Schüler und erwachsenen Lerner verstoßen gegen die Grundgesetze des Wiederholens.
1. Auswendiglernen und mechanisches Wiederholen nach ein und demselben Rezept sind nur für einfache Informationen (zum Beispiel Jahreszahlen) sinnvoll. Beim Sprachenlernen ist diese Methode so erfolglos wie das alte Vokabelbüffeln.
2. Wortschatz, der mehrmals nach derselben Methode wiederholt wird, ist beschränkt einsetzbar, weil er nur auf dem einen ausgetrampelten Suchpfad zu erreichen ist. Wir müssen nicht nur verschiedene Suchpfade gehen, sondern auch neue anlegen. Dadurch wird der Wortschatz immer engmaschiger vernetzt, und die Abrufmechanismen werden „frisch geölt“.
3. Einem wichtigen Grundprinzip sind wir schon öfter begegnet. Je mehr wir den Lernstoff verändern und verarbeiten, desto besser prägt er sich ein. Kreatives Wiederholen unter verschiedenen Gesichtspunkten kann auf vielfältige Art geschehen. Die wichtigsten Arbeitsformen sind: Ordnen, Gruppieren, Schematisieren, Strukturieren, Klassifizieren, Kategorisieren und Hierarchisieren. Was darunter zu verstehen ist, wird in den folgenden Kapiteln ausführlich behandelt. Dabei werden die gleichen Techniken angewendet wie beim ersten Lernen: vom Zusammenhang des Textes ausgehen; den Wortschatz mehrkanalig lernen; Visualisierungstechnik und mentales Training einsetzen.“

Kleinschroth (1992), 85f.

3.4 Zusammenfassung

➤ Das dritte Kapitel hatte die sehr komplexen Prozesse des Lernens, Einprägens und Übens von Wörtern zum Gegenstand. In ihm sollte deutlich gemacht werden, dass es lernpsychologisch begründete Ansätze gibt, die das bisherige Vokabellernen mehr als nur ersetzen können.

➤ Ein wichtiges Ziel ist die Entwicklung autonomer Lernformen. Das bedeutet, dass geeignete Lernstrategien vermittelt und erprobt werden, dass die Lernenden wissen, wie man am besten Wörter lernt, und dass sie ihren eigenen Lernweg finden.

➤ Die Übungen zum Wortschatz sind sehr vielfältig. Sie beziehen sich sowohl auf die Aneignung der Wörter als auch auf deren Verwendung. Insgesamt sollen sie zur Herausbildung einer fremdsprachlichen Gesamtkompetenz (Verstehen und Mitteilen) beitragen.

4 Lösungsschlüssel

Nicht für alle Aufgaben werden Lösungen angeboten, insbesondere für solche nicht, die sehr subjektive Antworten (Erfahrungen, Meinungen) erwarten lassen oder wo Fragen gestellt werden, die eher zum Nachdenken anregen sollen. Dort, wo es jedoch möglich ist, werden Vorschläge gemacht oder Ergebnisse referiert, die zum größten Teil aus Seminaren mit Deutschlehrerinnen und Deutschlehrern stammen.

Aufgabe 3

In einem Seminar mit Fremdsprachenlehrern gab es sehr unterschiedliche Antworten. Mehrheitlich einigten sich die Teilnehmer und Teilnehmerinnen auf das folgende (nicht ganz widerspruchsfreie) Resultat.

Faktoren die den Wortschatz beeinflussen	Punkte				
	1	2	3	4	5
~~keine kontextuelle Einbettung der Wortschatzarbeit~~					
gleichförmige Übungen		X			
fehlende/falsche Wiederholung			X		
ungenügende Wortschatzaufbereitung in Lehrwerken				X	
Umfang des Wortschatzes				X	
Mehrdeutigkeit (Polysemie) von Wörtern					X
Regeln der Wortbildung				X	
objektive Lernhemmnisse (Gruppenstärke, Lernumgebung, zu wenig Zeit usw.)			X		
subjektive Lernhemmnisse (Desinteresse, Angst usw.)			X		
ineffektive Lerntechniken			X		
fehlende Anwendungsmöglichkeiten (z. B. im ~~Zielsprachen-land~~)					
zu wenig methodische Hilfen für Lehrer				X	
Ergänzungen:					
Lehrende kennen zu wenig „moderne Lernverfahren"					
Grammatik ist wichtiger als Wörter lernen					
Wortschatzlernen ist unendlich					

Aufgabe 4

An·zei·ge *die*; -, -*n*; **1** ein (*mst* kurzer) Text, den man in e-r Zeitung od. Zeitschrift drucken lässt, weil man etw. verkaufen will od. etw. sucht ≈ Annonce, Inserat ⟨e-e A. aufgeben⟩ **2** die öffentliche Bekanntmachung (in e-r Zeitung) e-s familiären Ereignisses ‖ -K: **Heirats-, Todes- 3** e-e Mitteilung *mst* an die Polizei, dass j-d e-e Straftat begangen hat ⟨A. gegen j-n erstatten; etw. zur A. bringen⟩ **4** *nur Sg*; das Anzeigen (5) ⟨die A. e-s Resultats⟩ **5** e-e technische Vorrichtung, auf der man Messungen od. andere Informationen über etw. ablesen kann ‖ K-: **Anzeige-, -gerät, -tafel**

Ap·pa·rat *der*; -(*e*)*s*, -*e*; **1** ein technisches Gerät, das aus mehreren Teilen besteht u. bestimmte Funktionen erfüllt ‖ -K: **Fernseh-, Foto-, Radio-, Telefon- 2** *mst Sg*; e-e Gruppe von Körperteilen od. Organen, die zusammenarbeiten, um e-e gemeinsame Aufgabe zu erfüllen ‖ -K: **Atmungs-, Bewegungs-, Verdauungs- 3** *mst Sg*, *Kollekt*; alle Personen u. Hilfsmittel, die man für e-e bestimmte Aufgabe od. für e-e Institution / Organisation braucht ‖ -K: **Beamten-, Partei-, Polizei-, Regierungs-, Verwaltungs-**

Götz u. a. (Hrsg.) (1998), 64/65

Götz u. a. (Hrsg.) (1998), 1171

Aufgabe 5

1. auf einem Flur warten; 2. eine schwerfällige, kraftlose Art zu laufen; 3. ein schmaler (Verbindungs-)Weg unter der Erde; 4. ein Gericht einer Speisenfolge servieren; 5. etwas spielt sich ab, ein Ereignis nimmt seinen Lauf; 6. z. B. im Auto einen bestimmten Gang wählen

Aufgabe 7

Da Wortbedeutungen immer auch erfahrungsbezogen sind, vom Bildungsstand abhängen und stark von den Lernumständen geprägt werden, ist eine völlige Bedeutungsgleichheit zwischen einer Sprache und einer zweiten oder dritten Sprache kaum möglich. Gemeinsamkeiten und Unterschiede in den Wortbedeutungen sind deshalb den Lernenden im Unterricht bewusst zu machen.

Aufgabe 11

Buch: Wissensspeicher, gedruckt, aus Papier, ein Titel, für Leser

Drama: dialogisch, Zuschauer, Schauspieler, Theaterstück

Arbeit: aktiv, körperliche und geistige Kraft notwendig, zielgerichtet, der Mensch macht sie

Aufgabe 12

Schule:
Institution zur Ausbildung/Erziehung von Kindern, Jugendlichen und Erwachsenen; Besuch ist Pflicht und zeitlich festgelegt; (vorgegebene) Lernziele; Gesamtheit von Lehrern und Schülern; verbindliche Lehr- und Lernmaterialien; Unterricht in Gruppen/ Klassen organisiert; dominierende Sozialformen; vorgeschriebene Lernerfolgskontrollen; Noten und Zeugnisse

Aufgabe 13

2. + 3. Beeindruckend ist, mit so wenigen Wörtern so viel Sprache zu verstehen. Gerade deshalb stellen sich bestimmte Fragen, etwa folgende:

- Was sind „Normaltexte" und wie repräsentativ sind sie für die Festlegung der Häufigkeit von Wörtern in Texten (Frequenzfestlegungen)?

- Werden die Unterschiede zwischen gesprochener und geschriebener Sprache berücksichtigt?

– Was sind die ersten 4000 Wörter, die es ermöglichen, 95 Prozent aller Normal-texte zu erfassen?

– „Erfassen" heißt verstehen. Wie groß ist der produktive Anteil an der angegebenen Menge?

– Wie werden Mehrdeutigkeit einerseits und bedeutungsgleiche bzw. -ähnliche Wörter (Synonyme) berücksichtigt?

– In welcher Zeit lernt man diese Wörter?

Aufgabe 14

2. Unberücksichtigt (müssen) bleiben:
die Lernbedingungen; die didaktische Reihenfolge (der Lernweg); Lernschwierig-keiten bei einzelnen Wörtern; Hilfen für das Lernen; das Lernpensum; manche grammatischen Markmale – etwa die Umlautung bestimmter Verben *halten/er hält.*

Hinweise zur Wortliste:
Wörter, die nicht unbedingt zu lernen sind, sind *kursiv* gedruckt. Die Zahlen geben an, wo die Wörter zum ersten Mal vorkommen, ein Punkt oder ein Strich unter dem Wort (halten; Hafen) zeigt den Wortakzent. Bei den Nomen sind Artikel und Pluralform angegeben. Die Zahlen in Klammern zeigen verschiedene mögliche Bedeutungen an.

Aufgabe 15

2. Zu den wichtigen hier genannten Auswahlkriterien zählen *Themenbezogenheit*, die *Häufigkeit* und die *Produktivität*. (Mehr vom Sprachstand hängen die im Anschluss an Aufgabe 15 auf Seite 18/19 angeführten Kriterien *Verstehbarkeit* und *Lernbar-keit* ab.)

4. Zusätzliche Kriterien:
Situationsbezogenheit: Wörter und Wortkombinationen, mit deren Hilfe außer-sprachliche Situationen sprachlich bewältigt werden (= Redemittel), z. B. die Her-stellung sozialer Kontakte wie etwa „jmdn. ansprechen", „Wünsche äußern" usw.

Universalität: Wörter, die eine allgemeine Bedeutung haben (Allerweltswörter) und damit auch eine große Reichweite besitzen, z. B. *machen, tun, Ding.*

Aufgabe 16

Hodscha: sein/seine/ihn/du/er/mein/ich/meinen/ich/du/du; Frau: sie; Ring: etwas/ihn/ihn/ihn

Aufgabe 17

➤ Idiomatische Wendungen: jmdm. eine Extrawurst braten

➤ Sprichwörter:
Die Liebe geht durch den Magen. Viele Köche verderben den Brei.

➤ Hyponyme:

Obst	*Milchprodukte*	*Gemüse*
Äpfel	Käse	Gurken
Aprikosen	Sahne	Tomaten
Kirschen	Joghurt	Rotkohl
Pflaumen	Butter	Bohnen

➤ Synonyme:
stilistische: essen – speisen – dinieren – fressen – sich vollhauen
regionale: Brötchen – Semmel – Schrippen

➤ Antonyme: würzig – fade; fett – mager

➤ Fremdwörter/Internationalismen:
Steak – Hamburger – Pizza – Pommes frites – Baguette – Joghurt

➤ Umgangssprache/Soziolekt: einen heben – sich vollhauen

Aufgabe 18	Während bei Fortgeschrittenen alle Gesichtspunkte zu berücksichtigen sind, sollte sich der Unterricht in weniger qualifizierten Lernergruppen auf das Lernen von Internationalismen, von Hyponymen (Gruppenbildungen, Ordnungen) sowie Antonymen und Synonymen konzentrieren.
Aufgabe 19	Der Text kombiniert situativ unverträgliche Wörter – die Speisen und Getränke werden so nicht angeboten oder serviert. Da die Lernenden diese Wörter und diese Situation kennen, ist der Dialog für sie unerwartet und komisch. Die Schüler lachen über den seltsamen Gast, sie zeigen damit, dass sie die „Fehler" erkannt haben. Das ist lernfördernd.
Aufgabe 21	Weltall, Mobiltelefon, weltweit, Strom- und Telefonleitung, Welttelefonnummer, gleichzeitig, Bildtelefon, elektronisch, sekundenschnell
Aufgabe 22	Mitteilungswortschatz: Auch produktiver Wortschatz genannt, umfasst alle Funktionswörter und ca. 2000 Inhaltswörter in der Grundstufe. Mit einem Mindestmaß an Lexik soll ein Höchstmaß an sprachlicher Aktivität gewährleistet werden.
	Verstehenswortschatz: Auch rezeptiver Wortschatz genannt, umfasst eine mehrfache Menge des Mitteilungswortschatzes. Die Auswahl hängt stark von den Lernzielen ab.
	Potenzieller Wortschatz: Das Vermögen, die Bedeutung neuer Wörter mithilfe bekannter Wörter zu erschließen, z. B. über die Wortbildung (die Wärme kann von warm abgeleitet werden).
Aufgabe 23	a) grafische/orthografische Komponente (K.) b) semantische K. c) kombinatorische K. d) stilistische K. e) phonetische K. f) grammatische/grafische K.
Aufgabe 24	Die Schlussfolgerung aus der Feststellung „Ohne Wortschatz geht nichts" kann nur sein, dass bei der Wortschatzarbeit Bedeutung und Form als Einheit gesehen werden. Neue Wörter sollten mehrfach gehört, gelesen, gesprochen und geschrieben und möglichst durch den Kontext erklärt werden oder aus dem Kontext ableitbar sein. Die Arbeit an den anderen Teilbereichen der Sprache (Grammatik, Orthografie, Aussprache usw.) ist immer auch immanente Arbeit am Wortschatz.
Aufgabe 25	1. + 4. Im Unterschied zur Muttersprache ist beim Erlernen einer Fremdsprache die Beherrschung einer Erstsprache Voraussetzung. Außerdem wurde die Sprache nicht schon mehrere Jahre gesprochen, bevor sie gelesen oder geschrieben wurde. Damit hat der Zweitsprachenerwerb den Vorteil, dass Laut und Schrift – auch in ihrer Diskrepanz – bewusst und parallel erlernt werden können.
	2. Die Reihenfolge ist, besonders im Anfängerunterricht, sinnvoll. Wird das Schreiben jedoch allzu sehr vernachlässigt, müssen sich notwendigerweise auch Schwierigkeiten im Bereich der Rechtschreibung ergeben, vor allem bei der richtigen Schreibung im Wortinneren – z. B. bei der Länge von Vokalen (er nahm, er kam).
Aufgabe 26	Bei allen lexikalischen Einheiten ist die Arbeit an der semantischen Komponente entscheidend. Bei den unterstrichenen Wörtern sind außerdem folgende Komponenten von Bedeutung:

Stadtfest	die grammatische – Wortbildung: Kompositum
Tüte Popcorn	die grafische und die kombinatorische Komponente
Brezeln	die orthografische (die regionale Variante)

Stand	die grammatische – Wortbildung: Ableitung *stehen – Stand*
Undertaker-T-Shirt	die grafische und phonetische
spitze sein	die stilistische
Geldbeutel	die grammatische – Wortbildung: Kompositum
weg (sein)	die phonetische und grammatische
wie der Blitz	die metaphorische

Aufgabe 27

Es wird von Ihnen keine umfassende Antwort erwartet. Mit der Aufgabe sollen Sie zur Bildung von Hypothesen angeregt werden. Unsere Antwort finden Sie unmittelbar nach der Aufgabe im Text.

Aufgabe 28

Beispiel (Auswahl)	„Gegenbeispiel"	Lernschwierigkeit/Erklärung
tschechisch (28)	dänisch (20)	*tschechisch*: Ausspracheproblem Adjektivbildung auf *-isch*
glatte Straße (3)	glatte Antwort (34)	(34) Metaphorik = eine schnelle, oft auch genau passende Antwort
trinkbar (16)	ungenießbar (19)	Negation durch *un-* Adjektivbildung auf *-bar*
Fußball (17)	Eckball (8)	(17) konkret, (8) übertragen = eine Position auf dem Spielfeld
Läufer (5)	laufen (12)	Mehrdeutigkeit (Polysemantik): *Läufer* = Sportler und *Läufer* = Schachfigur/Teppich
Topfen (6)	Quark (9)	regionale Variante: *Topfen* = österreichisch für *Quark*
Zigarette (26)	Glimmstängel (35)	(35) Soziolekt: Jugendsprache/ bildlich
Haustürschlüssel (23)	Steckschlüssel (37)	(37) Fachwort
Stadtrand (36)	Trauerrand (39)	(39) Konkretum = schwarzer Rand bei Trauerbriefen/-karten und Metapher = scherzhaft für schmutzige Fingernägel
auf Granit beißen (31)		Idiomatik = etwas erfolglos versuchen

Erklärungen zu einigen Funktionswörtern:

(2) *bloß*
1. (= *nur*): Es ist bloß einer gekommen.
2. (= *ungeschützt*): Er sitzt mit bloßem Oberkörper in der Sonne.
3. (= Verbpräfix, im Sinne von *blamieren*): Man hat ihn bloßgestellt.

(22) *doch*
1. Das ist doch unmöglich. (Partikel)
2. Er wollte kommen, doch er kam nicht. (Konjunktion)

(10) *mit*
1. mitkommen (Vorsilbe)
2. mit dem Bus fahren (Präposition)

(11) *schon*
1. Sie haben schon recht. (Partikel)
2. Ist er schon da? (Zeitadverb)

(25) *auf*
1. aufstehen (Vorsilbe)
2. Das liegt auf dem Tisch. (Präposition)

<table>
<tr>
<td>Aufgabe 29</td>
<td>

A. Die Beispiele zeigen, dass es keine 1 : 1-Entsprechung zwischen Sprachen geben muss. Das Lernproblem ist die Beherrschung solcher Mehrdeutigkeiten.

B. Grafische und phonologische Ähnlichkeiten zwischen der Muttersprache und der zu lernenden Sprache verführen häufig dazu, auch auf semantische Übereinstimmungen zu schließen, also eine gleiche Bedeutung anzunehmen (die „falschen Freunde").
</td>
</tr>
</table>

Aufgabe 31

Die Lernziele leiten sich von den in Kapitel 1.4 diskutierten Komponenten und Lernschwierigkeiten ab. Danach sollten bei den Lernenden bestimmte (Teil-)Fähigkeiten ausgebildet werden. Dazu gehören:

- Wörter in der Fremdsprache zu verstehen,
- Wörter korrekt auszusprechen und zu schreiben,
- Wortbedeutungen zu differenzieren,
- Wörter morphologisch und syntaktisch korrekt zu verwenden,
- Wörter situativ angemessen gebrauchen zu können.

Aufgabe 32

Lernziele zu den Beispielen (B):

B 7: Bedeutungen umschreiben und als positiv oder negativ differenzieren (reproduktiv)

B 8: gepuzzelte Wörter entschlüsseln und aufschreiben (reproduktiv-produktiv)

B 9: Bedeutungen definieren

B 10: Intonation (Stimmführung, Rhythmik, Akzent)

B 11: inhaltliche (= semantische) Verträglichkeit von Verben und Nomen ermitteln

B 12: morphologische Korrektheit (Plural) bestimmen
Diese Übungsform ist (besonders für die Grundstufe) problematisch, weil außer *einer* richtigen Lösung nur sprachlich unkorrekte Formen zur Auswahl stehen.

B 13: Wendungen (Zwillingsformeln) einem Kontext zuordnen (Lösung: 7 e).

Aufgabe 33

1. Die Anforderungen sind Maximalforderungen. Sie beschreiben quasi ein ideales Ziel, dem man sich im Fremdsprachenunterricht zunehmend nähern, es aber wohl nur in Ausnahmefällen vollständig erreichen kann.

2. Entscheidend für das „Funktionieren" von Aneignung und Anwendung des Wortschatzes sind die objektiven und subjektiven Bedingungen des jeweiligen Fremdsprachenunterrichts, d. h.

   - die Ziele und Rahmenbedingungen (Schule, Studium, Wochenstunden, Lernmittel u. a.),
   - die Lernenden (Voraussetzungen, Alter, Motive u. a.),
   - die Lehrer (Methoden, Erfahrungen u. a.).

Aufgabe 34

Diese Überlegungen von Raasch gehen davon aus, dass die internationale Kommunikation Ausmaße annimmt, die der Einzelne sprachlich nicht mehr umfassend, d. h. rezeptiv und produktiv, bewältigen kann. Die Betonung der Fähigkeit zum Sprachverstehen bedeutet eine Aufwertung des Hörverstehens und Lesens und damit des Verstehenswortschatzes.

Begriff	Erklärung	Beispiel
– Zur Bedeutung		
metaphorische Bedeutung	bildlich	*(ein Kerl wie ein Baum)*
Synonyme	(bedeutungsgleich/ bedeutungsähnlich)	*reden, sprechen*
Antonyme	(Gegensatz/Gegenteil)	*dunkel – hell*
(Homonyme)	gleiches Wort mit unterschied- licher Bedeutung	*(Bank – Bänke; Bank – Banken)*
(Hyponyme)	(unter- oder nebengeordnet)	*Eltern: Mutter – Vater*
(polysem/polysemantisch)	(mehrdeutig: Wort mit mehreren Bedeutungen)	*Birne (Obst, Glühbirne; umgangssprachl. für Kopf)*
(„falsche Freunde")	(fehlerhafte Übertragungen zwischen zwei Sprachen)	dt. *bekommen* – engl. *become (= werden)*
– Zur Gliederung		
(Inhaltswörter)	(Substantive, Verben, Adjektive)	*Auto, fahren, schön*
(Funktionswörter)	Artikel, Präpositionen, Konjunktionen, Partikeln	*(das, auf, weil, doch)*
(Wortfeld)	(alle Wörter eines Sachgebietes)	*Familie, Eltern, Verwandte Geschwister, Kinder …*
(Wortfamilie)	Wörter mit dem gleichen Stamm	*(Maß, messen, messbar, mäßig)*
(regionale Variante)	Wörter, die in bestimmten Regionen eines Sprachgebietes verwendet werden	*(D: der Krankenwagen, A: die Rettung, CH: die Sanität)*
(stilistische Variante/ Register)	verschiedene Möglichkeiten, etwas sprachlich auszudrücken – hochsprachlich, umgangs- sprachlich …	*(essen – speisen – fressen)*
– Zur Wortbildung		
(Komposita)	(zusammengesetzte Wörter)	*Bierglas, nasskalt*
(Derivate)	Ableitungen	*(Glück, Unglück)*
(Präfixe)	(Vorsilben)	*be-, ver-, ent-, mit-, un-*
(Suffixe)	Nachsilben	*(-bar, -lich, -keit, -chen)*
– Zu den Komponenten		
(semantische K.)	legt den Sinn eines Wortes fest	*(etwa bei Inhaltswörtern – fahren, Haus, tief)*
(kombinatorische K.)	(entscheidet, welche Wörter sinn- voll miteinander kombiniert werden können)	(blondes Haar nicht: *blonde Lampe)
(phonetische K.)	die Aussprache der Wörter betreffend	*(König ['køːnɪç], aber: Könige ['køːnɪgə])*
grafische K.	(das gelesene/geschriebene Wort betreffend)	*(mahlen – malen)*
(grammatische K.)	(die Konjugation, Deklination, Komparation und Wortfolge betreffend)	*lesen – er liest das Haus – des Hauses groß – größer – am größten*

2. *Die Suche* ist ein Lehrwerk für jugendliche Lernende und Erwachsene der Grundstufe und führt in zwei Bänden zum *Zertifikat Deutsch als Fremdsprache*. Der Titel ist in
zweierlei Hinsicht programmatisch: Zum einen wird durch alle Lektionen des 1. Teils
die Geschichte zweier Männer in Berlin erzählt, die eine geheimnisvolle Frau suchen.
Der Text stammt von H. M. Enzensberger. Man spricht von einem Lernroman. Zum
anderen wird mit der Betonung des Lese- und Hörverstehens und durch die anregende
visuelle Gestaltung das entdeckende Lernen gefördert.

<table>
<tr>
<td><u>Aufgabe 38</u></td>
<td>Die Fragen können nur vom ersten Eindruck her beantwortet werden. Für eine umfassende Bewertung ist die Kenntnis von Lehr- und Arbeitsbuch notwendig. In einer Fortbildungsveranstaltung wurde von den Lehrern folgendes Resümee gezogen (in Klammern sind zusätzliche Anmerkungen von uns hinzugefügt):</td>
</tr>
</table>

1. Der Wortschatz wird stark vom Text der einzelnen Lektionen bestimmt. Davor und danach findet der Lernende Hinweise, Skizzen, Bilder, Wortlisten, die den Wortschatz verarbeiten. Das Verhältnis von sprachlicher und bildlicher Präsentation ist ausgewogen. (Der Wortschatz wird durch Zeichnungen, ein Wortnetz und andere Schemata unterstützt.)

2. Die Unterschiede von Wortschatzeinführung und -übung sind für die Lernenden nicht markiert und mitunter auch nicht streng zu trennen. Der Lehrer erkennt sie an der Aufgabenstellung. So dienen der Präsentation (E) vor allem der Text (2.) (auf Kassette und als Lesetext) und auch die Punkte A1, B4 und B6. Mehr Übungscharakter haben z. B. die Aufgaben B3, B5 und die des Arbeitsbuches.

   (E: B4c, B5, B6; Ü: A1, A2, B1 – B4)

3. Hängt mit Aufgabe (2) zusammen. Mehr rezeptiv sind A2, B1, B3a, B4a, B5, mehr produktiv B3b und B3c, B4c und B4d. (Ein potenzieller Wortschatz findet sich im Sinne der Lexik in B3b.)

4. Sowohl die Verbindung von Grammatiklernen und Wortschatzarbeit als auch die von Wortschatzarbeit und Hörverstehen, Sprechen, Lesen und Schreiben wird berücksichtigt. Das wird sichtbar an einer thematisch orientierten Verknüpfung von Aufgaben: zum Beispiel B3: Wortnetz = Wörter, die Gefahr signalisieren, und B4: Redemittel zu Fakten und Vermutungen.

5. Die lexikalischen Mittel sind effektiv aufbereitet. Sie werden über das Lese- und Hörverstehen vermittelt, danach identifiziert und geübt. Ob die Arbeit mit dem Buch das Lernen motiviert, kann nicht nur an der Wortschatzaufbereitung gemessen werden. Die Geschichte von Gröger und Schlock bietet aber vielfältige Anlässe zum Sprechen und Schreiben.

<table>
<tr>
<td><u>Aufgabe 40</u></td>
<td>Die Lektion ist in Auszügen einem Lehrbuch für Fortgeschrittene/Deutschlehrerstudenten entnommen. Das erklärt die wesentlichen Unterschiede zu der Lektion aus Aufgabe 36:</td>
</tr>
</table>

1. Der Wortschatz wird in einem zusammenhängenden Text (Märchen) präsentiert. Auf bildliche Darstellungen wird verzichtet.

2. E: Veraltete Wörter werden in einsprachigen Worterklärungen erläutert.

   Ü: Sehr viele Übungen zur Lexik: Zuordnungsübungen, unterschiedliche Bezeichnungen für eine Sache (Kaufhaus), Wendungen, Übungen zur Wortbildung (Ableitung), Verben in Kontext einordnen.

3. Die meisten Übungen sind reproduktiv, produktiv sind 1.6, 1.8, 1.9, 1.12, 1.14.

4. Über Grammatik kann hier nichts ausgesagt werden, Hör- und Schreibübungen sind nicht enthalten.

<table>
<tr>
<td><u>Aufgabe 41</u></td>
<td>In den meisten neueren Lehrwerken wird die Kategorie Wortschatz im Inhaltsverzeichnis gleichberechtigt neben Grammatik usw. angegeben – nur die Bezeichnungen unterscheiden sich: In Moment mal! (Müller u. a. 1996) heißt es schlicht Wortschatz, in Elemente (Piepho 1996) wird Wortbildung unter der Rubrik Sprache angegeben, in eurolingua Deutsch (Funk/Koenig 1996) findet sich Wortschatzarbeit unter Lernen zu lernen und in Tangram (Dallapiazza u. a. 1998) wird Wortbildung als eigene Kategorie angeführt, andere Möglichkeiten der Wortschatzarbeit sind dort in Lerntechniken integriert.</td>
</tr>
</table>

<table>
<tr>
<td><u>Aufgabe 42</u></td>
<td>

Beispiel 16: *Aus dem Alltag der Thomaner*

1. Oberstufe
2. ein kulturhistorisch interessanter Text
</td>
</tr>
</table>

3. Um den Text verstehen zu können, sind Sachkenntnisse (z. B. über J. S. Bach) und besondere Sprachkenntnisse notwendig. Das Lehrbuch liefert zu allen Texten einsprachige Worterklärungen. Worterklärungen zu diesem Text finden Sie unter Beispiel 24 auf Seite 48.

Beispiel 17: *Der Kurs ist zu Ende*

1. Grundstufe
2. Ein Allerweltstext, der das Besondere einer Segelkursprüfung kaum thematisiert.
3. Der Text bereitet wenig Verständnisschwierigkeiten. Den Schülern steht ein Glossar zur Verfügung.

Beispiel 18: *Haushaltsgeräte*

1. Grundstufe
2. Der Text könnte landeskundlich interessant sein.
3. Der Text dürfte wenig Schwierigkeiten machen.

Aufgabe 43

Bedeutung von Visualisierung für das Wortschatzlernen – einige Aspekte:
Bilder holen die „Wirklichkeit" ins Lehrbuch (Fotos), sie helfen Vorstellungen zu schaffen, sie stützen unser visuelles Gedächtnis und sie können zum Lernen motivieren. In Kooperation mit Sprache sollen Visualisierungen Situationen und Zusammenhänge verdeutlichen und das Wörterverstehen erleichtern.
Diese Erkenntnisse mögen in einzelnen Fällen aber auch dazu geführt haben, dass manche Lehrbücher überbildert sind, sodass sich der gewollte Effekt ins Gegenteil verkehrt und die Schüler weniger sprachlich als optisch überfordert sind.

Aufgabe 44

Beispiel 19: Die Zeichnungen signalisieren noch vor dem Lesen des Dialogs die *Situation*, besonders die obere Zeichnung. Die untere berücksichtigt dagegen wenig, dass Uhrzeiten verglichen werden.

Beispiel 20: Die Fotos dienen als Sprechanlass und zur Vorentlastung des Themas *Schule*. Sie geben authentische Situationen wieder. Den Bildkommentaren folgt eine Aufgabe, mit der die Bilder Sätzen zugeordnet werden müssen, z. B.

– Viele Schüler kommen mit dem Fahrrad zur Schule (4).
– ein Schulhof (2) usw.

Beispiel 21 a: Die Bildinformation ist wenig hilfreich bei der Erschließung der Situation. An der Beschriftung ist zwar zu erkennen, dass es sich um den Vorplatz eines Flughafens handeln könnte, die Rolle der Person im Vordergrund ist aber kaum zu bestimmen. Erst der Text erklärt die Situation: Die Frau fragt nach einem Taxi.

Beispiel 21 b: Scherling und Schuckall bewerten dieses Bild so:

> „Schon als Muttersprachler ist es nicht einfach, den Text richtig zu rekonstruieren. Für einen Fremdsprachler ist die Situation kaum nachvollziehbar. Wird hier nach dem Weg gefragt? Dann müßte das normalerweise aus dem Auto erfolgen. Oder geht es ums Parken? Dann ist das Bild mißverständlich!" (1992, 21)

Beispiel 22: Die Zeichnungen sind eine Lernhilfe: Eindeutige Zeigebewegungen unterstützen die Semantisierung der Personalpronomen.

Aufgabe 45

2. Der zentrale Aspekt des Textes ist im Bild nicht thematisiert: Vor den Kassen der (deutschen) Supermärkte sind Regale, die so niedrig sind, dass Kinder die Sachen aus diesen Regalen mit vielen Süßigkeiten ohne Probleme herausnehmen können. Damit werden sie gelockt und bringen ihre Begleitpersonen in Schwierigkeiten …
Dass diese Tatsache in dem Bild nicht erkennbar ist, kann man positiv werten, weil so der Text eine neue Information bringt. Man könnte sich aber auch vorstellen, dass das Kernproblem des Textes in der Zeichnung schon thematisiert wird und entweder einen Wiedererkennungseffekt auslöst, weil das in vielen Ländern so ist, oder eine neue landeskundlich wichtige Information bieten soll.

In **Beispiel 26** sind die Wörter alphabetisch geordnet, angegeben sind lediglich das Kapitel, in dem sie zum ersten Mal auftauchen, und bei den Nomen der Artikel.

Beispiel 27 liefert folgende Informationen:
- bei allen Wörtern die Seitenzahl, auf der das Wort zum ersten Mal vorkommt, und spätere Vorkommen
- bei Nomen den Artikel und die Pluralform sowie Hinweise, wenn ein Wort nur im Singular oder Plural vorkommt
- den Akzent (lang oder kurz)
- bei den Verben die Rektion (etwa Akkusativ) und die Ergänzungen (im Auszug nicht erkennbar, etwa *bleiben* + Sit. (= Situativergänzung*)/*bleiben* + Qua (= Qualitativergänzung*)
- der Wortschatz, der nicht im *Zertifikat Deutsch als Fremdsprache* gefordert wird, ist kursiv gedruckt.

Beispiel 28: Die Wörter rechts sind themenbezogen geordnet (Sport), in der linken Spalte ist die Lexik der gleichen Lektion zusammengestellt, die nicht themenbezogen ist.

Beispiel 29: Der Wortschatz ist ausschließlich nach grammatischen Merkmalen (Wortarten) geordnet. Eine solche Liste findet sich am Ende jeder Lektion.

Beispiel 30: Das Glossar gibt grammatische Merkmale von Wörtern an (Artikel, Plural, Stammvokalwechsel u. a.) und stellt Redemittel aus der jeweiligen Lektion zusammen. Es dominieren lexikalische Einheiten und nicht Einzelwörter.

Aufgabe 47

Der Empfehlung ist grundsätzlich zuzustimmen. Bei der Arbeit an zusammengesetzten Wörtern steht die Fähigkeit zur Erschließung im Vordergrund. Sie dient der Entwicklung des potenziellen Wortschatzes. Andererseits ist es auch sinnvoll – das beweist die Praxis – Wörter aus bekannten (Stamm-)Wörtern zusammenzusetzen und dann erklären zu lassen. Das fördert die Wiedererkennung im Gedächtnis, z. B.

Haus	Nest	*Haustür*
Garten	Ball	*Gartenblume*
Vogel	Blume	*Vogelnest*
Hand	Tür	*Handball*

Aufgabe 48

Abgeleitete Wörter	Zusammengesetzte Wörter
Verben: erkennen (< kennen); verbringen (< bringen); ermöglichen (< möglich); vermögen, versetzen, ermitteln	überleben (<über + leben); auslösen; herausfinden; abschätzen; aufnehmen; weiterziehen
Nomen: Fähigkeit (<fähig); Forscher (< forschen); Wissenschaftler (<Wissenschaft); Schrumpfungen (< schrumpfen); Wanderung; Nahrung; Geruch (< riechen); Wildnis; Vegetation	Turmfalken (< Turm + Falke); Nahrungsangebot; Laborexperimente; Wühlmäuse; Populationsdichte; Nagetiere; Wühlmausbevölkerung; Fressfeinde; Kilometer; Greifvögel; Ortskenntnis
Adjektive und Adverbien: skandinavisch (< Skandinavien); menschlich; kärglich (< karg); finnisch; weiträumig; gelegentlich; unklar; nomadisch; keinerlei; wiederkehrend	ultraviolett; vierjährig

Beispiel 33 a: Die Information dient der Ausbildung einer wichtigen Lernstrategie bei der Erschließung von Zusammensetzungen. Sie ist auf andere Typen von Komposita übertragbar, in denen z. B. Adjektive und Verben das Bestimmungswort sind.

Beispiel 33 b: Die Übersicht ist anschaulich und systematisch. Bildlich und geordnet wird gezeigt, dass das Bestimmungswort verschiedenen Wortarten angehören kann, dass der Artikel immer vom Grundwort (z. B. *Gebiet*) bestimmt wird und dass die eingefügten Konsonanten (z. B. *Sonnen-*) sehr oft vom Bestimmungswort (*Sonne*) abhängen (*Sonnengebiet*).

Beispiel 34: Das Problem der unregelmäßigen Bildungen (*eine Pfanne zum Braten = eine Bratpfanne, eine Maschine zum Bügeln = eine Bügelmaschine*) hätte erwähnt werden sollen. Die Hinweise zum Fugen-*s* könnten eine Hilfe sein und über das Erschließen von Komposita hinausgehen, die Regel ist jedoch abstrakt, da keine Beispiele genannt werden – im Text nur *Kalbsfleisch* und auf dieses Wort trifft die „Merke-Regel" nicht zu.

Beispiel 35: Eine übersichtliche und eindeutige Zusammenstellung; eine zuverlässige Hilfe zur Selbstkontrolle; hilfreich ist der Hinweis auf den Wortakzent – den man allerdings kennen muss.

Beispiel 36: Interessant ist die Auflistung der zusammengehörigen Wörter (Wortfamilien).

Beispiel 37: Regel/Verallgemeinerung und Beispiel zeigen, unter welcher Voraussetzung Stammwörter die Wortart wechseln können (hier: Adjektiv wird zum Nomen). Analoge Beispiele können nach diesem Muster gebildet werden.

In den Beispielen 33 a + b, 35, 37 und (begrenzt) auch 34 werden Hinweise zur Wortproduktion gegeben.

Die Erklärungsmöglichkeiten sind begrenzt: Zum einen gibt es für eine Reihe von Bildungen keine linguistische Begründung, zum anderen überfordern bestimmte Interpretationen das metasprachliche Wissen der Lernenden.

1. Ein *Fugen-s* folgt nach Wörtern auf -*ling*, -*schaft*, -*ung* u. a., deshalb *Lieblingsbuch, Wirtschaftslage, Zeitungsmeldung. Fugen-n* folgt nach den meisten femininen Bestimmungswörtern, deshalb *Tannenbaum, Küchenlampe*. Die Verkürzung bei *Erdkugel* und *Farbfernseher* dürfte sprachökonomische Ursachen (Ausspracheerleichterung) haben, obwohl es auch Gegenbeispiele gibt: *Erdenbürger, Farbenspiel, Farbenpracht* u. a. Die Fugenelemente sind in ihrer Mehrheit „funktionslos", sie sind weitgehend durch den Sprachgebrauch geregelt.

2. Die Unterschiede in den Bildungen sind den Lernenden kaum zu begründen. Die Komposita müssen als Einheiten so gelernt werden. Sie sind in die Sprache so eingeführt, haben sich stabilisiert und ermöglichen ihrerseits auch Reihenbildungen, z. B. *Bilderrahmen, Bildergalerie, Bilderrätsel*, aber *Bildfläche, Bildhauer, Bildschirm*. Noch einsichtig zu machen sind *Landesgrenze* = die Grenze(n) des Landes, *Bratensoße* = Soße zu einem Braten. Bei *Bratpfanne* zeigt sich die Tendenz zur Sprachökonomie: Verben als Bestimmungswörter werden verkürzt, z. B. *Schreibtisch, Fahrschein, Kaufhaus, Hörverstehen* usw.

3. Die Suffixe -*heit* und -*keit* bilden substantivische Eigenschaftsbezeichnungen. Zwischen beiden Suffixen bestehen semantisch keine Unterschiede. Basis ist ein Adjektiv, z. B. *Klugheit, Faulheit, Gesundheit*, aber auch *Dunkelheit* und *Sicherheit* und eben *Übelkeit*.

4. Die Suffixe -*lich* und -*isch* dienen der Bildung von Adjektiven aus Substantiven. Den Bildungen mit -*lich* liegt ein Vergleich zugrunde (*kindlich* = wie ein Kind). Adjektive auf -*isch* haben bei Personen- und Tierbezeichnungen häufig eine negative Wertung (*kindisch, bäurisch, herrisch, hündisch* usw.).

   Das substantivische Basiswort mit dem Suffix -*ig* drückt einen Vergleich aufgrund äußerer oder innerer Ähnlichkeit aus. Diese Ableitungen haben eine übertragene Bedeutung, ein *goldiges Kind* ist ein entzückendes Kind, eine *holzige Birne* ist eine harte Birne, ein *glasiger Blick* sind Augen mit einem trüben und feuchten Schimmer.

Adjektive auf *-en* geben an, dass der durch das substantivische Beziehungswort bezeichnete Gegenstand aus dem betreffenden Stoff besteht: *goldene Uhr* (= eine Uhr aus Gold), *hölzerne Tür, gläserne Gefäße.*

5. Die Suffixe *-los* und *-frei* bezeichnen das Nichtvorhandensein von etwas: In den Beispielen mit der Endung *-los* wird das Nichtvorhandensein als Mangel oder fehlend angegeben (*arbeitslos* = ohne Arbeit, *schlaflos, obdachlos*). Die Endung *-frei* wird verwendet, wenn das Nichtvorhandensein als Vorzug aufzufassen ist (*rostfrei* = ohne Rost, *zollfrei*).

   Die Suffixe *-reich* und *-voll* sind ebenfalls Synonyme. Sie bezeichnen etwas, was in hohem Maße vorhanden ist. Damit bilden sie Antonyme zu den Adjektiven aus *-los* und *-frei*. Die unterschiedlichen Verwendungen von *-reich* und *-voll* sind nicht zu begründen.

6. Bei den unkorrekten Wörtern sind die Grundwörter semantisch so besetzt, dass das gewählte Bestimmungswort mit ihnen nicht kombiniert werden kann. So wird *Schiene* als „für Fahrzeuge ohne Reifen" definiert (invariantes Merkmal) und kann daher nicht mit *Auto* verbunden werden. Invariantes Merkmal von *Stuhl* ist „vier Beine" und von *Wohnung* „für Menschen" – alle drei können deshalb nicht mit *Auto* kombiniert werden.

7. Die Beziehungen zwischen Grund- und Bestimmungswort werden deutlich, wenn man die Zusammensetzungen auflöst: *Winterhose* = eine Hose für den Winter; *Turnhose* = eine Hose zum Turnen, zum Sport treiben; *Lederhose* = eine Hose aus Leder; *Anzughose* = eine Hose, die Teil eines Anzugs ist.

Aufgabe 51

In Beispiel 38 sollen Voraussetzungen für den Umgang mit einem Wörterbuch geschaffen werden, indem bewusst gemacht wird, welche Informationen ein Wörterbucheintrag liefern kann.

1.

3. Arbeit mit dem Wörterbuch

Was bedeuten die Zeichen, Zahlen und Abkürzungen? Bitte ergänzen Sie:

¹höf·lich ⟨Adj.⟩ *wohlerzogen, verbindl., takt-, rücksichtsvoll, zuvorkommend;* ⟨jmdm.⟩ ~ seinen Platz anbieten; wir bitten Sie ~ (st) (Briefstil); es wird ~ gebeten, den Rasen nicht zu betreten (Verbotsschild); sich ~ verbeugen; in ~ em Ton etwas sagen, [< ⟨mhd.⟩ *hovelich, hoflich, „hofgemäß, fein, gebildet u. gesittet"; zu* Hof *im Sinne von „Fürstenhof, Hofstaat"]* ~**keit** 1 ⟨f. 20; unz.⟩ *höfl. Betragen; darüber schweigt des Sängers* ~ *darüber spricht man als höfl. Mensch nicht; etwas nur aus* ~ *tun* 2 ⟨zählb.⟩ *unverbindl.-freundl. Worte, Kompliment;* ~ en *austauschen; jmdm.* ~ en *sagen* ~**keits·for·mel**⟨f.⟩, ~**keits·flos·kel**⟨f.⟩ *Redensart, die man aus Höflichkeit anwendet u. die nichts weiter bedeutet u. zu nichts verpflichtet*

(aus „Wahrig Deutsches Wörterbuch")

① Adjektiv
② jemandem
③ steht für Stichwort, hier: „höflich"
④ aus .../stammt aus
⑤ mittelhochdeutsch
⑥ Stichwort u. Großschreibung
   (~= Kleinschreibung)
⑦ erste Bedeutung
⑧ feminin
⑨ unzählbar, (also kein Plural möglich)
⑩ zählbar (Plural möglich)

Eti|ket|te, die; -, ⟨-n⟩ ⟨Pl. selten⟩ ⟨frz *éti-quette, eigtl. = Zettel mit Hinweisen (auf das Hofzeremoniell), [↑Etikette]: *Gesamtheit der herkömmlichen Regeln, die gesellschaftliche Umgangsformen vorschreiben: die E. erlaubt das nicht: die E. wahren, einhalten, verletzen: gegen die E. verstoßen:*

(aus „Duden Deutsches Universalwörterbuch A–Z")

⑪ Plural/Pluralendung
⑫ Plural
⑬ französisch
⑭ Verweis auf 1. Worteintrag dieses Artikels

nach: Vorderwülbecke/Vorderwülbecke (1989), 117
und Vorderwülbecke/Vorderwülbecke (1990), 96

1. Die Definitionen enthalten vier verschiedene Oberbegriffe: *Gefäß, Gerät, Apparat, Gegenstand*; Vereinheitlichung z. B. zu *Gegenstand* möglich.
2. *Langeweile:* Relativsatz + temporaler Nebensatz (*das Gefühl, das ..., wenn...*); *pflegen:* Relativsatz + Relativsatz + Finalsatz (*für jemanden, der ... tun, was ..., damit*) .

Die Aussagen sind nur ein scheinbarer Widerspruch, und sie sind mit Absicht verkürzt, um zur Diskussion anzuregen. Rug erklärt die beiden Ratschläge so:

zu 13.

WAS TUN?

Beginne, Expeditionen ins unbekannte Reich der Wörterbücher zu unternehmen. Du wirst interessante neue Erfahrungen machen und eine neue Art des Deutschlernens gewinnen, voller Erlebnisse und Erkenntnisse. Ein Lexikon oder Wörterbuch ist nicht nur dann Hilfsmittel, wenn man es für eine bestimmte Übersetzung, ein Synonym, eine Erklärung etc. braucht. Wörterbücher können zum systematischen und spielerischen Lernen benutzt werden.

WIE GEHT DAS?

Es gibt verschiedene Typen von Wörterbüchern. Neben dem muttersprachlich orientierten Übersetzungswörterbuch, das man in die Tasche steckt und täglich braucht, sind drei deutsch-deutsche Wörterbuchtypen nützlich: 1. Bedeutungs- oder Erklärungswörterbuch
2. Synonymwörterbuch
3. Verwendungs- oder Stilwörterbuch
Diese Wörterbücher sind nicht für die Tasche, sondern für den Arbeitstisch gedacht. Es gibt größere (mehrbändige) und kleinere Varianten. Man muß bedenken: Je dünner das Wörterbuch, desto lückenhafter (also fehlerhafter) ist die Arbeit mit diesem Buch. Bitte deinen Lehrer um Beratung.

WIR EMPFEHLEN:

Es gibt verschiedene Spielformen: z.B. Expedition im Dreieck: Man startet mit einem Ausdruck; man schlägt im Synonymwörterbuch nach, welche Synonyme es gibt und schreibt sich die interessanten heraus; neue Wörter schlägt man im Erklärungswörterbuch nach (das nebenbei auch die Orthographie und die Aussprache klärt: man braucht also kein Rechtschreibewörterbuch); dann schlägt man im Stilwörterbuch nach, um sich die Wörter im treffenden Kontext präsentieren zu lassen. Erstaunlich, wohin man mit einem beliebigen Start gelangen kann.
Man kann auch systematisch einen Buchstaben im Erklärungswörterbuch durcharbeiten und alle Wörter herausschreiben (auf Zettel übertragen, vgl. Tip 12), die einem wichtig erscheinen.

GANZ KONKRET:

Sprich auch mit anderen, wie sie mit ihren Wörterbüchern arbeiten. Es ist wie mit anderen Handbüchern: Es dauert eine Weile, bis man schnell und sicher mit ihnen umgehen kann. Aber dann ist der Nutzen groß.

Rug u. a. (1991), 18

zu 14.

WAS TUN?

Beim Lesen „Finger weg" vom Taschenwörterbuch! An anderer Stelle (vgl. Tips 33 und 34) werben wir für Schnell-Lesen und Marker-Lesen. Dein Taschenwörterbuch brauchst du in den meisten Situationen nicht.

WIR EMPFEHLEN:

Frage deine Nachbarin links von dir oder deinen Nachbarn auf der rechten Seite. Es gibt auch noch den Lehrer.
Vor allem: Lies den Text, nicht die einzelnen Wörter. Viele von den Wörtern, die dir beim ersten Anschauen unbekannt oder unklar erschienen sind, erschließen sich durch den Kontext; oder sie sind gar nicht wichtig gewesen; oder du erinnerst dich plötzlich wieder...
(Nur wenn du allein bist, und es sich bei dem unbekannten Wort wirklich um ein zentrales Schlüsselwort handelt, ist das Suchen im Taschenwörterbuch sinnvoll. Sonst meistens nicht.)

GANZ KONKRET:

Du brauchst dein Taschenwörterbuch nicht zu Hause zu lassen; aber lasse es beim Zeitunglesen, im Unterricht, im Eisenbahnabteil in der Tasche.
Man kann sich das Suchen im Taschenwörterbuch abgewöhnen wie das Rauchen oder das Essen von zu viel Süßigkeiten.

UND AUSSERDEM:

Mit Wörterbüchern kann man auf andere Weise viel besser arbeiten und lernen (vgl. Tip 13). Wenn man einen Text liest, soll man lesen. Und wenn man einem Vortrag zuhört, soll man zuhören. Man soll die wichtige und geistig anspruchsvolle Tätigkeit des Lesens und Zuhörens nicht durch Blättern im Wörterbuch stören und zerstören.

Rug u. a. (1991), 19

| Aufgabe 54 | Es gibt natürlich immer mehr als einen Weg, Wortbedeutungen zu erklären. Die Entscheidung hängt letztlich mehr von den Voraussetzungen der Lernenden ab als von der zu erklärenden Einheit. Für die vorgegebenen Wörter hat eine Lehrergruppe folgende Erklärungswege favorisiert: |

Glück	– übersetzen/Antonyme (z. B. *Pech, Unglück*)
Brot	– zeichnen/kontextualisieren, d. h. in einen Kontext einbetten, z. B.: *Er hat Hunger. Er isst ein Brot.*
deshalb	– übersetzen/kontextualisieren
jmdm. die Suppe versalzen	– umschreiben (= paraphrasieren): *jmdm. die Freude verderben*; Beispielsatz geben
dreizehn	– als Zahl: 13
pauken	– Synonyme, z. B. *intensiv lernen*; Hinweis: umgangssprachlich
Bevölkerungsexplosion	– kontextualisieren; in Wortbestandteile auflösen (*die Bevölkerung, die Explosion*); die Bildlichkeit erklären

Aufgabe 55

Das zitierte Wörterbuch gibt an: 9: Anstecknadel, 14: Geldtasche, 16: Schminktasche, 17: Puderdose, 19: Taschentuch, 25: Brillenfutteral, 27: Feuerzeug.

Aufgabe 56

Die Beschränkungen von Visualisierungen liegen zum einen darin, dass man nicht jede Bedeutung zeigen oder demonstrieren kann, z. B. *Glück, Hoffnung* und andere Abstrakta. Das Gleiche gilt für viele Funktionswörter (*weil, damit* usw.) und idiomatische Ausdrücke, wie z. B. *etwas ist märchenhaft, aus allen Wolken fallen, ein Teufelskerl sein.* Zum anderen müssen bildliche Darstellungen nicht immer eindeutig sein.

Aufgabe 57

Sie haben vermutlich festgestellt, dass sich nur manche Präpositionen eindeutig darstellen lassen, vor allem dann, wenn in Ihrer Muttersprache bestimmte Unterscheidungen nicht gemacht werden, wie etwa zwischen *an, auf, neben.* Die Bedeutung von lokalen Präpositionen lässt sich besser im Raum erklären, indem man z. B. einen Gegenstand in verschiedenen Positionen zeigt.

Aufgabe 58

1. Man muss wissen, dass Wasser bei 0 Grad gefriert.
2. Man muss die Besonderheit des Turms von Pisa kennen.
3. Man muss wissen, wie eine Gangschaltung funktioniert.

Aufgabe 59

Eine Gerade und einen Kreis an die Tafel zeichnen; erklären, dass man *zeichnet*; zeigen, dass man eine Gerade mit einem Lineal zeichnet; *Zirkel* durch Analogie erschließen lassen.

Aufgabe 60

1. schlau; 2. weise; 3. geistreich; 4. vernünftig; 5. intelligent

Aufgabe 61

1. tief; 2. flach; 3. niedrig; 4. gering/niedrig

Aufgabe 62

Durch die Abtrennung der Endungen -reich, -arm, -los, -voll, -frei, -bar, -los kann man auf die im Wort enthaltenen Nomen oder Verben zurückgreifen: *vitaminreich* z. B. enthält das Nomen *Vitamine.* Andererseits kann an diesen Beispielen die Modifizierung der Bedeutung durch bestimmte Wortbildungsmittel gezeigt werden: *vitaminreich – kalorienarm* bzw. *vitaminarm – kalorienreich.*

a) reich an Vitaminen/hat viele Vitamine; b) wenig Kalorien; c) kostet nichts; d) hat/ macht Sinn; e) ohne Stress; f) kann man nicht trinken; g) den man tragen kann; h) ohne Arbeit

Aufgabe 63

Kriterien: 1. temporal; 2. quantitativ; 3. – 5. graduell
Weitere Kriterien lernen Sie im folgenden Text zu den logischen Beziehungen kennen.

Aufgabe 64

1. Erklärung von Wörtern durch Nebenordnung
2. Erklärung eines Oberbegriffs aus bekannten Unterbegriffen
3. Bei Erklärungen dieser Art wird jeweils *ein* Merkmal des Begriffs (*Post*), in Betracht gezogen, hier: Beförderungsmittel.
4. Zuordnen eines Wortes zu einem bekannten Oberbegriff

Aufgabe 65

2. Produkt – Produzent
3. Zweckbestimmung
4. Ursache – Folge
5. Temporalbeziehung
6. Gegenstand – Tätigkeit
7. Gegenstand – Eigenschaft

zu Beispiel 49

1. Das Gespräch war kurz. Ihr Leben war sehr kurz. Ein kurzer Regen.
2. Sie ist pünktlich gekommen. Der Zug war pünktlich. Der Zug war pünktlich um 18.21 Uhr in Frankfurt.
3. nächste Woche; nächsten Sonntag; das nächste Mal; im nächsten Jahr

Aufgabe 66

Die Erklärungsverfahren hängen ab: vom Alter der Lernenden – von den Interessen der Lernenden – vom Wort selbst – vom Lernziel – von der Ausgangssprache – vom Allgemeinwissen.

als: Konjunktion mit temporaler Bedeutung; eigentlich: *Als ich noch ein Junge war, ...;* gibt den Zeitpunkt an und ist kontextuell verbunden mit
später: hier: nach einigen Jahren (paraphrasieren)
Lokomotivführer: potenzieller Wortschatz; Kompositum aus seinen Teilen erklären lassen bzw. bei Unkenntnis von *Führer* Beispiele geben: *Kranführer*

Aufgabe 67

Die Frage ist nicht eindeutig zu beantworten. Als „leichtere" Verfahren gelten häufig diejenigen, die einen vergleichsweise geringen Erklärungsaufwand erfordern, also gegenständliche und bildliche Veranschaulichungen, Mimik und Gestik, zwingende Kontexte, Gleichungen, Beispiele, Internationalismen und Übersetzungen.

Aufgabe 68

– *gelandet – gestartet*: Erklärung durch das Gegenteil
– *Räder, Sattel, Pedalen, Lenker – Fahrrad*: Zuordnung zum Oberbegriff
– *Eine Schrift, die man gut lesen kann, ist leserlich*: Gleichheit/Paraphrase
– *Treppen haben Stufen*: Zugehörigkeit
– *Der Kreis ist rund*: Eigenschaften
– *Schuhe sind aus Leder*: Material
– *die Tante – der Onkel*: Zusammengehörigkeit
– *Ich male mit dem Pinsel*: Zweck/Mittel

Die unterstrichenen Wörter sind formal unveränderliche Funktionswörter. Ihre Erklärung verlangt einen Kontext. Die Schwierigkeit liegt in der Unterscheidung der Bedeutungsnuancen.

1. *erst* (Adverb) = „zuerst“: *Erst überlegen, dann antworten.*

   (Partikel) – in Wunschsätzen, verstärkt den Wunsch: *Wenn er doch erst hier wäre!*

   – drückt aus, dass ein Geschehen nicht früher als angegeben eintritt: *Der Unterricht beginnt erst um 10 Uhr.*

   – drückt aus, dass ein Zeitpunkt früher als erwartet liegt: *Es ist erst Viertel vor vier.*

2. *bloß* (Adjektiv) = „unbekleidet, nackt“: *mit bloßen Armen*

   (Partikel) = „nur“: *Er hat bloß noch fünf Euro.*

   – „nur“, drückt in Fragen Dringlichkeit aus, eine Information zu erhalten: *Was ist bloß mit dir los?*

   – Warnung/Drohung: *Störe mich bloß nicht bei der Arbeit.*

3. *noch* (Partikel) – bezeichnet die Fortdauer eines Vorgangs/eines Zustandes: *Sie wohnt noch in Berlin. Wir haben noch Zeit.*

   – bezeichnet eine Wiederholung: *Noch eine Cola, bitte!*

   – verstärkt den Komparativ: *Mein Freund ist noch größer als ich.*

   – bezeichnet einen Rest: *Ich habe nur noch fünf Euro.*

4. *eigentlich* (Partikel) = „in Wirklichkeit“, drückt einen Einwand aus: *Die Sache ist eigentlich ganz anders (als du sagst).*

   = „denn/überhaupt“: *Was wollen Sie eigentlich hier? (Das ist mir nicht klar, das haben Sie noch nicht deutlich gesagt.)*

Bei der Erklärung von Konjunktionen/Subjunktionen spielt naturgemäß die grammatische Komponente eine bestimmende Rolle, z. B.

5. *deshalb* – nebenordnende Konjunktion

   – leitet Hauptsätze ein, die einen Grund oder eine Ursache bezeichnen

   – Stellung: nur in Nachsätzen

6. *dass* – Subjunktion; der Nebensatz hat die Bedeutung eines Hauptsatzes: *..., dass er nach Berlin umzieht?* (Er zieht nach Berlin um.)

7. *nachdem* – leitet Nebensätze ein, kennzeichnet das zeitliche Nacheinander: *Nachdem der Regen aufgehört hatte, verließen sie den Zeltplatz.* (Erst hört es auf zu regnen, dann verlassen sie den Zeltplatz.)

(F)	Es wird vorwiegend auf der syntagmatischen Ebene gearbeitet.
(F/A)	Unbekannte Wörter werden von den Lernenden selbstständig erklärt.
(F)	Die kognitive Durchdringung hat eine große Bedeutung.
(F)	Es wird mit vielen Synonymen gearbeitet.
(A)	Die neuen Wörter werden laut gelesen.
(A)	Alle neuen Wörter werden im Unterricht erklärt.
(F)	Es dominieren verbale Formen der Erklärung.
(A)	Visualisierungen spielen eine große Rolle.

Die folgenden Vorschläge sind Varianten und deshalb ersetzbar:

Rattenfänger: Bild, Zeichnung; am Ende der Geschichte das Wort erklären lassen

seltsam: bildlich: ungewöhnliche Kleidung

Taler:	Synonym: altes Geldstück, Münze
Pfeifchen:	hier: Flöte; zeigen, zeichnen oder Mimik/Gestik
Schar:	große Gruppe, in großer Zahl
verschwunden:	kontextuell, verschwinden = „weg sein"
während:	Übersetzung
ertönen:	kontextuell: die Pfeife ertönt, man hört sie
stumm:	Paraphrase: nicht sprechen können
entgangen:	kontextuell/Übersetzung
man:	die Leute, die Menschen
Siebenbürgen:	auf der Landkarte zeigen

2. ordnen; 3. Entscheidungsfrage; 4. Übersetzung; 5. kontextualisieren; 6. nonverbal: Gegenstand zeigen; 7. Paraphrase; 8. Gleichung; 9. Beispielsatz; 10. Wortfeld; 11. Synonyme; 12. Gestik; 13. Analogie; 14. kontextuelle Synonyme; 15. Paraphrase

Aufgabe 72

1. Vervollständigen Sie die Gesichter und bezeichnen Sie dann den mimischen Ausdruck, z. B. *fröhlich, traurig* usw.
2. Welche Geräusche und Töne werden gemacht?
3. Wie heißen die reflexiven Verben?
4. Was sollte man tun? Schreiben Sie Sätze: *Wenn ... , dann ...*
5. Ergänzen Sie in jeder Reihe die nächsten fünf Zahlen. Sprechen Sie sie dann laut.
6. Wie oder worin kann ich die Lebensmittel kaufen? Was passt zusammen?
7. Bilden Sie möglichst viele zusammengesetzte Nomen.
8. Was kann man wo tun? Ordnen Sie die Tätigkeiten den Einrichtungen zu.
9. Erklären Sie die Tätigkeiten, ohne zu sprechen.

Aufgabe 73

(ohne Rangfolge)
Die Lernenden können   einen Lückentext ergänzen,
                       beschreiben/definieren,
                       eine Gleichung aufstellen (*Gewitter* = Donner + Blitz),
                       eine Skizze zeichnen,
                       in der Muttersprache erklären.

Aufgabe 74

1. Die deutsch-ungarischen Wortpaare folgen offensichtlich der Chronologie eines Lehrbuchtextes. Innere Ordnungsprinzipien, nach denen die Wortliste zusammengestellt ist, sind nicht zu erkennen. Solche zusammenhanglosen, undurchsichtigen und nicht markierten Wortgleichungen sind immer – auch wenn das den Lernenden nicht bewusst wird – lernerschwerend.

Aufgabe 76

1. Der Kritik am Lernen von Wortgleichungen ist grundsätzlich zuzustimmen. Erfahrungen der Unterrichtspraxis besagen aber, dass die beiden Bedingungen, die Vokabellernen überflüssig machen, den Lernenden nicht immer einsichtig zu machen sind und dass zum anderen auch eine thematische oder situative Einführung Wörter noch nicht produktiv verfügbar macht.

Aufgabe 77

Assoziationen sind naturgemäß sehr unterschiedlich und Assoziogramme können stark voneinander abweichen. Bei einer Befragung von erwachsenen Lernenden wurden mehrheitlich genannt:

schwer – Deutsche kennenlernen – Grammatik – zweite Fremdsprache – wichtig – Artikelgebrauch – interessant

Aufgabe 79

Die ersten drei Hierarchien sind universell. Die Zuordnung der Beispiele zu den Oberbegriffen jedoch ist natürlich von Land zu Land verschieden, d. h. welche Tiere einheimisch sind, welche nicht. Deshalb gilt die Lösung hier nur für die deutsche Perspektive.

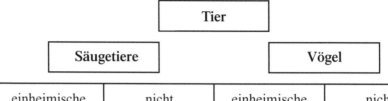

Säugetiere		Vögel	
einheimische	nicht einheimische	einheimische	nicht einheimische
Kuh	Löwe	Meise	Papagei
Hase	Elefant	Amsel	Kondor
Hund	Nashorn	Sperling	Flamingo

Beispiele zu Wortfeldübungen

1. **Beispiel 54 a:**
   Hände: anfassen, greifen; *Augen:* ansehen, beobachten, betrachten, sehen, blicken; *Ohren:* hören; *Nase:* riechen
   Beispiel 54 b
   a) Seife, die Wäsche; b) die Wäsche, die Wohnung; c) den Teppich, den Fußboden
2. *waschen:* Kleidung; *spülen:* Geschirr; *putzen:* Schuhe
3. *Werkzeuge:* Hammer, Zange, Hobel; *Flüssigkeiten:* Wasser, Blut, Benzin; *Körperteile:* Auge, Ohr, Zahn
4. Ohren: *hören*; Brot: *essen*; Text: *schreiben/lesen*
5. Wertungen enthalten: *Gestank* (neg.), *Duft* (pos.); *lächerlich* (neg.); *Raserei* (neg.)
6. kein Schrank ohne *Tür*, kein Spiel ohne *Sieger*

Die Aufgabe stellt hohe Anforderungen an die Lernenden. Die Wörter haben einen sehr spezifischen Geltungsbereich und die Formulierung ist wenig hilfreich, denn das Hauptproblem – die Unterscheidung von Unter- und Nebenordnung – bleibt unerwähnt. Zumindest hätten zwei oder drei Sportarten vorgegeben werden können.

1	Wintersport
1.1	Alpine Disziplinen
1.1.1	Riesenslalom
1.1.2	Abfahrtslauf
1.2	Nordische Disziplinen
1.2.1	Skispringen
1.2.2	Biathlon
1.2.3	Langlauf
1.3	Rennschlittensport

Weitere Argumente finden Sie in der Reflexion auf Seite 86.

Die Eintragungen in die Tabelle werden eher unterschiedlich als einheitlich sein. Bei einem Test gab es nur bei wenigen Wörtern gehäufte Zuordnungen, so bei *sehen: Wolke* und *Tisch*, bei *hören: Klavier*, bei *fühlen: Feuer* und bei *riechen: Zigarette* und *Lindenbaum.*

1. Vorschlag: Die Schüler diskutieren in Partnerarbeit, was die Person sagen oder ausdrücken will, und notieren ihre Resultate.

2. Lernziel ist die Zuordnung von sprachlichen und nicht sprachlichen Ausdrucksmöglichkeiten. Voraussetzung ist, dass den Lernenden beides bekannt ist und dass die bildlichen Darstellungen eindeutig sind.

Aufgabe 84

Der Wortigel dürfte wegen der unterschiedlichen Erfahrungen wiederum unterschiedlich ausfallen. Der Text und vor allem die Zusammenstellung von C. Gick in Aufgabe 87 auf Seite 94f. nennen wichtige Komponenten autonomen Lernens.

Aufgabe 86

1. Mehrere Tests erbrachten folgende Reihenfolge, bei

Aufgabe 88

erwachsenen Lernenden	jugendlichen Lernenden
die mich interessieren	die ich auf Bildern wiedererkenne
die ich anderen erkläre	die komisch klingen/aussehen
die ich fünfmal schreibe	die ich oft nachspreche
die ich in Sätzen verwende	die ich mir veranschauliche
die ich für eine Kontrolle lerne	die ich in der Gruppe lerne

2. Zu den häufig genannten Schwierigkeiten gehören:
   - Wörter über lange Zeit im Gedächtnis zu behalten,
   - Wörter in Sätzen und Texten richtig zu verwenden,
   - die Grammatik der Wörter (z. B. unregelmäßige Verben),
   - Wörter richtig („wie die Deutschen") auszusprechen,
   - Wörter richtig zu schreiben.

Das *Behalten* wird verstärkt durch: mit Vorwissen verknüpfen – aufschreiben – Vokabeln abfragen lassen – Beispielsätze merken – Wörter in Gruppen ordnen.

Aufgabe 89

Weitere Techniken wären: visualisieren (Bilder) – systematisches Wiederholen – Eselsbrücken bauen.

Lernstrategie: „Wenn ich die Wörter behalten will, geht das besser, wenn ich sie nach Wortfeldern ordne."

Aufgabe 90

Mögliche Aufgabenveränderung und Arbeitsanweisungen:
1. Nur die Wörter im Wortkasten sind vorgegeben.
   Arbeitsanweisung: „Stellen Sie sich vor, Sie sollen die Wörter im Wortkasten lernen. Was würden Sie tun, um sich diese Aufgabe zu erleichtern?"
2. Nur die Wörter im Wortkasten sind vorgegeben.
   Arbeitsanweisung: „Stellen Sie sich vor, Sie sollen die Wörter im Wortkasten lernen. Das ist leichter, wenn Sie die Wörter in Gruppen ordnen, z. B. *Verkehr, Wetter, Natur* usw. Wie viele Gruppen finden Sie?"
3. Nur die Wörter im Wortkasten sind vorgegeben, aber die Oberbegriffe sind mit in den Wortkasten aufgenommen.
   Arbeitsanweisung: „Stellen Sie sich vor, Sie sollen die Wörter im Wortkasten lernen. Das ist leichter, wenn Sie im Wortkasten zuerst die Oberbegriffe suchen und dann die Wörter den Oberbegriffen zuordnen, z. B. *Verkehr*, dazu gehört z. B. *Unfall.*"

Es ist zweifelhaft, ob die Lernenden die zehn Wörter anhand dieser Geschichte in Erinnerung behalten können. Die textuelle Einbettung wirkt sehr erzwungen. Aber es ist wesentlich, dass sich derjenige, der die Geschichte erfunden hat, erinnert – es ist ja seine individuelle Geschichte, die für andere vielleicht künstlich, konstruiert usw. wirkt.

Aufgabe 93

| Aufgabe 95 | Der Hauptvorteil der <u>Wortschatzkartei</u>: Sie ist eine individuelle Lernwortschatz-sammlung, d. h., der Lernende entscheidet, was aufgenommen wird, und die Wörter werden mehrfach umgewälzt. Systematisches Wiederholen ist Prinzip, die Selbst-kontrolle ist effektiv. |

<u>zu Beispiel 66 a</u>

Die grafisch dargestellten Wörter sind: Zweifel, Rundreise, Mitternacht, Elvira (ein Frauenname), Tante, Tinte, Elch, Luftballon.

<u>zu Beispiel 66 b</u>

Das grafisch dargestellte Wort ist: Stadt.

<u>zu Beispiel 67</u>

Die ähnlichen Wörter in den Bildern sind: (2) Fuß/Fass; (3) Hahn/Huhn; (4) Hand/Hund; (5) Tor/Tür; (6) Schlange/Schlinge; (7) Zange/Zunge; (8) Ohr/Uhr.

<u>Aufgabe 97</u>

Spritze	Loch	Wurm
Seil	Schere	Igel
Gift	Fingernägel	Zimmer

<u>Aufgabe 98</u>

Beispiel 69 a: Leichteres Merken von Artikel und Nomen durch Verbindung mit einem Bild.

Beispiel 69 b + c: Bewusstwerden, welcher Lernertyp man selbst ist und wie man lernt.

<u>Aufgabe 100</u>

Wenn ein Wort zum Textverstehen notwendig ist, kann es – bevor es im Wörterbuch nachgeschlagen wird – erklärt werden durch den *Kontext*, durch *Internationalismen* oder durch *Wortbildung*.

<u>Aufgabe 101</u>

Zweisprachige Wörterbücher liefern mehr detaillierte Informationen als Glossare von Lehrwerken, so machen sie u. a. Angaben zur Aussprache, zum Akzent, zur Grammatik und zur Wortbildung, zu Bedeutungsvarianten und zu typischen Verwendungskontexten des Stichworts.

<u>Aufgabe 102</u>

1. (a), (b); **1.**, **2.**: Damit werden unterschiedliche Bedeutungen oder Bedeutungs-varianten bezeichnet.

2. *f* = feminin, *m* = maskulin, *n* = neutrum für den Artikel. Als zweiter Eintrag wird bei Nomen zuerst die Genitivendung, dann die Pluralendung angegeben – da kann das *n* dann auch diese Funktion haben (*der Name – die Namen*).

3. Die Aussprache steht in phonetischer Umschrift in eckigen Klammern hinter dem entsprechenden Wort, z. B.: *Prüfung* [pryːfuŋ].

4. ~ bedeutet Wiederholung des Stichwortes, z. B. *Prüfung: nach der ~ wird das Auto ... = nach der Prüfung wird das Auto ...* ≈ bedeutet Synonyme/etwa gleiche Bedeutung, z. B. *Prüfung ...; (≈ Untersuchung).*

5. – 6. Zur Beantwortung dieser Fragen reichen die Wörterbuchauszüge (Beispiel 70 a – 70 c) nicht aus. Nehmen Sie bitte Ihr eigenes Wörterbuch zu Hilfe.

<u>Aufgabe 103</u>

Das Lernerwörterbuch (*Langenscheidts Großwörterbuch DaF*, Götz u. a., Hrsg., 1998) bietet Beispielsätze, einfache Definitionen, Hinweise zu sprachlichen Besonderheiten, Synonyme, Antonyme, Wortbildungshinweise, Markierungen zum Gebrauch der Wörter und visuelle Hilfen.

Ergänzungen (E) und Lernziele (LZ):

1. E: *Nadel* zum Nähen, an einem Kompass
   LZ: die Mehrdeutigkeit eines Wortes erkennen

2. E: z. B. *hoch – tief* (Stimme), *hoch – flach* (Wellen), *hoch – niedrig* (Berg)
   LZ: Antonyme in Kontexte einordnen

3. Worterklärungen verstehen

4. E: *hoch – höher – am höchsten*; *heiß – heißer – am heißesten*; *laut – lauter – am lautesten*
   LZ: grammatisches Wissen entnehmen (Komparation)

5. E: Schnellzug *erreichen*, *untersuchte* meinen Magen; *bummeln* oder *in der Stadt bummeln*
   LZ: unkorrekte Verwendungen korrigieren

6. LZ: typische Wortverbindungen sammeln

7. E: *Lügen haben kurze Beine.*
   LZ: Sprichwörter/Idiomatik nachschlagen

8. E: *Russland – Russe/Russin – russisch*; *Dänemark – Däne/Dänin – dänisch*; *Japan – Japaner/Japanerin – japanisch*
   LZ: abgeleitete Wörter innerhalb einer Wortfamilie zusammenstellen

9. E: angeführt wird zuerst der Artikel, dann die Genitivendung, dann die Plural-endung: *Koffer, der, -s (des Koffers), - (die Koffer); Uhr, die, - (der Uhr), -en (die Uhren)*
   LZ: grammatische Merkmale bei Nomen erkennen

10. Silbentrennung üben

Die Frage ist absichtlich überspitzt und kann so nicht gestellt werden. Während sich z. B. Aussprache-, Orthografie- und Grammatikübungen auf bestimmte Komponenten eines Wortes konzentrieren (immanente Wortschatzarbeit), umfasst die akzentuierte Wortschatzarbeit das Verstehen und den Gebrauch der Wörter insgesamt.

1. Die Abbildungen eignen sich für alle drei Funktionen. Welche davon in den Vordergrund tritt, wird vom jeweiligen Lernziel bestimmt. Mit anderen Worten: ob die Bedeutung von *Hammer, Bohrer* usw. erklärt, geübt oder kontrolliert wird, hängt nicht von der Form (den Abbildungen) ab.

2. *Erklären:* Lehrer nennt die deutschsprachigen Bezeichnungen und schreibt sie unter das jeweilige Werkzeug (Folie, Tafel).

   Üben: z. B. Werkzeuge paraphrasieren, Tätigkeiten zuordnen lassen, die Reihe ergänzen, den Oberbegriff zuordnen, Sätze bilden.

   Kontrollieren: z. B. Fragen stellen (*Wozu braucht man …?*), Rätsel (*Damit schlägt man Nägel ein*), Werkzeuge nennen und zeichnen lassen.

In dem Beispiel wird verlangt, dass Wörter im Kontext ergänzt werden. Dazu muss die Wortbedeutung zugeordnet werden, wobei die einzelnen Wörter zuvor erst noch aus den Silben zusammengesetzt werden müssen. Die Übung ist zugleich reproduktiv und produktiv. Sie ist eine Wortbildungsübung und betrifft die Satzebene.

2. **Beispiel 2:** Kontextuelles Erschließen (Textebene)
   Beispiel 4: Erschließen über potenziellen Wortschatz (Satz- und Textebene)
   Beispiel 47: Erschließen über Wortbildungskenntnisse (Satz- und Wortebene)

Aufgabe 109

Grenze < zwischen zwei Gärten; *Leiter* < auf Baum steigen; *ernten* < Äpfel pflücken

obwohl: Erschließbar aus dem Wissen, dass grüne Äpfel unreif sind und man sie nicht pflückt. Es kann sich also nur um einen Gegensatz handeln.

Aufgabe 110

1. Vorschlag: Den Text laut lesen lassen. Die Schüler erklären, warum der Text so schwer (wenig flüssig) zu lesen ist. In Partnerarbeit die Wortgrenzen markieren und noch einmal laut lesen lassen.

2. Wenn alle Wörter kleingeschrieben sind und die Satzzeichen fehlen, erhöht sich der Schwierigkeitsgrad beträchtlich: Die Wort- und Satzgrenzen müssen semantisch erschlossen werden.

Aufgabe 111

2. Ob Sie die Übung vor, während oder nach der Textlektüre machen lassen, hängt vom Sprachstand Ihrer Schüler ab; methodisch sind alle drei Möglichkeiten denkbar. Im Buch, aus dem das Beispiel stammt, ist die Übung als Vorentlastung geplant.

Aufgabe 112

1. a) + b): Erschließen aus dem Kontext

   c) Kontext und grammatische Markierung (Artikel)

   d) unbekannte Wörter aus dem wahrscheinlichen Verlauf von Sätzen erschließen

   e) Funktionswörter als Signalwörter erkennen

   f) Internationalismus

2. Beispiel 9: umschreiben (S. 33); Beispiel 13: Idiomatik (S. 34)

Aufgabe 114

Aufgaben:

1. *Erschließen:* Beispiel 2 – 3 – 4 – 7 – 8 – 11 – 12 – 13 – 14

2. *Wortbildung:* Beispiel 1 – 5 – 6 – 9 – 10

3. *Zusammensetzungen:* Beispiel (etwa) 4 – 13 – 11 – 1 – 7 – 10

   Ableitungen: Beispiel (etwa) 8 – 14 – 6 – 3 – 5 – 9

4. Beispiel 5 ist schwierig, bei der Produktion sind viele Fehler möglich, weil es keine Wortbildungsregel für die Reihen gibt. Beispiel 9 ist ohne Wörterbuch schwierig zu lösen.

Beispiele:

(1) Wochenendhaus, Holzhaus; (2) schreiben – Schrift – beschreiben; Frost – frostig – erfrieren; abfliegen – fliegen – Flug; (3) herzliche Grüße; köstlicher Pudding; schmerzliches Unglück; (4) Blumengarten: Garten mit vielen Blumen; Gartenblume: eine Blume, die im Garten steht usw.; (5) Friseur, Musikant, Komponist, Absolvent.

(6) groß – Größe – vergrößern
     tief – Tiefe – vertiefen
     hoch – Höhe   – erhöhen
     lang – Länge – verlängern

(7) ... mit dem Schiff; ... um die Welt; ... die man sich erträumt hat.

(9)

	be-	ent-	er-	ver-
arbeiten	+	–	+	+ (etwas verarbeiten)
fahren	–	+ (äußerst selten!) jmdm. entfährt ein Schrei	+	+ sich verfahren
kaufen	–	–	+	+
schreiben	+	–	–	+
helfen	+	–	–	+ (jmdm. zu etwas verhelfen)

(10) den Wasserhahn aufdrehen; den Schrank aufschließen; den Mantel aufknöpfen

(11) *Moosweiß, zitronenblau* gibt es nicht.

(12) den Ballon aufblasen; das Holz anzünden; die Mütze aufsetzen; das Buch aufschlagen; den Freund anrufen

(13) Mondschein, Lichtschein

(14) aufteilen; teilbar; Unteilbarkeit; Einteilung; beteiligen; unteilbar; verteilen

Aufgabe 115

1. Die Sammlung der Sprechintentionen (= „im Café nach Wünschen fragen", „seine Wünsche sagen") bietet eine Vorbereitung zum produktiven Sprechen.

2. Möglichkeiten zu 3.4: auf der Wortebene (andere Speisen + Getränke sammeln).

3. Detailarbeit: kontextualisieren einzelner Wörter, etwa *etwas probieren* und *etwas versuchen*; idiomatische Wendungen: *einen Bärenhunger haben* (= sehr großen Hunger/Riesenhunger haben, sehr hungrig sein).

4. Übungen zur freien Produktion: Spielen des Dialogs, einer Freundin/einem Freund erzählen, wie die Begegnung war; neben dem Sprechen das Schreiben üben, etwa einen Brief über deutsche Cafés schreiben.

Aufgabe 117

Lösungen zu den Beispielen:

Beispiel 85:
2. hart; 3. fettes; 4. mild/fade; 5. frisches; 6. verwelkt; 7. langen; 8. schnell

Beispiel 87:
Übungsmöglichkeit: Bilder mit Sätzen verbinden, z. B. *Das linke Glas ist leer, das rechte ist voll. Vorsicht, das Bügeleisen ist heiß. Die Frau friert/Ihr ist kalt.* usw.

Beispiel 88:
1. Meistens kommt er zu spät. Er ist fast nie pünktlich.
2. Wenn man etwas sofort machen kann, soll man nicht bis später warten.
3. Es waren ungefähr 30 Personen, aber ich konnte sie nicht genau zählen.
4. Das Buch ist ziemlich dick, aber nicht besonders interessant.
5. Mir gefallen vor allem die Menschen, aber die Stadt ist auch sehr schön.
6. Wir kommen auf jeden Fall, aber wir können auf keinen Fall sehr lange bleiben.

Beispiel 89:
1. holprig; 2. rau; 3. stoppelig; 4. unbeholfen; 5. runzelig; 6. lockig

Beispiel 90 a:
tief – hoch, klug – dumm, breit – schmal, wild – zahm, glatt – rau, weit – nah, klar – trüb, stark – schwach

Beispiel 90 b:

die Kürze – die Länge, der Duft – der Gestank, bergab – bergauf, hinten – vorn, genießbar – ungenießbar

Beispiel 90 c:

dumm ↔ intelligent: 4 = intelligent; ruhig ↔ nervös: 3 = ruhig, 6 = sehr sehr nervös; langsam ↔ schnell: 5 = sehr schnell, 1 = sehr sehr langsam; freundlich ↔ aggressiv: 5 = sehr aggressiv; dunkel ↔ hell: 2 = sehr dunkel; falsch ↔ richtig: 3 = falsch (Eismann u. a. 1994, 231)

Aufgabe 118

Beispiel 91:

ÜA: „Was können Sie auch sagen? Manchmal gibt es zwei Möglichkeiten."
<u>Lösung:</u> a) B, C; b) A, B; c) B, d) B, C.

Beispiel 92:

ÜA: „Ergänzen Sie die Konjunktionen."
<u>Lösung:</u> a) und …, aber; b) aber; c) Trotzdem; d) Trotzdem …, aber; e) Dann; f) Deshalb … Dann.

Beispiel 93:

ÜA: „In jedem Satz ist ein Wort nicht korrekt verwendet. Korrigieren Sie. (Hilfe: Zweimal ist es ein falsches Fremdwort, zweimal eine falsche Wortbildung.)"
<u>Lösung:</u> Statt: „plastischen Eimern" = *Plastikeimern*; statt: „spiele Sport" = *treibe Sport*; statt: „auf Konzept" = *auf Rezept*; statt: „desertiert" = *verlassen/leer*; statt: „finnländische" = *finnische*.

Beispiel 94:

ÜA: „Wo ist die Betonung im Satz richtig markiert?"

Beispiel 95:

ÜA: „Es geht um Teile und um Ganzes. Beispiel: *Bücher haben Seiten.* Ergänzen Sie."
<u>Lösung:</u> Füße haben *Zehen*; Treppen haben *Stufen*; Zimmer haben *Türen*; Bäume haben *Blätter*; Staaten haben *Einwohner*; Wörter haben *Buchstaben*; Hände haben *Finger*.

Beispiel 96:

ÜA: Etwa: „Lesen Sie den Text. Welche Funktion hat er? Unterstreichen Sie die Wörter, die nicht in den Text passen."
<u>Lösung:</u> Nicht zur Textsorte „Information" passen persönliche Assoziationen wie <u>*bleicher* Mond</u>, <u>*gefährliche* Wassergebiete</u>, <u>*kühler* Wasserspiegel</u>, <u>*phantastische* Anziehungskraft</u>, <u>*romantische* Küsten</u>.

Aufgabe 119

1. <u>Lernziel:</u> Partikeln als Mittel der Bedeutungsnuancierung: *ja* und *vielleicht* drücken einen bestimmten Grad von Erstaunen aus.
   <u>Lösung:</u> Du hast *ja/vielleicht* ein Pech. Dein Telefon ist *ja* immer besetzt. Der Clown war *vielleicht/ja* lustig. Du wirst *ja* ganz rot.

2. <u>Lernziel:</u> Idiomatische Wendungen, die umgangssprachlich verwendet werden.
   <u>Lösung:</u> a) Mir standen die *Haare* zu Berge (= über etwas entsetzt sein); b) … nahm kein Blatt vor den *Mund* (= seine Meinung offen sagen); c) … ins *Auge* gehen (= schlimme Konsequenzen haben); d) an der *Nase* herumführen (= jmdn. mit Absicht täuschen).

3. <u>Lernziel:</u> Schimpfwörter markieren.

Aufgabe 120

Die Beispiele in Aufgabe 119 und Beispiel 97 (S. 132) vertreten Wortschatzbereiche, die im DaF-Unterricht eine untergeordnete Rolle spielen. Es sind vor allem Mittel der gesprochenen Sprache. Im Unterricht sind sie – zumal wenn die Sprache nicht im Zielland gelernt wird – kein explizites Lernziel. Die Lernenden sollten sie aber im Kontext verstehen können.

zu den Beispielen 98 a – c

Beispiel 98 a:

Vögel: Amsel, Sperling, Adler; *Fische:* Forelle, Hai, Stör; *Fahrzeuge:* Pkw, U-Bahn, Motorrad usw.

Beispiel 98 b:
Leser – Besucher – Einwohner – Mitglieder

Beispiel 98 c:
Kreuzung – landen – links abbiegen – Hafen – Ampel – kassieren – Stau – fliegen – kreuzen – Fußgänger – Passagiere – segeln – anfahren – Waggon – Stewardess – Fahrkarte – Ticket

zu Beispiel 99

Z. B. Jahr: Alter/Zeit; Minute: Uhr/Zeit; Prozent: Alkohol/Blut/Rabatt/Zins; Quadratmeter: Fläche; Pfund: Gewicht/Währung; Paragraph: Gesetz/Strafe; Pferdestärke: Leistung; Grad: Wärme/Kälte; Kilometer: Entfernung; Zentimeter: Länge/Größe/Höhe; Gramm: Gewicht; Schilling: Währung; Tag: Dauer/Zeit; Promille: Alkohol; DM: Währung; km/Stunde: Geschwindigkeit

zu Beispiel 100

Leder	*Wolle*	*Baumwolle*	*Seide*	*Kunstfaser*
Stiefel	Pullover	Hemd	Bluse	Jacke
Schuhe	Strümpfe	Wäsche	Schal	Tuch

usw.

zu Beispiel 101

b) 2 – 1 – 3   c) 1 – 4 – 2 – 3 – 6 – 7 – 5   d) 4 – 2 – 1 – 3
e) 4 – 1 – 3 – 2   f) 3 – 4 – 2 – 1

zu Beispiel 102

langsam	*Schnecke*	*Fahrrad*	*Auto*	*Flugzeug*	schnell
groß	*Elefant*	*Pferd*	*Schaf*	*Mücke*	klein
hart	*Diamant*	*Eisen*	*Holz*	*Watte*	weich
süß	*Zucker*	*Bonbon*	*Kiwi*	*Zitrone*	sauer
schwach	*Luftzug*	*Brise*	*Sturm*	*Orkan*	stark

zu Beispiel 103

Akkumulator, Automobil, Dekoration, Kabriolet, Katalysator, Kombination, Tachometer

Aufgabe 121

Die Übungen sind alle in logische und formal-strukturelle Zusammenhänge eingebettet, d. h., bestimmte Satzstrukturen und Signalwörter machen, dass diese Zusammenhänge einmal mehr zeitlicher Natur sind (a) oder Ursache-Folge-Beziehungen (b), Vergleiche (c), Falsch-Richtig-Entscheidungen (d) oder auch nicht eingetretene Folgen (e) ausdrücken können.

Mögliche Übungsanweisungen:
zu a), c), e): „Ergänzen Sie die Aussagen."
zu b): „Formulieren Sie Aussagen mit *wenn ..., dann ...*"
zu d): „Korrigieren Sie die Aussagen mit *sondern*."

Aufgabe 123

1. (Lösung: Gekochtes *auf*kochen, Zwiebeln *rösten*)
   Variante: Worterklärungen bereitstellen, z. B.:
   überkochen = etwas kocht so stark, dass es über den Rand des Gefäßes läuft,
   aufkochen = etwas kurz (wiederholt) kochen lassen,
   dünsten = etwas in einem geschlossenen Gefäß gar machen.

2. (Lösung: Fleisch *an*braten; Topf *zu*decken; Fleisch *um*drehen)
   Variante: nur die hier notwendigen Vorsilben vorgeben: *an-, zu-, um-*.

3. (Lösung: Viele Köche verderben den Brei. Probieren geht über studieren. Voller Bauch studiert nicht gern.)
Variante: den zweiten Teil der Sprichwörter geben und zuordnen lassen: …/den Brei,…/geht über studieren, …/studiert nicht gern.

Aufgabe 124

Die Übungen in den Beispielen 108 – 117 werden von Lehrenden und Lernenden durchweg als interessant bezeichnet, sie regen zur Wortschatzarbeit an und fördern die Lernbereitschaft insgesamt. Es sind z. T. Übungen mit spielerischem Charakter: Übungen, die als Wettbewerb einzeln oder in Gruppen durchgeführt werden können, Rätsel und motivierende Schreibübungen. Auch die Inhalte treffen die Interessen von jugendlichen Lernenden, etwa mit den Themen *Freundschaft, Tierwelt, Umweltschutz, Reisen* und *Musik*.

Aufgabe 125

Die Praxis des Unterrichts zeigt, dass keines der Argumente ausreicht, um Sprachlernspiele abzulehnen: Sprachlernspiele können zur Entwicklung aller vier Fertigkeiten beitragen, sie eignen sich besonders für die Arbeit am Wortschatz, aber auch für die Arbeit an der Grammatik und Phonetik. Lückenfüller sind sie nur dann, wenn sie nicht in die Unterrichtsvorbereitung einbezogen werden. Wie andere Übungen auch erfordert ihre Vorbereitung vom Lehrer einen mehr oder weniger großen Aufwand, und sie sind nachweislich auch bei erwachsenen Lernenden beliebt.

Aufgabe 126

1. Rätsel; 2. Buchstabenspiel; 3. Kettenspiel; 4. Idiomatik/Rätsel

Aufgabe 127

Eine nicht repräsentative Befragung ergab folgende Reihe:

- Städte, Landschaft, Umwelt
- Schule und Bildung
- Medien
- Feste und Bräuche
- Freizeit, Reise, Unterhaltung
- Beruf und Arbeit

Aufgabe 128

1. Subthemen:

Beispiel 118: *kulturelle Angebote/Möglichkeiten*

Beispiel 119: *Kultur und Alltag*

Beispiel 120: *Hobbys*

Beispiel 121: *Kultur/Reisen*

2. Übungen:

mehr verstehensorientiert: Beispiel 121

mehr mitteilungsorientiert: Beispiel 119

beides: Beispiel 118 und 120

5 Glossar

affektiv (S. 82): „gefühlsbetont"; hier: die Eigenschaft von Wörtern, (auch) in einer Fremdsprache bestimmte Emotionen beim Leser oder Hörer hervorzurufen.

Akronym, das (S. 101): Kurzwort, das aus zusammengerückten Anfangsbuchstaben gebildet ist, z. B. *TÜV* = **T**echnischer **Ü**berwachungs-**V**erein. Eine (→) Mnemotechnik: Die einzelnen Buchstaben eines Wortes werden zu (Quasi-)Wörtern zusammengefasst und erleichtern dadurch das Behalten einer ganzen Wortgruppe.

Antonym, das (S. 21): Wort, dessen Bedeutung der Bedeutung eines anderen Wortes entgegengesetzt ist, z. B. *langweilig ↔ interessant/fesselnd/spannend/kurzweilig*. Gegenteil: (→) Synonym.

Bestimmungswort, das (S. 21): Das Glied eines (→) Kompositums, das das andere (→ Grundwort) näher bestimmt, z. B. *Wörterbuch, Autobahnbrücke, blitzschnell*.

denotative Bedeutung, die (S. 11): Hauptbedeutung eines Wortes, ohne Berücksichtigung von Nebenbedeutungen, z. B. *Mond* – Himmelskörper, der einen Planeten umkreist. Gegenteil: (→) konnotative Bedeutung.

Einsatzspezifik, die (S. 31): Die jeweiligen Umstände und Bedingungen, die eine angemessene Verwendung der lexikalischen Mittel erfordern.

Falsche Freunde (Pl.) (S. 18): Scheinentsprechungen; fehlerhafte Übertragung von einer Sprache (der Muttersprache oder einer bereits erlernten Fremdsprache) auf eine andere Sprache aufgrund formaler (phonetischer oder grafischer) Ähnlichkeiten. Die Bedeutung solcher Wortgleichungen stimmt jedoch nicht überein, z. B. engl. *become* bedeutet auf Deutsch *werden* und nicht *bekommen*. Der Begriff lautet im Englischen *false friends*, im Französischen *faux amis*.

Funktionswort, das (auch: **Strukturwort**) (S. 20): Wörter mit einer vorwiegend grammatischen und syntaktischen Funktion (Artikel, Präpositionen, Konjunktionen/Subjunktionen u. a.). Sie sind als Wortklassen kaum Veränderungen unterworfen. Gegenteil: (→) Inhaltswörter.

Grundwort, das (S. 21): Dasjenige Glied eines (→) Kompositums, das durch das andere näher bestimmt wird (→ Bestimmungswort), z. B. *Wörterbuch, Autobahnbrücke, blitzschnell*. Das Grundwort entscheidet über die Wortart und das Genus des Kompositums: *die Schokolade* + *das Eis* wird zu *das Schokoladeneis*.

Homonym, das (S. 36): Wort, das ebenso wie ein anderes gesprochen und geschrieben wird, aber unterschiedliche, nicht mehr zusammenhängende Bedeutungen und unterschiedliche morphologische Merkmale hat, z. B. *Mutter – Mütter/Muttern, Bank – Bänke/Banken*.

Hyponym, das (S. 21): Wort, das einem Oberbegriff untergeordnet und damit differenzierter ist, z. B. *Eltern: Vater, Mutter*.

Hypothesenbildung, die (S. 24): Hier: Vermutungen über den weiteren Verlauf eines Satzes oder Textes anstellen. Voraussetzung dafür ist das sachliche und sprachliche Vorwissen der Lernenden.

Inhaltswort, das (S. 20): Wörter mit einer vorwiegend lexikalischen Bedeutung und einem außersprachlichen Bezugspunkt (Substantive, Verben, Adjektive). Es handelt sich dabei weniger um Wörter mit bestimmten syntaktischen Funktionen wie z. B. Konjunktionen und Präpositionen. Die Inhaltswörter sind der größte und veränderbare Teil des Wortschatzes. Gegenteil: (→) Funktionswort.

intentionale Bedeutung, die (S. 11): Subjektiv geprägte, zweckbestimmte Nebenbedeutung von Wörtern, z. B. folgende Verknüpfungen mit dem Begriff *Kleid*: *geschmacklos, billig, modern* usw.

intentionales Lernen, das (S. 80): Hier: Lernen, das sich auf das Verstehen, Einprägen und Verwenden von Wörtern konzentriert. Auch: bewusstes/willkürliches/direktes Lernen genannt.

Internationalismen (Pl.) (S. 17): Wörter, die in zwei oder mehreren Sprachen von der Aussprache oder der Schreibweise her gleich oder ähnlich sind und die gleiche Bedeutung haben, wie z. B. *Musik* (deutsch) – *musique* (franz.) – *music* (engl.).

invariantes Merkmal, das (S. 15): Bedeutungsmerkmal eines Wortes, das im Allgemeinen und kulturübergreifend die Hauptbedeutung eines Wortes ausmacht, z. B. *Drama: dialogisch, ein Theaterstück* usw.

inzidenzielles Lernen, das (auch: **unbewusstes, unwillkürliches, indirektes Lernen**) (S. 80): Hier: Im Vordergrund steht nicht das Wortschatzlernen, sondern andere Lernziele, z. B. das Lese- und Hörverstehen. Dabei lernen und behalten die Schüler – quasi als Nebenprodukt – eine bestimmte Menge an Lexik.

Klangnetz, das (S. 82): Gruppe von Wörtern, die gleiche oder ähnliche akustische Merkmale haben und dadurch das Einprägen erleichtern, z. B. Reimwörter.

kognitiv (S. 43): Entwicklung all der Erkenntnisfunktionen bei Lernenden, die zum Wissen über etwas beitragen. Anliegen ist es, Lernprozesse bewusst zu machen, um Transferleistungen zu ermöglichen.

Kollokationen (Pl.) (S. 54): Übliche Kombination von Wörtern in einer Sprache, z. B. *Hund + bellen; Wolf + heulen.*

Komponente, die

- **grammatische** (S. 26): Die grammatische Markierung eines Wortes betreffend. Dazu zählen, je nach Wortart, die Konjugation, die Deklination und die Komparation.

- **grafische** (S. 26): Die visuell wahrnehmbaren, an die geschriebene Sprache gebundenen Eigenschaften der Wörter, z. B. *sie kam, er nahm.*

- **kombinatorische** (S. 26): Die Verknüpfungsmöglichkeiten von Wörtern betreffend. Das umfasst neben morphologisch-syntaktischen Vorgaben (Wortfolge) auch die inhaltliche Verträglichkeit von Wörtern, z. B. *Bienen summen*, nicht: *Bienen *singen.*

- **phonetische** (S. 26): Die akustisch wahrnehmbaren und artikulatorischen Eigenschaften der Wörter betreffend; auf die gesprochene Sprache bezogen.

- **semantische** (S. 26): Die inhaltliche Seite eines Wortes; seine Bedeutung betreffend.

Kompositum, das/Komposita (Pl.) (S. 10): Zusammengesetztes Wort; Wort aus zwei oder mehreren Wörtern, z. B. *Orangensaft, Haustürschlüssel, Schreibtischlampe.*

konnotative Bedeutung, die (S. 11): Nebenbedeutung; die Grundbedeutung eines Wortes begleitende zusätzliche (emotionale, expressive, stilistische) Vorstellung, z. B. *Mond: Nacht, romantisch, kalt, Landung* usw. Gegenteil: (→) denotative Bedeutung.

Lernertyp, der:

- **auditiver** (S. 87): Den Hörsinn betreffend; die Fähigkeit, Sprachlaute wahrzunehmen, zu analysieren und in semantischen Zusammenhängen zu speichern.

- **haptischer** (S. 87): Den Tastsinn betreffend; die Fähigkeit, sich vorzugsweise Bezeichnungen von Gegenständen einzuprägen, nachdem man sie berührt hat.

- **olfaktorischer** (S. 87): Den Geruchs- und Geschmackssinn betreffend; sich vorzugsweise an Dinge und ihre Bezeichnungen erinnern können, die man mit diesen Sinnen wahrgenommen hat.

- **visueller** (S. 87): Das Sehen betreffend; die ausgeprägte Fähigkeit, sich Dinge zu merken, die man real oder in einer bildlichen Darstellung gesehen hat.

Lernstrategie, die (S. 29): Handlungsplan „im Kopf", um ein bestimmtes Lernziel zu erreichen. Beim Lernen geht es dabei darum, „den Lernenden Strategien zu vermitteln, damit sie lernen, ihren eigenen Sprachlernprozeß selbständiger zu gestalten" (Bimmel 1993, 51).

logisch-diskursives Vorgehen, das (S. 71): Hier: Ein didaktisch gesteuertes Vorgehen, das auf der Grundlage der jeweiligen sprachlichen Kompetenz der Lernenden den Wortschatz systematisch entwickelt, z. B. von Wörtern mit eindeutiger Bedeutung zu mehrdeutigen, (→) polysemantischen Wörtern, wie etwa *die Bank* – auf der man sitzt und in der man Geld holt, oder von wortwörtlichen zu übertragenen Bedeutungen.

mentales Lexikon, das (S. 83): Im Gedächtnis sind die Wörter gespeichert, aber nicht wie in einem Wörterbuch alphabetisch, sondern nach bestimmten Ordnungsgesichtspunkten, z. B. Gegensätze, Gleichheit u. a.

Mindmapping, das (S. 103): Etwa: Gedächtniskarte, Gedankennetz; eine Lerntechnik, die das bildhafte und verbale Denken kombiniert, um das Behalten zu verbessern.

Mitteilungswortschatz, der (auch: **aktiver** oder (→) **produktiver** Wortschatz) (S. 9): Die Wörter, die die Lernenden aus dem Gedächtnis abrufen können, die sie verfügbar haben, um sich mündlich und schriftlich zu äußern.

Mnemotechnik, die (S. 98): Der Begriff geht auf das griechische Wort *mnemo* (= Gedächtnis) zurück. Mnemotechniken gehören zu den kognitiven, also bewussten (→) Lernstrategien. Es sind Verfahren, mit deren Hilfe die Lernenden etwas, was sie gelernt haben, besser behalten sollen.

Morphologie, die (S. 15): Teildisziplin der Grammatik, die sich mit den Wortklassen und ihren Veränderungen (Konjugation der Verben, Deklination der Substantive, Komparation der Adjektive) befasst.

Orthografie, die (S. 15): Rechtschreibung; Lehre von der richtigen Schreibung der Wörter.

paradigmatische Beziehung, die (S. 21): Beziehung einer sprachlichen Einheit zu allen Einheiten, die in demselben Kontext vorkommen können wie sie selbst – auf der vertikalen Ebene:

Ein Hund
Eine Katze | *läuft.*
Ein Mensch

Gegenteil: (→) syntagmatische Beziehung.

Phonetik, die (S. 15): Teildisziplin der Sprachwissenschaft, die sich mit den akustischen Eigenschaften und der Aussprache der Laute befasst.

polysemantisch/polysem (S. 9): „mehrdeutig"; Wörter mit mehr als einer Bedeutung, z. B. *Pferd*: Tier, Turngerät, Schachfigur.

Polysemie, die (S. 8): Mehrdeutigkeit von Wörtern; (→) polysemantisch/polysem.

potenzieller Wortschatz, der (S. 23): Er umfasst die Wörter, deren Bedeutung sich die Lernenden mithilfe ihres Sach- und Sprachwissens – insbesondere ihrer Wortbildungskenntnisse – selbstständig erschließen.

Präfix, das (S. 21): Eine Silbe, die vor den Wortstamm oder das Wort gesetzt wird und wortbildende Funktion hat, z. B. *un-*: *ungesund, Unglück*; *ent-*: *entkommen*.

produktiver Wortschatz, der (S. 9): Wortschatz, den man aktiv verwendet. Synonyme: aktiver Wortschatz, (→) Äußerungswortschatz, (→) Mitteilungswortschatz.

Prototypensemantik, die (S. 12): Ansatz zur Erklärung von Wörtern, der die Bedeutung auf einen typischen Vertreter einer Klasse, den Prototyp (den Repräsentanten, den Inbegriff), zurückzuführen sucht: Auch wenn sich verschiedene Menschen bei einem Wort wie etwa *Baum* unterschiedliche Bäume vorstellen, so gibt es dennoch etwas, was diesen Vorstellungen gemeinsam ist: das Wachsen auf einem Boden, die Wurzeln.

Qualitativergänzung, die (S. 158): Ergänzung des Verbs im Satz, nach der man mit *Wie?* fragt.
Beispiel: *Die Wohnung ist <u>wirklich hübsch</u>.*

Ratestrategie, die (S. 24): Elementare Form der (→) Hypothesenbildung, z. B. Lücken in einem Satz erraten: *Das Buch ist dick. Es hat über 500 ... (Seiten).*

Referenzmittel, das (S. 20): Mittel innerhalb eines Textes, das auf etwas anderes verweist, was im Text schon erwähnt wurde. Das sind häufig Personalpronomen oder Possessivartikel und auch unterschiedliche Bezeichungen eines Wortes, wie in Beispiel 2 (S. 19): *Laterna Magica, Zauberlaterne, Projektionsapparat.*

rezeptiver Wortschatz, der (auch: **passiver Wortschatz** → **Verstehenswortschatz**) (S. 9): Wortschatz, der verstanden wird, den man aber nicht aktiv verwendet.

resultatsorientiert (S. 35): Hier: Auf die rezeptive (→ rezeptiver Wortschatz) und produktive (→ produktiver Wortschatz) Beherrschung einer bestimmten Menge von Wörtern gerichtetes Unterrichtsziel.

semantisieren (S. 5): Die Bedeutung (Semantik) unbekannter Wörter erschließen. (→ Semantisierungsverfahren).

Semantisierungsverfahren, das (S. 58): Erklärungsverfahren/-technik zur Erschließung unbekannter Bedeutungen. Man unterscheidet zwischen sprachlichen (verbalen) und nicht sprachlichen (nonverbalen) Verfahren. Die verbalen Verfahren können ein- oder zweisprachig durchgeführt werden. Im Unterricht treten diese Erklärtechniken häufig in Kombination auf.

situationsangemessener Gebrauch, der (S. 31): Der situationsangemessene Gebrauch sprachlicher Mittel ist ein Prinzip des heutigen Fremdsprachenunterrichts, das auf die Bewältigung außersprachlicher Anforderungen (Situationen) orientiert ist. Das Lernziel ist Sprachkompetenz und nicht die Beherrschung des Sprachsystems. Auf eine Frage wie *Sehen wir uns morgen?* kann man sagen *Gern* oder *Das würde mich freuen* usw. Die Antwort *Ich hege die Hoffnung* ist nicht situationsangemessen.

Situativergänzung, die (S. 158): Lokale (Frage: *Wo?*) bzw. temporale (Frage: *Wann? Wie lange?*) Ergänzung des Verbs im Satz.
Beispiel: *Mechthild arbeitet bei Langenscheidt.*
Der Film beginnt um 20 Uhr.

Stammwort, das (S. 21): Wort, das nicht zusammengesetzt oder abgeleitet worden ist oder keine Vorsilbe hat, z. B. *Arbeit, gehen, kalt.*

stilistische Variante, die (S. 21): Möglichkeit, etwas sprachlich verschieden auszudrücken, z. B. hochsprachlich oder umgangssprachlich. Bei der Festlegung des Stils geht man von einem neutralen Mittelwert aus, der allgemein bevorzugt verwendet wird (z. B. *Kopf*). Situative und subjektive Faktoren können zu Abweichungen von diesem Mittelwert führen, z. B. *Haupt* (gehoben), *Birne, Rübe* (salopp), *Nischel* (regional – grob).

Suffix, das (S. 51): Eine Silbe, die an ein Wort oder einen Wortstamm angehängt wird, z. B. *-heit*: *Kindheit* (< Kind), *-ig*: *windig* (< Wind), *-lich*: *bildlich* (< Bild). Gegenteil: (→) Präfix.

Suggestopädie, die (S. 94): Gebildet aus *Suggestion* und *Pädagogik*; Lehr- und Lernmethode, deren Ziel es ist, das Fremdsprachenlernen zu optimieren. Grundanliegen ist, eine entspannte Lernatmosphäre zu schaffen, das Zusammenspiel von bewusstem und unbewusstem Lernen zu nutzen und durch die Übermittlung positiver Suggestionen eine selbstbewusste Lerneinstellung aufzubauen.

suggestopädisches Lernen, das (S. 7): Lernen nach der Methode der (→) Suggestopädie.

Synonym, das (S. 21): Bedeutungsgleiches bzw. bedeutungsähnliches Wort, z. B. *langweilig: monoton, alltäglich, einfaltslos, eintönig.* Gegenteil: (→) Antonym.

syntagmatische Beziehung, die (S. 64): Beziehung einer sprachlichen Einheit zu allen Einheiten, mit denen sie im Text vorkommt und die ihren Kontext bilden – auf der horizontalen Ebene, z. B. *liegen: Das Buch liegt aufgeschlagen auf dem Tisch. Er lag auf der Wiese.* Gegenteil: (→) paradigmatische Beziehung.

Syntax, die (S. 15): Teildisziplin der Grammatik, die sich sowohl mit dem Aufbau und der Typologie von Sätzen als auch mit den Verknüpfungsregeln von Wörtern auf der Satzebene befasst.

Textverknüpfung, die (auch: **Textverflechtung**) (S. 20): Durch sprachliche Signale (Pronomen, Konjunktionen/Subjunktionen, Synonyme, Satzadverbien, *d*-Wörter u. a.) bewirkte Verknüpfung der Elemente (Einzelwörter) und Teile (Wortgruppen, Sätze) zu einem Text (→ Referenzmittel).

Textsorte, die (S. 21): Gruppe von Texten mit bestimmten gemeinsamen Textmerkmalen, die unter anderem durch die Zielsetzung des Textes und durch traditionelle Textmuster bedingt sind, z. B. Brief, Nachrichtensendung, Lebenslauf, Bahnhofsdurchsage, Märchen u. a. (vgl. Westhoff 1997, 167).

Verstehenswortschatz, der (auch: **rezeptiver/passiver Wortschatz**) (S. 9): Die Menge von Wörtern, die die Lernenden in einem gesprochenen oder geschriebenen Text wieder erkennen und verstehen, die sie aber nicht ohne Weiteres verwenden (können).

Visualisierung, die (S. 45): Oberbegriff für unterschiedliche bildliche bzw. nicht sprachliche Veranschaulichung – durch eine Skizze, Tabelle, Zeichnung, Karikatur oder Foto usw. mit dem Ziel, dass ein Wort, eine Situation besser verstanden wird.

Vorentlastung, die (S. 43): Hier: die Bedeutung unbekannter Wörter vor dem Lesen und Hören erklären.

Wortart, die (S. 17): Grammatische Kategorie, die die Wörter einer Sprache nach außersprachlichen, syntaktischen und morphologischen Kriterien ordnet. Traditionell erfolgt die Einteilung der Wörter in 10 Klassen: Substantive, Verben, Adjektive, Adverbien, Zahlwörter, Pronomen, Artikel, Präpositionen, Konjunktionen/Subjunktionen, Partikeln.

Wortbildung, die (S. 21): Möglichkeit, neue Wörter aus bereits existierenden Wörtern oder Wortteilen zu bilden. Mit gleichen Mitteln gebildete Wörter werden in Gruppen zusammengefasst und nach formalen und semantischen Gesichtspunkten systematisiert. Man unterscheidet Zusammensetzungen (→ Komposita) wie etwa *Wörterbuch, hellblau, zurückfahren* und Ableitungen (Derivate) wie etwa *Sportler* (< Sport), *süßlich* (< süß) und Präfixbildungen (Bildungen mit Vorsilben = → Präfix) wie etwa *begrüßen* (< grüßen), *Unglück* (< Glück).

Wortfamilie, die (S. 17): Gruppe von Wörtern mit dem gleichen Stamm, deren Verwandtschaft in Ableitungen erkennbar ist, z. B. *gründlich, Grund, Abgrund, begründen* usw.

Wortfeld, das (S. 21): Wörter, die zu einem Sachgebiet gehören, z. B. *Wasser, Fluss, Quelle, fließen, strömen, rinnen.*

6 Literaturhinweise

6.1 Zitierte Literatur

Zitierte Fernstudieneinheiten sind mit * vor dem Namen gekennzeichnet.

ARENDT, MANFRED (1992): *Abkehr von der Klagemauer.* In: *Neusprachliche Mitteilungen*, H. 2/1992, S. 75–81.

BALDEGGER, Markus u. a. (1980): *Kontaktschwelle Deutsch als Fremdsprache.* Strasbourg: Europarat (1981; Berlin/München: Langenscheidt).

BIMMEL, Peter u. a. (1991): *So isses.* Malmberg: Den Bosch.

BIMMEL, Peter (1993): *Aktuelles Fachlexikon.* In: *Fremdsprache Deutsch.* H. 1/1993: „Lernstrategien", S. 51.

*BIMMEL, Peter/RAMPILLON, Ute (2000): *Lernerautonomie und Lernstrategien.* Fernstudieneinheit 23. Berlin/München: Langenscheidt.

BREINDL, Eva (1998): *„Mehrwert Internet" oder doch nur „Des Kaisers neue Kleider"?* Vortrag am 2.7.1998 auf dem 132. „Goe-DaF"-Kolloquium. München: Goethe-Institut und Institut für Deutsch als Fremdsprache der Ludwig-Maximilians-Universität.

DALLAPIAZZA, Rosa-Maria u. a. (1998): *Tangram.* Deutsch als Fremdsprache. Kursbuch 1A. Ismaning: Hueber.

Das Zertifikat Deutsch als Fremdsprache (1991) (Neubearbeitung 1999). Hrsg. vom Deutschen Volkshochschul-Verband e.V. und vom Goethe-Institut. Bonn/Frankfurt/M./München.

DOYE, Peter (1988): *Typologie der Testaufgaben für den Unterricht Deutsch als Fremdsprache.* Berlin/München: Langenscheidt.

DROSDOWSKI, Günther u. a. (Hrsg.) (1989): *DUDEN. Deutsches Universalwörterbuch.* Mannheim/Wien/Zürich: Dudenverlag.

*EHLERS, Swantje (1992): *Lesen als Verstehen.* Fernstudieneinheit 2. Berlin/München: Langenscheidt.

FRIEDRICH, Michael u. a. (1995): *PC-Programm. Zertifikatstraining Deutsch – Wortschatz.* Ismaning: Hueber.

FUNK, Hermann/KOENIG, Michael (1996): *eurolingua Deutsch 1.* Deutsch als Fremdsprache für Erwachsene. Berlin: Cornelsen.

GOETZ, Dieter u. a. (Hrsg.) (1998): *Langenscheidts Großwörterbuch Deutsch als Fremdsprache.* Neubearbeitung. Berlin/München: Langenscheidt.

HÄUSSERMANN, Ulrich/PIEPHO, Hans-Eberhard (1996): *Aufgabenhandbuch Deutsch als Fremdsprache. Abriß einer Aufgaben- und Übungstypologie.* München: iudicium.

HANSSON, Mats/WIDMARK, Martin (1997): *Wort im Bild. Ein Vokabelprogramm für Deutsch.* München: Klett Edition Deutsch.

HASSERT, Timm (1998): *Multimedia. Wird jetzt alles anders?* Vortrag am 23.7.1998 auf dem 133. „Goe-DaF"-Kolloquium. München: Goethe-Institut und Institut für Deutsch als Fremdsprache der Ludwig-Maximilians-Universität.

HAUSMANN, Franz-Josef (1993): *Ist der deutsche Wortschatz lernbar? Oder: Wortschatz ist Chaos.* In: *Info DaF*, H. 5/1993, S. 471–485.

HAVRAN, Heidrun u. a. (1992): *Verstehen ohne zu lernen? – Internationale Wörter im Fremdsprachenunterricht für Erwachsene.* In: *Neusprachliche Mitteilungen*, H. 2/1992, S. 102–108.

HEYD, Gertraude (1991): *Deutschlernen. Grundwissen für den Unterricht in Deutsch als Fremdsprache.* Frankfurt/M: Diesterweg.

HOLTWISCH, Herbert (1993): *Kreative Wortschatzarbeit in der Sekundarstufe*. In: *Neusprachliche Mitteilungen*, H. 3/1993, S. 175–180.

KARS, Jürgen/HÄUSSERMANN, Ulrich (1988): *Grundgrammatik Deutsch*. Frankfurt/M.: Diesterweg.

*KAST, Bernd (1999): *Fertigkeit Schreiben*. Fernstudieneinheit 12. Berlin/München: Langenscheidt.

KEMPCKE, Günter u. a. (Hrsg.) (1984): *Handwörterbuch der deutschen Gegenwartssprache*. Berlin: Akademie-Verlag.

KIELHÖFER, Bernd (1994): *Wörter lernen, behalten und erinnern*. In: *Neusprachliche Mitteilungen*, H. 4/1994, S. 211–220.

KLEINSCHROTH, Robert (1992): *Sprachenlernen. Der Schlüssel zur richtigen Technik*. Reinbek bei Hamburg: Rowohlt.

*KLEPPIN, Karin (1998): *Fehler und Fehlerkorrektur*. Fernstudieneinheit 19. Berlin/München: Langenscheidt.

KOSTRZEWA, Frank (1994): *Sprache und Gedächtnis*. In: *Neusprachliche Mitteilungen*, H. 4/1994, S. 221–228.

LATZEL, Sigbert (1993): *Wortschatz = Sprachschatz. Zur Wortschatzarbeit im Bereich Deutsch als Fremdsprache*. In: *Nouveaux cahiers d'Allemand*, H. 2/1993, S. 169–217.

LÖSCHMANN, Martin (1993): *Effiziente Wortschatzarbeit. Alte und neue Wege*. Frankfurt/M./Berlin: Peter Lang.

*LÜGER, Heinz-Helmut (1993): *Routinen und Rituale in der Alltagskommunikation*. Fernstudieneinheit 6. Berlin/München: Langenscheidt.

*MACAIRE, Dominique/HOSCH, Wolfram (1996): *Bilder in der Landeskunde*. Fernstudieneinheit 11. Berlin/München: Langenscheidt.

*MÜLLER, Bernd-Dietrich (1994): *Wortschatzarbeit und Bedeutungsvermittlung*. Fernstudieneinheit 8. Berlin/München: Langenscheidt.

MÜLLER, Martin u. a. (1989): *Autonomes und partnerschaftliches Lernen. Modelle und Beispiele aus dem Fremdsprachenunterricht*. Berlin/München: Langenscheidt.

MÜLLER, Martin u. a. (1996): *Moment mal! Lehrwerk für Deutsch als Fremdsprache*. Berlin/München: Langenscheidt.

NEUNER, Gerhard (1990a): *Mit dem Wortschatz arbeiten. Systematisches Wörterlernen im Deutschunterricht – neu zu entdecken*. In: *Fremdsprache Deutsch*, H. 3/1990, S. 4–11.

NEUNER, Gerhard (1991): *Lernerorientierte Wortschatzauswahl und -vermittlung*. In: *Deutsch als Fremdsprache*, H. 2/1991, S. 76–83.

*NEUNER, Gerhard/ HUNFELD, Hans (1993): *Methoden des fremdsprachlichen Deutschunterrichts*. Fernstudieneinheit 4. Berlin/München: Langenscheidt.

OEHLER, Heinz (1966): *Grundwortschatz Deutsch*. München: Klett Edition Deutsch.

PIEPHO, Hans-Eberhard (1996): *Elemente 1. Das Lehrwerk für Deutsch als Fremdsprache*. Köln: Dürr + Kessler.

PZ (Politische Zeitung) (1986): Bonn: Bundeszentrale für politische Bildung, Nr. 46/1986.

RAASCH, Albert (1992): *Die Sprachen und die Entwicklung eines europäischen Bewußtseins*. In: *Neusprachliche Mitteilungen*, H. 4/1992, S. 226–235.

RAMPILLON, Ute (1989): *Lerntechniken im Fremdsprachenunterricht. Handbuch*. Ismaning: Hueber.

ROHRER, Josef (1993): *Vernetzendes Denken im Fremdsprachenunterricht*. In: *Neusprachliche Mitteilungen*, H. 4/1993, S. 212–217.

ROHRER, Josef (1990): *Gedächtnis und Sprachenlernen aus neuropädagogischer Sicht*. In: *Der fremdsprachliche Unterricht,* H. 102/1990, S. 12–19.

ROHRMANN, Lutz/SELF, Susanne (1998): *eurolingua Deutsch*. Deutsch als Fremdsprache für Erwachsene. Lernerhandbuch. Berlin: Cornelsen.

RÖHR, Gerhard (1993): *Erschließen aus dem Kontext. Lehren, Lernen, Trainieren*. München/Berlin: Langenscheidt.

RÖLLINGHOFF, Andreas (1990): *Klicken statt Pauken. Computerunterstütztes Wörterlernen mit „Wörterquiz"*. In: *Fremdsprache Deutsch,* H. 3/1990, S. 45–52.

SCHERLING, Theo/SCHUCKALL, Hans-Friedrich (1992): *Mit Bildern lernen*. Handbuch für den Fremdsprachenunterricht. Berlin/München: Langenscheidt.

SCHUMANN, Johannes/BREITSAMETER, Johann (1996): *Interaktives Testpaket*. Berlin/München: Langenscheidt.

SPERBER, HORST (1989): *Mnemotechniken im Fremdsprachenerwerb mit Schwerpunkt Deutsch als Fremdsprache*. München: iudicium.

VESTER, Frederic (1975/1978): *Denken, Lernen, Vergessen*. Stuttgart: Deutsche Verlags-Anstalt/München: dtv.

VORDERWÜLBECKE Anne/VORDERWÜLBECKE Klaus (1995): *Stufen international*. Deutsch als Fremdsprache für Jugendliche und Erwachsene. Lehr- und Arbeitsbuch 1. München: Klett Edition Deutsch,

WAHRIG, Gerhard u. a. (1997): *Deutsches Wörterbuch*. Gütersloh/München: Bertelsmann.

WATCYN-JONES, Peter (1994): *Spiele mit Wörtern*. Ismaning: Hueber.

*WESTHOFF, Gerard (1997): *Fertigkeit Lesen*. Fernstudieneinheit 17. Berlin/München: Langenscheidt.

WILMS, Heinz (1989): *Wörter in unserem Kopf*. In: MÜLLER, Martin u. a. (1989), S. 145–160.

WINGATE, Ursula (1998): *Semantische Schwierigkeiten bei der Benutzung von Lernerwörterbüchern*. Vortrag auf der 26. Jahrestagung Deutsch als Fremdsprache vom 4.–6. Juni 1998 in Jena.

6.2 Weiterführende Literatur: Themenhefte von Zeitschriften

Der fremdsprachliche Unterricht. H. 102/1990: „Gedächtnis und Sprachen lernen aus neuropädagogischer Sicht"

Fremdsprache Deutsch. H. 3/1990: „Wortschatzarbeit"

Neusprachliche Mitteilungen. H. 4/1994: „Behalten und Vergessen beim Fremdsprachenlernen"

6. 3 Weiterführende Übungsmaterialien

6. 3.1 Sprachlernspiele/Musik

BOHN, Rainer/SCHREITER, Ina (1989): *Sprachspielereien für Deutschlernende*. Leipzig: Verlag Enzyklopädie (1992: Langenscheidt/Verlag Enzyklopädie Leipzig/Berlin/München).

FRIEDRICH, Thorsten/VON JAHN, Eduard (1985): *Lernspielekartei.* Ismaning: Hueber.

GÖBEL, Richard (1979): *Lernen mit Spielen.* Frankfurt/M./Bonn: Pädagogische Arbeitsstelle des Deutschen Volkshochschul-Verbandes.

LOHFERT, Walter (1982): *Kommunikative Spiele für Deutsch als Fremdsprache.* Ismaning: Hueber.

RAUER, Christiane/SALZENBERG, Manuel (1993): *Sprachlernspiele im Unterricht mit Kindern.* Materialien 8/93. Bremen (Manuskript).

SPIER, Anne (1981): *Mit Spielen Deutsch lernen.* Königstein/Ts: Scriptor.

WAHL, Manfred (1993): *Wer? Wie? Was? Lieder machen Spaß.* Bonn: Gilde Verlagsbuchhandlung.

6. 3.2 Computerprogramme

FRIEDRICH, Michael u. a. (1995): *PC-Programm: Zertifikatstraining Deutsch.* Ismaning: Hueber.

HANSSON, Mats/WIDMARK, Martin (1998): *Wort im Bild. Ein Vokabelprogramm für Deutsch.* München: Klett Edition Deutsch.

HASSERT, Timm (1990): *Arbeit mit Texten I.* München: Goethe-Institut.

HASSERT, Timm (1992): *Arbeit mit Texten II.* München: Goethe-Institut.

HASSERT, Timm (1993): *Arbeit mit Texten III.* München: Goethe-Institut.

HASSERT, Timm u. a. (1990): *TextArbeiter.* Computerprogramm zum Leseverstehen. München/Ismaning: Goethe-Institut/Verlag für Deutsch.

SCHUMANN, Johannes/BREITSAMETER, Johann (1986): *Interaktives Textpaket.* Berlin/München: Langenscheidt.

WATCYN-JONES, Peter (1994): *Spiele mit Wörtern.* Ismaning: Hueber.

6.3.3 Tipps für Lernende

RAMPILLON, Ute (1995): *Lernen leichter machen.* Deutsch als Fremdsprache. Ismaning: Hueber.

ROHRMANN, Lutz/SELF, Susanne (1998): *eurolingua Deutsch.* Lernerhandbuch. Berlin: Cornelsen.

RUG, Wolfgang u. a. (1991): *50 praktische Tips zum Deutschlernen.* München: Klett Edition Deutsch.

WETZ, Uli (1996): *eurolingua Deutsch 1.* Vokabeltaschenbuch. Berlin: Cornelsen.

7   Quellenangaben

ADAC (1994): *Motorwelt*, H. 3/1994, S. 12.

AUFDERSTRASSE, Hartmut u. a. (1992): *Themen neu 1*. Kursbuch. Ismaning: Hueber, S. 44, 50.

BAGINSKI, Katja u. a. (1996): *dasda*. Deutsch als Fremdsprache für Jugendliche. Grundkurs. Lehrbuch. München: Klett Edition Deutsch, S. 25, 44, 93.

BASIC (1991): *Basic German Vocabulary. A Learner's Dictionary divided into subject categories with example sentences*. Berlin/München: Langenscheidt, S. 265.

BERBEROFF, Theodor/RANKOFF, Peter (1976): *Bildwörterbuch Deutsch-Bulgarisch*. Leipzig: Verlag Enzyklopädie, S. 123.

BOCK, Heiko u. a. (1993): *Themen neu 1*. Arbeitsbuch. Ismaning: Hueber, S. 36, 43, 48, 63, 86, 116.

BOHN, Rainer/SCHREITER, Ina (1989): *Sprachspielereien für Deutschlernende*. Leipzig: Verlag Enzyklopädie, S. 23, 33, 42, 54, 72, 99, 104 (1992: Langenscheidt/Verlag Enzyklopädie, Leipzig/Berlin/München).

BREITSPRECHER, Roland u. a. (1983): *PONS*, Globalwörterbuch Deutsch-Englisch. Stuttgart: Klett, S. 865.

BOOG, Henk von u. a. (1989): *Lesespaß*. Ein literarisches Materialienbuch für die ersten Jahre Deutsch. Berlin/München: Langenscheidt, S. 5.

BUSSE, Joachim (1979): *Training Deutsch. 60 Wortschatz- und Strukturübungen*. Ismaning: Hueber, S. 30.

CARROLL, Lewis (1974): *Alice hinter den Spiegeln*. Frankfurt/M.: Insel Verlag, S. 27. Die Übersetzung ist von Christian Enzensberger.

DAHLHAUS, Barbara (1994): *Fertigkeit Hören*. Fernstudieneinheit 5. Berlin/München: Langenscheidt, S. 57. Zeichnungen: Theo Scherling.

DALLAPIAZZA, Rosa-Maria u. a. (1998): *Tangram*. Deutsch als Fremdsprache. Kursbuch 1A. Ismaning: Hueber, S. 35, 45, 46, 57; Arbeitsbuch S. 27, w1.

Die Welt am Sonntag vom 12.2.1995, S. 30.

Die Zeit vom 4.11.1988: *Weißt du, wieviel Wörtlein stehen ...?*, S. 73.

DOYE, Peter (1988): *Typologie der Testaufgaben für den Unterricht Deutsch als Fremdsprache*. Berlin/München: Langenscheidt, S. 161, 213.

DROSDOWSKI, Günther u. a. (Hrsg.) (1996): *Duden. Deutsches Universalwörterbuch*. Mannheim/Wien/Zürich: Dudenverlag, S. 1564.

DÜCKERT, Joachim/KEMPCKE, Günter (Hrsg.) (1984): *Wörterbuch der Sprachschwierigkeiten*. Leipzig: Bibliographisches Institut, S. 306.

EISMANN, Volker. u. a. (1993): *Die Suche*. Das andere Lehrwerk für Deutsch als Fremdsprache. Textbuch 1. Berlin/München: Langenscheidt, S. 35, 48 – 51, 53, 54.

EISMANN, Volker u. a. (1994): *Die Suche*. Das andere Lehrwerk für Deutsch als Fremdsprache. Arbeitsbuch 1. Berlin/München: Langenscheidt, S. 25, 81, 108, 109, 122, 145, 231.

EPPERT, Franz (1989): *Lukullisches und Sprachliches*. Ein kleines ABC der deutschen Kochkunst. Ismaning: Hueber, S. 20, 48, 85.

FERENBACH, Magda/SCHÜSSLER, Ingrid (1990): *Wörter zur Wahl*. Übungen zur Erweiterung des Wortschatzes. München: Klett Edition Deutsch, S. 9, 13, 53.

FUNK, Hermann u. a. (1994a): *Sowieso*. Deutsch als Fremdsprache für Jugendliche. Kursbuch 1. Berlin/München: Langenscheidt, S. 19, 36, 92.

FUNK, Hermann u. a. (1994b): *Sowieso.* Deutsch als Fremdsprache für Jugendliche. Arbeitsbuch 1. Berlin/München: Langenscheidt, S. 35, 48.

FUNK, Hermann u. a. (1997): *Sowieso.* Deutsch als Fremdsprache für Jugendliche. Kursbuch 3. Berlin/München: Langenscheidt, S. 16, 19, 60.

FUNK, Hermann/KOENIG, Michael (1996): *eurolingua Deutsch 1.* Deutsch als Fremdsprache für Erwachsene. Berlin: Cornelsen, S. 49, 201.

GARBE, Burckhard/GARBE, Gisela (1982): *status quo. ansichten zur lage.* Göttingen: Edition Herodot, S. 56.

GICK, Cornelia (1989): *Fördern Lehrwerke die Autonomie der Lerner?* In: MÜLLER, Martin u. a. (Hrsg.): *Autonomes und partnerschaftliches Lernen.* Berlin/München: Langenscheidt, S. 166.

GÖRNER, Herbert/KEMPCKE, Günter (Hrsg.) (1973): *Synonymwörterbuch. Sinnverwandte Ausdrücke der deutschen Sprache.* Leipzig: Bibliographisches Institut, S. 289.

GÖTZ, Dieter u. a. (Hrsg.) (1998): *Langenscheidts Großwörterbuch Deutsch als Fremdsprache.* Neubearbeitung. Berlin/München: Langenscheidt, S. 64/65, 257, 371, 535, 607, 630, 749, 997, 1171.

GÖTZE, Lutz (1995): *Vom Nutzen der Hirnforschung für den Zweitsprachenerwerb.* In: SORNIG, Karl u. a. (Hrsg.): Linguistics with a human face. Festschrift für Norman Denison zum 70. Geburtstag, S. 113 – 126. Graz. (Grazer Linguistische Monographien 10).

HASSERT, Timm (o. J.): Text von Lessing; Entwicklung mit dem Computerprogramm *Calis,* Duke University, Durham/USA; Aufgaben von Timm Hassert, unveröffentlicht.

HÄUBLEIN, Gernot u. a. (1995): *Memo.* Wortschatz- und Fertigkeitstraining zum Zertifikat Deutsch als Fremdsprache. Lehr- und Übungsbuch. Berlin/ München: Langenscheidt, S. 18, 21, 46, 48, 69, 95, 165, 166.

HAUSMANN, Franz Josef (1993): *Ist der deutsche Wortschatz erlernbar? Oder: Wortschatz ist Chaos.* In: *Info DaF,* H. 5/1993, S. 471.

HÄUSSERMANN, Ulrich. u. a. (1992): *Sprachkurs Deutsch 4.* Leichte Mittelstufe. Frankfurt/M: Diesterweg, S. 16, 26, 111, 195.

HÄUSSERMANN, Ulrich u. a. (1993): *Sprachkurs Deutsch 5.* Frankfurt/M: Diesterweg, S. 107.

HIEBER, Wolfgang (1991): *Lernziel Deutsch.* Grundstufe 1. Ismaning: Hueber, S. 46.

JAESCHKE, Maria/KELLING, Ingrid u. a. (1988): *Deutsch für Germanisten.* Lehrbuch für den Sprachunterricht ausländischer Germanistikstudenten. Teil 1. Leipzig: Verlag Enzyklopädie, S. 55 – 57, 300, 302.

KAMINSKI, Diethelm (1990): *Lernideen mit Bildern.* Ismaning: Verlag für Deutsch, S. 64.

KEMPCKE, Günter u. a. (Hrsg.) (1984): *Handwörterbuch der deutschen Gegenwartssprache.* Berlin: Akademie-Verlag, S. 1350.

KLEINSCHROTH, Robert (1992): *Sprachenlernen. Der Schlüssel zur richtigen Technik.* Reinbek bei Hamburg: Rowohlt, S. 55, 62, 84/85.

LANGENSCHEIDT'S *Power Dictionary* (1997): *Englisch-Deutsch, Deutsch-Englisch.* Berlin/München: Langenscheidt, S. 728.

LÖSCHMANN, Martin (1993): *Effiziente Wortschatzarbeit. Alte und neue Wege.* Berlin/Frankfurt/M.: Peter Lang, S. 22.

MATER, Erich (1970): *Rückläufiges Wörterbuch der deutschen Gegenwartssprache.* Leipzig: Bibliographisches Institut, S. 171.

MEBUS, Gudula u. a. (1987): *Sprachbrücke 1.* Deutsch als Fremdsprache. München: Klett Edition Deutsch, S. 33, 195.

MEBUS, Gudula u. a. (1989): *Sprachbrücke 2*. Deutsch als Fremdsprache. München: Klett Edition Deutsch, S. 36.

MÜLLER, Martin u. a. (1996): *Moment mal!* Lehrbuch 1. Berlin/München: Langenscheidt, S. 10, 52, 94.

MÜLLER, Jutta/BOCK, Heiko (1991): *Grundwortschatz Deutsch*. Übungsbuch. Berlin/München: Langenscheidt, S. 40, 44, 58, 246.

NEUNER, Gerd u. a. (1983a): *Deutsch konkret*. Ein Lehrwerk für Jugendliche. Lehrbuch 1. Berlin/München: Langenscheidt, S. 31.

NEUNER, Gerd u. a. (1983b): *Deutsch konkret*. Ein Lehrwerk für Jugendliche. Arbeitsbuch 1. Berlin/ München: Langenscheidt, S. 42.

NEUNER, Gerd u. a. (1986): *Deutsch aktiv Neu*. Lehrbuch 1A. Berlin/München: Langenscheidt, S. 115.

NEUNER, Gerd u. a. (1987): *Deutsch aktiv Neu*. Lehrbuch 1B. Berlin/München: Langenscheidt, S. 69.

NEUNER, Gerd (1990 b): *Schreiben macht Spaß*. H. 1/1990. München: Klett Edition Deutsch, S. 8.

RAMPILLON, Ute (1995): *Lernen leichter machen*. Deutsch als Fremdsprache. Ismaning: Hueber, S. 90, 92.

RÖHR, Gerhard (1993): *Erschließen aus dem Kontext. Lehren, Lernen, Trainieren.* Berlin/München: Langenscheidt, S. 50.

ROHRER, Josef (1990): *Gedächtnis und Sprachenlernen aus neuropädagogischer Sicht.* In: *Der fremdsprachliche Unterricht*, H. 102/1990, S. 16.

RUG, Wolfgang u. a. (1991): *50 praktische Tips zum Deutschlernen*. München: Klett Edition Deutsch, S. 18, 19, 20.

SCHÄPERS, Roland (1981a): *Deutsch für junge Leute*. Bd. 1. Lehrbuch. Ismaning: Verlag für Deutsch, S. 35, 74.

SCHÄPERS, Roland (1981b): *Deutsch für junge Leute*. Bd. 1. Glossar Deutsch-Englisch/Deutsch-Französisch. Ismaning: Verlag für Deutsch, S. 28.

SCHERLING, Theo/SCHUCKALL, Hans-Friedrich: (1992): *Mit Bildern lernen*. Handbuch für den Fremdsprachenunterricht. Berlin/München: Langenscheidt, S. 21/22, 123, 159, 160, 162, 172.

SCHIFFLER, Ludger (1991): *Schüler lernen über 60 Vokabeln in der Stunde*. In: *Praxis des fremdsprachlichen Unterrichts*. H. 1/1991, S. 84.

SCHUMANN, Johannes (1992): *Mittelstufe Deutsch*. Ismaning: Verlag für Deutsch, S. 12, 13, 40, 52.

SEIDENSTECHER, Klaus (1982/11. Auflage 1998): *StVO. Straßenverkehrsordnung mit Kommentar.* München: Vogel, S. 96, 105.

SPERBER, Horst (1989): *Mnemotechniken im Fremdsprachenerwerb mit Schwerpunkt Deutsch als Fremdsprache.* München: iudicium, S. 209.

VAN EUNEN, Kees u. a. (1989): *Deutsch aktiv Neu*. Ein Lehrwerk für Erwachsene. Lehrbuch 1C. Berlin/München: Langenscheidt, S. 33, 89.

VAN EUNEN, Kees u. a. (1992): *Lesebogen*. Fiktionale Texte mit Aufgaben, Antwortblättern und Lösungsschlüsseln für den Unterricht Deutsch als Fremdsprache. Berlin/München: Langenscheidt, S. 2.

VESTER, Frederic (1975/1978): *Denken, Lernen, Vergessen*. Stuttgart: Deutsche Verlags-Anstalt/München: dtv, S. 162.

VOLLMER, Günther/HOBERG, Gerrit (1988): *Top-Training. Lern- und Arbeitsstrategien. Behalten Verarbeiten Anwenden.* Stuttgart: Klett, S. 52.

VORDERWÜLBECKE, Anne/VORDERWÜLBECKE, Klaus (1986): *Stufen*. Kolleg Deutsch als Fremdsprache 1. Kontaktaufnahme. Erste Orientierung. München: Klett Edition Deutsch, S. 39, 63, 66.

VORDERWÜLBECKE, Anne/VORDERWÜLBECKE, Klaus (1989): *Stufen.* Kolleg Deutsch als Fremdsprache 3. Informationsaustausch. München: Klett Edition Deutsch, S. 7, 8, 117, 159.

VORDERWÜLBECKE, Anne/VORDERWÜLBECKE, Klaus (1990): *Stufen.* Kolleg Deutsch als Fremdsprache. Handbuch für den Unterricht 3. Klett Edition Deutsch, S. 96.

VORDERWÜLBECKE, Anne/VORDERWÜLBECKE, Klaus (1995): *Stufen international.* Deutsch als Fremdsprache für Jugendliche und Erwachsene. Lehr- und Arbeitsbuch 1. München: Klett Edition Deutsch, S. 78, 131, 159/160.

WEISGERBER, Bernhard u. a. (1992): *Studio Deutsch.* Ein Sprachkurs für Jugendliche. Lehrbuch 1. Rheinbreitbach: Dürr + Kessler, S. 93.

WENZEL, Johannes u. a. (1987): *Deutsch für Fortgeschrittene. Ein kulturkundliches Text- und Übungsbuch für Ausländer.* Leipzig: Verlag Enzyklopädie, S. 100, 102.

WETZ, Uli (1996): *eurolingua Deutsch 1.* Vokabeltaschenbuch. Berlin: Cornelsen, S. 6.

ZINGEL, Marianne (1981): *Teste Dein Deutsch!* Stufe 2. Berlin/München: Langenscheidt, S. 10, 14, 97.

Arbeitsblatt 4

Machen Sie sich eine Kopie von dieser Seite: Dann können Sie die Übungsbeispiele, die Sie in dieser Fernstudieneinheit kennengelernt haben und die Sie besonders wichtig oder interessant finden, notieren.

Beispiel	Seite	Inhalt

Angaben zum Autor

Rainer Bohn ist Mitarbeiter am Institut für Interkulturelle Kommunikation e.V. in Jena. Er hat Germanistik, Geschichte und Pädagogik in Dresden studiert und promovierte im Bereich der Sprachdidaktik. 1986 Habilitation zum Thema *Schreiben im Unterricht Deutsch als Fremdsprache*. Er arbeitete langjährig in der Aus- und Fortbildung ausländischer Deutschlehrer und war in verschiedenen Ländern als Lektor für deutsche Sprache tätig.

Fernstudienprogramme des Goethe-Instituts

Fernstudienprogramm „Deutsch unterrichten"

Mit diesem Fernstudienkurs des Goethe-Instituts verbessern Sie Ihren Deutschunterricht und erwerben eine wertvolle Zusatzqualifikation, die vom Bundesamt für Migration und Flüchtlinge anerkannt wird. Diesen Kurs können Sie buchen

- als **reinen Fernstudienkurs**

  Abschluss: Zertifikat des Goethe-Instituts bzw. der Ludwig-Maximilians-Universität München. Sie können sich jederzeit einschreiben.

  ➤ Weitere Informationen finden Sie unter

    http://www.goethe.de/fernlernen

„Fremdsprachlicher Deutschunterricht in Theorie und Praxis"

Mit diesem Fernstudienkurs des Goethe-Instituts verbessern Sie Ihren Deutschunterricht und erwerben eine wertvolle Zusatzqualifikation, die vom Bundesamt für Migration und Flüchtlinge anerkannt wird.

- Dieser Kurs ist ein **kombinierter Kurs** mit **Präsenz-** und **Fernstudienphasen**. Der Kurs wird in vielen Ländern von den dortigen Goethe-Instituten angeboten und oft mit Partneruniversitäten vor Ort betreut.

  Abschluss: Hochschulzertifikat (Goethe-Institut; Partneruniversität Kassel; kooperierende Hochschule in Ihrem Land). Die Kurse beginnen in der Regel einmal pro Jahr.

  ➤ Weitere Informationen finden Sie unter

  http://www.goethe.de/dll/fsb/deindex.htm

- Der gleiche Kurs wird auch von unserem Partner, der Universität Kassel, in Deutschland angeboten und zertifiziert.

  ➤ Weitere Informationen finden Sie unter

  http://iwd.uni-kassel.de

Weitere Informationen erhalten Sie bei:

Goethe-Institut, München	Goethe-Institut, München	Universität Kassel
Multimedia und Fernlehre	Bereiche 312 und 313	FB 02 DaF
Dachauer Str. 122	Dachauer Str. 122	Fernstudienkurs
80637 München	80637 München	34109 Kassel

Weiterbildender Fernstudienkurs
Fremdsprachlicher Deutschunterricht in Theorie und Praxis

Studieninhalte

Das Studium im weiterbildenden Fernstudienkurs zur Erlangung des Hochschulzertifikats „Fremdsprachlicher Deutschunterricht in Theorie und Praxis" erfolgt durch die Bearbeitung von Fernstudieneinheiten aus dem Fachgebiet Deutsch als Fremdsprache des Fernstudienprojekts Germanistik/Deutsch als Fremdsprache der Universität Kassel, des GI und des DIFF.

Zu bearbeiten sind insgesamt acht Studieneinheiten.

Je eine Studieneinheit wird aus den im Folgenden näher bezeichneten vier Pflichtbereichen ausgewählt, vier weitere aus dem Wahlpflichtbereich:

I. Pflichtbereich

1. Grundlagen/Bezugswissenschaften des fremdsprachlichen Deutschunterrichts

➤ Methoden des fremdsprachlichen Deutschunterrichts
➤ Grundlagen des Erst- und Fremdsprachenerwerbs
➤ Angewandte Linguistik für den fremdsprachlichen Deutschunterricht

2. Sprachsysteme

➤ Grammatik lehren und lernen
➤ Wortschatzarbeit und Bedeutungsvermittlung
➤ Probleme der Wortschatzarbeit
➤ Phonetik lehren und lernen

3. Sprachliche Fertigkeiten

➤ Fertigkeit Hören
➤ Fertigkeit Lesen
➤ Fertigkeit Sprechen
➤ Fertigkeit Schreiben

4. Unterrichtsplanung, -durchführung und -evaluation

➤ Unterrichtsbeobachtung und Lehrerverhalten
➤ Deutschunterricht planen
➤ Fehler und Fehlerkorrektur
➤ Testen und Prüfen in der Grundstufe
➤ Probleme der Leistungsmessung

II. Wahlpflichtbereich

Medieneinsatz

➤ Video im Deutschunterricht

Landeskunde und ihre Didaktik

➤ Didaktik der Landeskunde
➤ Routinen und Rituale in der Alltagskommunikation
➤ Kontakte knüpfen
➤ Landeskunde und Literaturdidaktik
➤ Bilder in der Landeskunde

Unterrichtskommunikation und Sozialformen

➤ Gruppenarbeit und innere Differenzierung
➤ Lernerautonomie und Lernstrategien

Einzelfragen der Unterrichtspraxis / Sprachliche Systeme und Fertigkeiten und ihre Übungsformen

➤ Lesen als Verstehen
➤ Spiele im Deutschunterricht
➤ Bilder in der Landeskunde

Stufenbezogene Aspekte des Deutschunterrichts

➤ Deutsch im Primarbereich
➤ Deutsch als zweite Fremdsprache

Der Prüfungsausschuss legt die Auswahl der vier Fernstudieneinheiten des Pflichtbereichs und der vier Fernstudieneinheiten des Wahlpflichtbereichs fest. Es muss aus den Pflichtbereichen 1 – 4 jeweils eine Fernstudieneinheit ausgewählt werden. Titel, die dem Pflichtbereich zugeordnet sind, aber vom Prüfungsausschuss nicht im Rahmen des Pflichtbereichs als Studieninhalt ausgewählt werden, können auch im Wahlpflichtbereich Berücksichtigung finden. Solange noch nicht alle Fernstudieneinheiten gedruckt vorliegen, entscheidet der jeweilige Prüfungsausschuss über die ersatzweise zu verwendenden Materialien.